은파 김삼환 목사의 오직 주님

하나님의 아들 예수 그리스도

손석구 지음
Sohn, David

은파 김삼환 목사의 오직 주님: 하나님의 아들 예수 그리스도
Only Lord of Eun Pa: Jesus Christ, the Son of God

2018년 7월 20일 초판 발행

지은이　|　손석구 Sohn, David

편집　　|　변길용
디자인　|　박인미
펴낸곳　|　(사)기독교문서선교회
등록　　|　제16-25호(1980.1.18)
주소　　|　서울특별시 서초구 방배로 68
전화　　|　02-586-8761~3(본사) 031-942-8761(영업부)
팩스　　|　02-523-0131(본사) 031-942-8763(영업부)
이메일　|　clckor@gmail.com
홈페이지 |　www.clcbook.com

ISBN 978-89-341-1829-9 (93230)

이 도서의 국립중앙도서관 출판시 도서목록(CIP)은
서지정보유통지원시스템 홈페이지(http://seoji.nl.go.kr)와 국가자료공동목록시스템
(http://www.nl.go.kr/kolisnet)에서 이용하실 수 있습니다.
(CIP제어번호: CIP2018018409)

이 책의 저작권은 저자와 (사)기독교문서선교회가 소유합니다.
신저작권법에 의하여 한국 내에서 보호받는 저작물이므로
무단 전재와 무단 복제를 금합니다.

은파 김삼환 목사의 오직 주님

Only Lord of Eun Pa: Jesus Christ, the Son of God
By Sohn, David

하나님의 아들 예수 그리스도

기독교문서선교회

목차

은파 김삼환 목사의 연보　10

머리말　18

서문　20

제1장 나의 주님 만물의 하나님　26

1. 창조의 주님　27

2. 왕들의 주님　33

3. 통치(統治)의 주님　40

4. 심판의 주님　62

제2장 나의 주님 교회의 하나님　67

1. 교회의 주님　68

2. 양들의 주님　77

3. 관리의 주님　81

4. 섬김의 주님　87

제3장 나의 주님 나의 하나님　94

1. 치료의 주님　95
2. 축복의 주님　99
3. 은혜의 주님　108
4. 책망하시는 주님　119
5. 소망의 주님　128

제4장 나의 주님 영광의 하나님　141

1. 순종의 주님　143
2. 인내의 주님　146
3. 겸손의 주님　156
4. 예수님의 고난　165
5. 속죄의 주님　175
6. 예수님의 승리　179

제5장 나의 주님 사랑의 하나님 190

1. 대화의 주님 192

2. 동행의 주님 205

3. 평강의 주님 211

4. 책임의 주님 216

제6장 나의 주님 가장 귀하신 주님 226

1. 목자이신 주님 231

2. 인도자이신 주님 233

3. 모두의 주님 235

4. 자랑해야 할 주님 238

5. 오직 주님의 부활 245

제7장 나의 주님 나의 주인 259

1. 오직 주님의 뜻을 이루는 충성 261
2. 오직 주님께 영광을 드리는 충성 265
3. 오직 주님의 복음만을 전하는 충성 269
4. 오직 주님만을 찬양하는 충성 275
5. 하나님의 성도를 훈련시키는 충성 287

제8장 결론 314

참고문헌 317

은파 김삼환 목사

은파 김삼환 목사의 연보[1]

인적사항

성명　　　은파 김삼환
생년월일　1945년 1월 7일
본적　　　경상북도 영양군 청기면 상청리 693번지

학력

1974.02.25　피어선신학교(평택대학교) 졸업
1978.02.23　장로회신학대학교 신학대학원 졸업
2001.05.16　휘트워스 대학교(Whitworth College) 명예신학박사(D.D)
2003.05.13　장로회신학대학교 명예신학박사(D.D)
2004.09.03　서울여자대학교 명예신학박사(D.D)
2008.02.15　숭실대학교 명예철학박사(Ph. D)
2009.05.16　뉴브런스윅신학교(New Brunswick Theological Seminary) 명예신학박사(D.D)
2012.10.15　평택대학교 명예신학박사(D.D)
2014.05.16　샌프란시스코신학교(San Francisco Theological Seminary) 명예신학박사(D.D)
2014.08.29　연세대학교 명예신학박사(D.D)

목회약력

1971.02-1980.06.30　광주군 해양교회

---

[1] 김삼환. 『김삼환 목사 성역 50주년 기념논문집』. 서울: 도서출판 실로암, 2016.

1979.11.06   목사안수[대한예수교장로회(통합) 서울남노회]
1980.07.06   명성교회 개척
1980.07.06-2015.12.31   명성교회 담임목사
1984.07.06   명성교회 목사위임
2016.01.01-현재   명성교회 원로목사

수상경력
국내
1992.10.24   제3회 한국기독교선교대상(목회자 부문)
1997.02.04   영양군민상
1998.12.07   평택대 자랑스런 동문상(평택대 총동문회)
2001.12.27   대한민국 국민훈장 목련장
2002.05.21   제4회 한국교회군선교대상(한국기독교군선교연합회)
2003.09.02   제9회 유집상(전도부문 특별대상)
2010.01.20   제19회 장신대 장한동문상(장신대 총동문회)

국외
2006.10   캄보디아 최고훈장 금메달(캄보디아정부)
2007.09.30   몽골건국800주년기념 훈장(몽골정부)
2009.04.03   캄보디아 왕국 국가재건공로 최고훈장(캄보디아정부)
2009.09.13   캄보디아 최고훈장 금메달(캄보디아정부)
2013.05   프린스턴신학교200주년기념 특별상(프린스턴신학교)
2014.03.02   에티오피아 최고 1등 훈장(에티오피아정부)
2014.03.22   MCM 건립감사 정부훈장(에티오피아정부)

주요대회경력
1. 총회
· 대한예수교장로회(통합) 동남노회장/1988.11.07-1989.11.06
· 대한예수교장로회(통합) 해양의료선교회 이사장/1992.09.28-2008.08.07
· 총회순교자기념선교회 회장/2001.08-2008.08
· 대한예수교장로회(통합) 총회장/2008.09.22-2009.09.21

- 총회 유지재단 이사장/2009.11.27-2013.11.26

2. 연합사업분야
   - 한국기독교군선교엽합회 부이사장/1988.10- 현재
   - 한국기독교백주년기념사업협의회 이사/1994.04-2011.04
   - 한국교회부활절엽합예배위원회 대회장/2006
   - 제주선교100주년기념 장로교 (예장통합, 합동, 합신, 기장) 연합감사예배(제주컨벤션센타)
     /2008.09.24
   - 한국기독교교회협의회(NCCK) 회장/2008.11.17-2009.11.16
   - 세계교회협의회(WCC) 제10차 총회(부산 벡스코) 준비위원장/2009.12.23-2013.12.30
   - 한국교회815대성회 조직위원회 대표대회장/2010
   - 광복70년 한국교회평화통일기도회 준비위원회 대표대회장/2015.05.29-2015.08.27
   - 한국세계선교협의회(KWMA)회장/2016.01.07- 현재

3. 병원선교 분야
   - 안동성소병원 이사장 및 명예이사장/1994.07.14-1996.01.12, 1996.01.13- 현재
   - 영양병원 명예이사장/1996.03.16- 현재
   - 에티오피아 명성크리스천메디컬센터(MCM)설립자/2004.11.25- 현재
   - 청송의료원(수탁운영)/2012.03.07- 현재

4. 사회봉사 분야
   - 자녀안심하고학교보내기운동 전국기독교협의회 대표회장/1999
   - 거리의천사들 이사장/2000.09.28- 현재
   - 신망애육원 이사/2000.11- 현재
   - 국제옥수수재단 이사/2004.04- 현재
   - (사)국제사랑재단 총재/2004.10.08- 현재
   - 서해안살리기한국교회봉사단 대표/2007.12.15-2010.01.28
   - 한국교회봉사단 대표회장/2010.01.29- 현재

5. 교정선교분야
   - 기독교세진회 이사/1996.05- 현재

- 세계교화갱보협의회 법인회장/1996.05.01-현재
- 재단법인 아가페(아가페소망교도소) 이사장/2001.08.07-현재

6. 기독교집회선교 분야
- 한국외항선교회 법인회장 및 이사장/1992.02.22-2010.01, 2010.02-현재
- 동북아선교회 회장/1994.12-현재
- 광복50주년기념평화통일희년대회 운영대회장/1995.08.12
- 세계성령운동중앙협의회 고문/1996.01-현재
- 한국교회대부흥100주년기념대회 실무대표 대회장(상암월드컵 경기장)/2007.07.08
- PPP(부산-판문점-평양) 십자가 대행진 상암대회장/2007.08.16
- 한국기독교공공정책협의회 총재/2012.04.20-현재
- 한국교회 치유와 회복을 위한 예장통합·합동 연합기도회(사랑의 교회)증경총회장/2014.08.12
- 한국교회평화통일기도회 대표회장/2014.11.29-현재

7. 언론·문화 분야
- 한국기독교문화예술총연합회 이사장/1994.12.24-2014.12.24
- 기독교복음방송(Goodtv)이사/1997.12-현재
- 국민일보 운영이사 및 국민문화재단 이사/1998.05.12-1999.05.11, 2006.12.12-2010.12.11
- 한국기독교방송문화원(KCMC) 이사장/2003.02.24-현재
- 월간목회 운영이사장/2007.05-현재
- 한국기독공보 이사장/2008.09.22-2009.09.21
- 재단법인 기독교방송(CBS)이사/2009.08.24-2013.08.23
- 재단법인 아가페문화재단 이사장/2010.11.19-현재
- C채널방송 이사/2010.11.19-현재
- 제1회 서울크리스마스페스티벌조직위원회 대회장/2015.12.12-2016.01.10

8. 교육분야
- 학교법인 명성학원(영주 영광여자중고등학교)이사장/1991.05.01-1999.08.30
- 피어선기념학원(평택대학교)이사 및 이사장/1992.08.05-2000.08.04, 2016.02.01-2018.05.12
- 장로회신학대학교 이사/1993.06.02-1997.06.01.

· 샌프란시스코신학교 이사/1993.07.-2003.06
· 한동대학교 이사/1994.09.21-1999.01.21, 2003.01.22-2006.06.09
· 숭실대학교 이사 및 이사장/1996.06.26-2011.06.27, 2016.05-현재
· 한남대학교 이사 및 이사장/1996.12.24-현재, 2001.01.27-2008.12.23
· 연세대학교 신학과 객원교수/2001.03.01-2005.02.28
· 필리핀 마닐라한국아카데미 이사장/2006.01-현재
· 경안신학원(경안신학대학원대학교) 이사/2008.03.26-2015.11.15
· 모스크바장로회신학대학교 객원교수/2009
· 사학법폐지 및 사학진흥법제정 국민운동본부 고문/2009.04.14
· 에티오피아 명성의과대학(MMC) 설립자/2012.09.01-현재

I. 저서
1) 주일설교집
    김삼환.『가까이 계실 때 부르라1』. 서울: 생명의 말씀사, 1993.
    김삼환.『장막터를 넓혀라2』. 서울: 생명의 말씀사, 1993. (개정판 1997.)
    김삼환.『바로 바라보라3』. 서울: 생명의 말씀사, 1993.(개정판 1997.).
    김삼환.『하늘의 별을 보라4』. 서울: 생명의 말씀사, 1993.(개정판 1997)
    김삼환.『네 마음을 지키라5』. 서울: 생명의 말씀사 1993.(개정판 1997)
    김삼환.『꿀을 먹으라6)』. 서울: 도서출판 오직주님, 1997.
    김삼환.『꿀을 먹으라6(상)』. 서울 : 도서출판 실로암, 2002.
    김삼환.『꿀을 먹으라6(하)』. 서울 : 도서출판 실로암, 2002.
    김삼환.『예수께로 가라7』. 서울: 도서출판 실로암, 1998.
    김삼환.『여호와를 기뻐하라8』. 서울: 도서출판 실로암, 2000.
    김삼환.『올라가자, 벧엘로! 9(상)』. 서울: 도서출판 실로암, 2002.
    김삼환.『올라가자, 벧엘로! 9(하)』. 서울: 도서출판 실로암, 2002.
    김삼환.『주님의 옷자락 잡고10(상)』. 서울: 도서출판 실로암, 2003.
    김삼환.『주님의 옷자락 잡고10(중)』. 서울: 도서출판 실로암, 2003.
    김삼환.『주님의 옷자락 잡고10(하)』. 서울: 도서출판 실로암, 2003.
    김삼환.『주님 보다 귀한 것은 없네11』. 서울: 도서출판 실로암, 2004.
    김삼환.『교회보다 귀한 것은 없네12』. 서울: 도서출판 실로암, 2004.
    김삼환.『말씀보다 귀한 것은 없네13』. 서울: 도서출판 실로암, 2007.

김삼환.『명성교회 창립 29주년: 갈급합니다 14』. 서울: 도서출판 실로암, 2009.

김삼환.『주님을 사랑해야 행복합니다 15』. 서울: 도서출판 실로암. 2009.

김삼환.『예수님을 잘 믿는 길16』. 서울: 도서출판 실로암, 2010.

2) 새벽설교집

김삼환.『시편강해1』. 서울: 도서출판 오직 주님, 1998.

김삼환.『시편강해2』. 서울: 도서출판 오직 주님, 1999.

김삼환.『시편강해3』. 서울: 도서출판 오직 주님, 1999.(개정판 도서출판 실로암 2002.)

김삼환.『시편강해4』. 서울: 도서출판 실로암, 2000.(개정판 2006.)

김삼환.『칠년을 하루같이』. 서울: 도서출판 실로암, 2000.

3) 특별새벽집회 설교집

김삼환.『특별새벽집회1: 팔복강해』. 서울: 도서출판 오직 주님, 1998. (개정판 도서출판 실로암 2004.)

김삼환.『특별새벽집회2: 세상을 이기는 삶』. 서울: 도서출판 오직 주님, 1998. (개정판 도서출판 실로암 2002.)

김삼환.『특별새벽집회3: 오, 사도행전』. 서울: 도서출판 실로암, 2005.

김삼환.『특별새벽집회4: 새 시대 새 사명』. 서울: 도서출판 실로암, 2008.

김삼환.『특별새벽집회5: 주님의 마음에 합한 자』. 서울: 실로암, 2008.

김삼환.『특별새벽집회6: 사랑』. 서울: 도서출판 실로암, 2009.

김삼환.『특별새벽집회7: 문을 두드리는 주님』. 서울: 도서출판 실로암, 2009.

김삼환.『특별새벽집회8: 새 시대 새 영 새 사람』. 서울: 도서출판 실로암, 2010.

4) 강해설교집

김삼환.『강해설교집1: 룻기』. 서울: 도서출판 오직 주님, 1998.

김삼환.『강해설교집2: 사무엘(상)』. 서울: 도서출판 오직 주님, 1999.

김삼환.『강해설교집3: 사무엘(하)』. 서울: 도서출판 오직 주님, 2002.

5) 구역장교육

김삼환.『명성교회 구역장교육1』. 서울: 도서출판 오직 주님, 1998.

김삼환.『명성교회 구역장교육2』. 서울: 도서출판 실로암, 2000.

6) 설교예화모음집

김삼환.『김삼환 목사 목회 칼럼: 이삭줍는 사람1』. 서울: 도서출판 실로암, 2001.
김삼환.『김삼환 목사 목회 칼럼: 이삭줍는 사람2』. 서울: 도서출판 실로암, 2001.

7) 명성교회 창립30주년 기념설교집

김삼환.『명성교회 창립30주년 기념설교집 제1권: 주일설교: 아버지, 아버지 집』. 서울: 도서출판 실로암, 2010.
김삼환.『명성교회 창립30주년 기념설교집 제2권: 절기설교: 넘치는 감사』. 서울: 도서출판 실로암, 2010.
김삼환.『명성교회 창립30주년 기념설교집 제3권: 새벽설교: 하나님께 목적을 두는 삶』. 서울: 도서출판 실로암, 2010.
김삼환.『명성교회 창립30주년 기념설교집 제4-1권: 외부설교: 섬겨야 합니다(국내편)』. 서울: 도서출판 실로암, 2011.
김삼환.『명성교회 창립30주년 기념설교집 제4-2권: 외부설교: 섬겨야 합니다(해외편)』. 서울: 도서출판 실로암, 2011.

8) 주제설교집

김삼환.『교회주제설교: 교회가 살면 다 삽니다』. 서울: 도서출판 실로암, 2013.
김삼환.『기도주제설교: 새벽을 깨워야 새벽이 옵니다』. 서울: 도서출판 실로암, 2013.

9) 기타

김삼환.『새벽 눈물』. 서울: 교회성장연구소, 2006.
김삼환.『오직 주님만 알아가는 삶1』. 서울: 주 넥서스, 2014.
김삼환.『오직 주님만 닮아가는 삶2』. (출판예정)
김삼환.『오직 주님만 동행하는 삶3』. (출판예정)
김삼환.『오직 주님만 예배하는 삶4』. (출판예정)

II. 편저

김삼환.『명성교회창립30주년 학술세미나』. 서울: 명성교회, 2009.
김삼환.『명성교회창립30주년기념 새벽기도 국제 컨퍼런스』. 서울: 명성교회 명성신학연구소, 2010.

김삼환.『주님의 옷자락 잡고: 글로 읽는 명성교회 30년: 제1권·오직 주님』. 서울: 명성교회, 2010.

김삼환.『주님의 옷자락 잡고: 글로 읽는 명성교회 30년: 제2권·칠년을 하루같이』. 서울: 명성교회, 2010.

김삼환.『주님의 옷자락 잡고: 사진으로 보는 명성교회 30년: 제1권·은혜목회』. 서울: 명성교회, 2010.

김삼환.『주님의 옷자락 잡고: 사진으로 보는 명성교회 30년: 제2권·섬김목회』. 서울: 명성교회, 2010.

김삼환.『명성교회 창립 30주년기념 백서시리즈 5: 새벽기도백서』. 서울: 대한예수교장로회 명성교회, 2011.

김삼환.『2011 명성교회 새벽기도 목회자 컨퍼런스』. 서울: 명성교회 명성신학연구소, 2012.

김삼환.『2012 새벽기도 목회자 국제 컨퍼런스 평가보고서』. 서울: 대한예수교장로회 명성교회 명성신학연구소, 2012.

김삼환.『제3회 2012 새벽기도 목회자 컨퍼런스』. 서울: 명성교회, 2012.

김삼환.『제4회 2013 새벽기도 목회자 국제컨퍼런스』. 서울: 명성교회, 2013.

김삼환.『2014 새벽기도 목회자 국제컨퍼런스 평가보고서』. 서울: 명성교회, 2014.

김삼환.『명성교회 새벽기도 화보집: 새벽기도 새벽 눈물』. 서울: 도서출판 실로암, 2014.

김삼환.『제5회 2014 새벽기도 목회자 국제컨퍼런스』. 서울: 명성교회, 2014.

김삼환.『제6회 2015 새벽기도 목회자 국제컨퍼런스』. 서울: 명성교회, 2015.

머리말

　　은파 김삼환 목사는 복음주의적 설교가이다. 그가 복음주의적 대설교가가 된 것은 오직 주님이 그를 만들고 다듬었기 때문이다. 오직 주님 예수 그리스도를 사랑하고 오직 주님 예수 그리스도를 전하기 위해 기도하고 자신의 삶을 주님께 드리다 보니, 어느덧 복음주의적 대설교가로 다듬어진 것이다. 은파의 목회의 목적은 대형 교회를 이루는 것이 아니고 예수 그리스도를 바르게 전하는 것이며 예수 그리스도에게 양 무리를 인도하는 것이었다. 이런 마음으로 설교하고 이런 마음으로 교회를 섬기다 보니, 오늘의 세계적 교회가 되었다.

　　이 연구는 은파의 설교집을 기본으로 했다. 그의 한 편 한 편 설교는 모두 소중했고 성도들에게 온 마음과 정성을 다해 설교하신 그의 땀방울의 흔적을 볼 수 있었다. 필자는 참으로 많은 은혜를 받았으며 많은 것을 배웠다. 그리고 많은 도전도 받았다. 정말 감사할 뿐이다.

　　필자는 부족하나, 본서에 담긴 은파의 "오직 주님"은 위대하시다. 그러므로 본서가 정말 예수님을 사랑하고 예수님을 의지하며 예수님만을 전하기를 원하시는 목회자들과 예수님을 더 잘 알기를 원하시는 평신도들에게는 귀한 협력자가 되어 주리라고 확신한다.

필자는 본서의 저술을 마치면서 명성교회에서 은파의 곁에 있게 해 주신 하나님의 은혜와 사랑을 감사드린다. 필자가 명성교회에서 주님을 섬기지 않았다면 본서가 나올 수 없었을 것이다. 그리고 본서를 저술할 수 있도록 많은 좋은 환경을 만들어 주시고 여러 가지로 지원을 아끼지 않으신 은파 김삼환 목사와 김하나 목사, 여러 동료 교역자들께 감사를 드린다.

필자를 위해 항상 기도로 협조해 준 아내와 아들부부 손진용(Ezra)과 손이슬(Ellie), 그리고 딸 부부 손진경(Lisa)과 조정환(James)에게 감사드린다. 그리고 본서를 출판해 주신 기독교문서선교회(CLC) 대표 박영호 목사와 담당자 여러분께 감사드린다.

주님의 은혜와 사랑이 독자 여러분께 함께 하시기를 기원한다. 샬롬.

2018년 6월 15일
손석구 목사

서문

    은파는 "오직 주님"을 그의 목회의 핵심 표어로 내세웠고 38년이 지난 지금 "오직 주님"은 명성교회와 은파를 상징하는 브랜드가 될 만큼 널리 알려져 있다. "오직 주님"은 은파의 목회철학과 사상의 핵심 주제이다. 그의 설교와 그가 추구하는 모든 사역에는 "오직 주님"이 있다. 은파와 명성교회는 주님을 위해서, 주님에 의해서 존재하고 있고, 이것을 고백하며 사는 것을 최고의 영광으로 확신하고 있다.

    은파의 "오직 주님," 이 한마디는 오늘의 명성교회를 이루었고, 명성교회를 통해서 흐르는 생명수는 온 세계를 적시며 가난한 곳에 풍요함을 주고, 질병이 있는 곳에 치료와 회복이 있게 하고, 죄와 좌절과 절망이 있는 곳에 구원의 복된 소식을 전하여 새 생명이 넘치는 구원의 역사를 이루고 있다. 명성교회는 미움과 싸움이 있는 곳에 평화와 화해를 심는 참된 복음사역을 하고 있다. 이러한 "오직 주님"을 위한 사역은 명성교회의 귀한 사명으로 자리매김이 되어 있어 주님이 오시는 그 날까지 잘 이어 가리라 확신한다.

그러면 은파는 어떻게 "오직 주님"을 교회의 표어로 정했을까?

은파는 여기에 대해서 「월간 목회」와의 한 대담에서 자세하게 밝혀 주고 있다. 이 대담에 의하면 은파는 자신의 인생 여정을 통해 "오직 주님"을 자신의 목회의 표어로 결정했다고 말 한다. 이 내용은 사회자가 "김삼환 목사님께서도 자신의 설교를 소개해 주시죠"라는 요청을 받고 다음과 같이 시작하고 있다.

우리 교회의 표어가 "오직 주님"인데 그건 제가 어떤 어려움을 당해 보니까 참 주님밖에 없고, 다른 것은 다 소용이 없고, 의지하고 바라던 모든 것들이 쓸데가 없더라구요. 그래서 주님에게로 가고, 주님을 만나고, 주님 앞에 설 때에 모든 것이 바르게 될 수 있다는 뜻에서 그렇게 정했습니다. 주님 앞에 서니까 순수한 인간이 되고, 교회도 되고, 가정도 되고, 건강도 찾고 다 찾더라구요. 그래서 저는 사실 교회 성장에 생명을 건 게 아니고 주님에게 모든 것을 맞추다 보니까 이렇게 성장하게 된 거예요.

그런 점에서 저는 설교 역시 "오직 주님"께 맞추는 설교를 하려고 노력해 왔습니다. 제가 설교하는 내용이 방금 김 목사님이 말씀하신 대로 비판적인 것을 다 벗어나서 주님을 발견하고 주님을 교인들에게 소개하려 했고, 어떤 주제나 내용을 다루더라도 결론은 항상 예수님께 맞추었습니다.

다시 말하면 군인들이 적을 공격할 때 하나의 목표 지점을 향해, 집중하여 포탄을 쏟아 붓고, 화력을 쏟아 붓듯이, 설교 역시 여러 분야를 건드리는 설교가 아니라 예수님께 집중하여 오직 예수, 성령, 기도, 말씀 등에 포격하는 설교를 하고 있습니다.[1]

은파는 위의 대담에서 왜 "오직 주님"으로 표어를 정했는지, 정한 후의 결과는 어떻게 되었는지 그리고 설교에서 어떻게 "오직 주님"을 사용하고 있는지에 대해서 설명하고 있다. 즉, 은파는 그가 "어떤 어려움을 당해보니까 참 주님밖에 없었다"고 고백한다. 은파는 많은 설교 중에서 자신이 어떤 어려움을 당했는지에 대해 수없이 많이 이야기했다.

아마도 3년 이상 명성교회에 다니시는 분은 은파의 고난과 환난을 모르는 분은 없을 것이다. 가난했던 집안과 신앙생활에 대한 아버지의 박해, 자신과 가족의 폐결핵으로 인한 긴 투병 생활, 그리고 처음 목회하던 교회에서의 천대 등 이루 말할 수 없는 자신의 고난에 대해 말하곤 한다. 이러한 고난을 당하면서 사람은 전혀 도움이 되지 않는다는 것을 체험한 후 그는 자신의 문제를 해결하실 분은 오직 예수밖에 없다는 사실을 확신하게 되었다.

그래서 그는 주님께로 가고, 주님을 만나고, 주님 앞에 설 때에 모든 것이 바르게 될 수 있으며, 모든 문제가 해결되기 때문에 "오직 주님"이라는 목표를 정했다는 것이다. 그리고 자신은 교회를 성장시키는 데 생명을 거는 대신 모든 초점을 예수께 맞추려 노력하다 보니, 교회가 성장했다고 고백한다. 아울러 다른 주제로

---

[1] 박종구, "21세기를 향한 대형교회의 역할,"「월간 목회」(1996년 5월), 66-67.

설교를 하더라도 결국은 예수님께로 돌아오는 데 초점을 맞추었음을 언급했다.

    그러므로 이 연구에서는 조직신학적으로 예수님에 대해 논하려는 것이 아니라, 은파 김삼환 목사가 "오직 주님"을 어떻게 해석하고 이해하면서 설교했는지를 살펴볼 것이다. 은파는 주님을 어떤 분으로 소개하고 설교했기에 수많은 사람들이 은파의 설교를 열망하며, 그 설교에 은혜를 받고, 설교를 통해 자신의 인생 문제를 해결 받으며, 주님을 자신의 구주로 영접하고 열정적으로 사모하며 교회에 나오게 되었는지 그 이유를 밝히려 한다.

    연구 방법은 명성교회에서 출판되거나 제작된 모든 자료를 참고할 것이다. 그리하여 이 연구가 신학 연구 방법론을 이탈하거나 감정에 치우쳐 은파의 "오직 주님" 신학을 약화시키거나 왜곡시키는 일이 없도록 최선을 다할 것이다. 이 연구는 신학적으로는 기독론에 대한 연구이지만, 은파를 통해 예수 그리스도께서 어떻게 영광 받으시고 어떻게 사람들이 예수 그리스도를 통해서 구원을 받고 오늘의 명성교회를 이루었는지를 널리 소개하는 역할을 할 것이다. 그러므로 신학적인 비교나 비판이나 변증은 피할 것이다.

    사실 복음서와 사도행전의 주제는 "오직 주님"이다. 복음서의 기자들은 첫 페이지부터 마지막 페이지까지 오직 예수님만 말씀하며 마무리 짓는다. 마찬가지로 은파 역시 설교와 모든 사역에서 항상 예수 그리스도께서 선명하게 보이도록 노력한 모습을 확실히 볼 수 있다. 이 연구에서는 은파의 "오직 주님"이 더욱 뚜렷하면서도 선명하게 보이도록 작업할 것이다.

이 연구는 교회를 성장시키기 위해 피와 땀을 흘리며 설교하며 교회를 섬기는 우리 목회자들의 목회와 설교와 삶의 방향이 어디로 향해야 하는지를 보여 줄 것이고 목회자가 해야 할 일이 무엇인지를 깨우쳐 주는 귀중한 지혜를 제공할 것임을 확신한다.

본서는 전체 8장으로 구성되어 있다.

제1장은 예수 그리스도가 천지를 창조하신 하나님으로서 어떤 사역을 하셨는지를 기술한다.

제2장은 교회의 주님으로서 교회를 세우시고 관리하시고 섬기시는 주님을 살핀다.

제3장은 나의 주님 나의 하나님이 되시는 예수님에 대해 살피면서 은파가 개인적으로 주님께 받은 은혜와 사랑이 어떻게 다른 사람에게도 동일한 은혜와 사랑이 되는지를 이해시키도록 노력했는지를 연구한다. 본 장에서 예수님은 치료의 하나님으로 크게 부각되신다.

제4장은 영광의 하나님으로서의 예수 그리스도다. 주님은 이 세상에서 한 인간으로서 많은 고난, 역경, 그리고 환난 중에 죽으시고 부활, 승천하시므로 영광을 받으신 주님이심을 강조한다.

제5장은 사랑의 하나님이신 예수 그리스도께 초점을 맞춘다. 예수님은 이 세상에 오셔서 사람을 사랑하고 만나시고 대화하시고 동행해 주셨다. 그리고 인간에게 평강을 주시고 사랑의 핵심 역할이라고 할 수 있는 성도에 대한 보호와 책임을 완성하시는 분이라고 할 수 있다.

제6장은 은파가 예수 그리스도를 "오직 주님"으로 모시면서 설교한 "예수보다 귀한 것은 없네"를 분석하고 다른 자료를 더 보충하므로, 은파가 예수님의 십자가와 부활을 어떻게 이해하고 가르치며 설교했는지를 살핀다.

제7장은 은파의 주인되신 주님께 자신이 어떻게 충성했는지를 살핀다. 은파의 목회는 주님의 뜻을 이루며 하나님께 영광을 올려드리는 목회이다. 그리고 주님이 주신 명령에 충성하는 복음만을 전하는 충성, 그리고 하나님이 기뻐하시는 찬양드리는 충성과 본인이 기도를 드리며 성도들에게 기도를 가르치고 훈련시키는 충성으로 요약할 수 있다.

제8장은 결론으로 본서를 마무리한다. 어느 누구든 은파처럼 주님을 사랑하며 본서에서 연구된 은파의 "오직 주님"이라는 메세지를 전하며 생활화한다면 하나님이 기뻐하시는 설교를 하며 하나님이 기뻐하시는 교회를 이루면서 하나님이 기뻐하시는 종이 되리라고 확신한다.

은파의 "오직 주님"이라는 주제는 더 구체적이며 다양한 방향으로 연구될 수 있다. 그러나 필자는 이 정도의 범위로 연구를 마치며, 더욱 심도 있고 의미 있는 연구는 다른 분을 통해 이루어지기를 기대한다.

제1장

나의 주님 만물의 하나님

    은파의 주님은 '만물의 하나님'이다. 만물의 하나님이란 뜻은 하나님이 만물을 창조하셨다는 뜻이다. 만물을 창조하신 분은 만물이 주인이시다. 만물을 창조하신 하나님은 존재하시는 분이며 살아계신 분이다. 이 하나님은 만물을 창조하시고, 보호하시며 다스리신다. 하나님은 세상 만물 중에 가장 권세 있는 사람들, 즉 세상의 왕들까지도, 세우시고 폐하시며 다스리신다. 그래서 하나님이신 예수 그리스도께서 이 세상 만물을 다스리시고 주관하시며 섭리하신다. 예수님은 훗날 재판장으로 이 세상에 재림하실 것이다.

    은파가 이런 기본적인 기독교 진리를 어떻게 목회에 적용했는지가 본 장의 내용이다.

1. 창조의 주님

예수님이 만물을 창조하신 분이라는 사실을 가장 잘 가르쳐 주신 말씀이 요한복음, 특히 요한복음 1:1-3이다.

> 태초에 말씀이 계시니라. 이 말씀이 하나님과 함께 계셨으니 이 말씀은 곧 하나님이시니라. 그가 태초에 하나님과 함께 계셨고 만물이 그로 말미암아 지은 바 되었으니 지은 것이 하나도 그가 없이는 된 것이 없느니라(요 1:1-3).

이 본문에서 요한은 예수님을 말씀으로 소개한다. 그리고 그 말씀이 하나님이라고 증언한다. 그 말씀이신 하나님이 하나님과 함께 계셨다고 한다. 그러므로 하나님과 말씀이신 하나님은 같은 분이자 다른 분임을 알 수 있다. 같은 하나님이자 다른 하나님이신 말씀이신 하나님은 이 세상에 오신 하나님의 외아들 예수 그리스도를 뜻한다.

요한복음 1:10 말씀이다.

> 그가 세상에 계셨으며 세상은 그로 말미암아 지은바 되었으되 세상은 그를 알지 못하였고(요 1:10).

요한은 이 본문을 통해 이 세상에 계셨던 분이 세상을 지으셨다고 말한다. 이 세상에 계셨던 분은 말씀이신 하나님, 예수 그리스도이다. 그러므로 예수 그리스도는 태초에 하나님과 함께 계셨고 하나님과 함께 천지 만물을 지으신 분이다.

예수 그리스도를 천지를 창조하신 하나님으로 알고 믿고 가르치는 것은 성경신학적 측면에서도 당연한 것이다. 은파 역시 예수 그리스도께서 천지를 창조하신 하나님이심을 골로새서 1:15-18을 그대로 인용한다. 그리고 만물이 예수 그리스도로 말미암아 창조되심 같이 창조된 모든 만물이 예수님 안에 있다고 설교한다.

> 또 그는 보이지 아니하시는 하나님의 형상이요 모든 창조물 보다 먼저 나신 자니 만물이 그에게 창조되되 하늘과 땅에서 보이는 것들과 보이지 않는 것들과 혹은 보좌들이나 주관들이나 정사들이나 권세들이나 만물이 다 그로 말미암고 그를 위하여 창조되었고 또한 그가 만물 보다 먼저 계시고 만물이 그 안에 함께 섰느니라. 그는 몸인 교회의 머리시라 그가 근본이요 죽은 자들 가운데서 먼저 나신이시니 이는 친히 만물의 으뜸이 되려 하심이요(골 1:15-18).

이 말씀처럼 모든 창조물은 예수님 안에 있습니다. 만물이 예수님으로 말미암아 생명을 얻었으므로 모두 그리스도의 손안에 있는 것입니다.[1]

은파는 위의 말씀을 통해 예수 그리스도는 창조주이시며, 모든 만물의 생명이 그를 통해 그리고 그를 위해 존재하고 있음을

---

[1] 김삼환,『명성교회 구역장 교육 1』(서울: 오직 주님, 1998), 293-294.

"만물이 예수님으로 말미암아 생명을 얻었다"는 말로 쉽게 설교한다. 그러면서 예수 그리스도께서 으뜸이 되어야 하며 예수 그리스도만을 최상위에 모시고 살아야 함을 강조한다.

> 그러므로 예수님을 어디에 두느냐가 매우 중요합니다. 예수님이 둘째가 되면 안 됩니다. 주님이 첫째가 되지 않고 둘째가 될 때 시험에 드는 것입니다. 예수님보다 더 좋아하는 것이 있거나 예수님보다 더 귀한 것이 있거나 예수님보다 더 믿는 것이 있으면 안 됩니다.[2]

은파는 성도들을 교육시키면서 예수님을 첫 번째 자리에 모시고 예수님을 제일 좋아해야 하며 예수님을 제일 귀하게 모시고 예수님을 제일 강하게 믿으라고 가르친다. 나아가 은파는 오직 주님만 바라보고 달려가라고 권면한다.[3] 그는 "예수님은 온 우주에 한 분뿐인 하나님 아버지십니다"[4] 라고 말하면서 하나님과 동격으로 부르고 있다. 이런 내용을 살펴볼 때 은파는 예수 그리스도가 창조주이심을 믿는 목회자요 설교자라는 사실을 알 수 있다. 은파는 진화론을 강력히 부인하며 이렇게 설교한다.

> 많은 동물들이 태어나는 즉시 젖을 찾아갑니다. 제 어미를 바

---

[2] Ibid., 294.
[3] Ibid., 292.
[4] Ibid., 293.

로 찾아갑니다. 그러나 사람은 그렇지 않습니다. 사람은 어머니를 찾지 못합니다. 인간은 그대로 놔두면 안 됩니다. 인간은 태어나는 순간부터 어머니가 젖을 주어야 합니다. 안아 주고 먹여 주고 재워 주어야 합니다. 어머니의 사랑의 손길이 떠나면 안 됩니다. 사람은 짐승과 전혀 다른 속성을 가지고 있습니다. 사람의 기원을 짐승에서 찾으면 안 됩니다. 우리 인간은 스스로 살수 없게 되어 있으므로 처음부터 끝까지 하나님의 도움을 받아야 합니다.[5]

은파는 "사람과 동물이 태어나자마자 어미젖을 찾는다. 그러나 짐승은 스스로 어미젖을 찾아 먹지만 사람은 그렇지 못한다는 사실을 예를 들며 인간과 동물은 그 속성이 다르기 때문에 진화론자들처럼 사람의 기원을 짐승에서 찾으면 안 된다."고 말한다. 그러면서 성도들에게 강력한 메시지를 던진다. 즉 처음부터 끝까지 하나님의 도움을 받아야 한다는 것이다.

그는 이어서 하나님의 천지 창조뿐만 아니라 하나님의 존재까지도 부인하는 공산주의를 비판한다.[6] 나아가 석가모니가 깨달은 허무 사상도 비판한다.

석가모니가 깨달은 것이 무엇입니까?

그분이 깨달은 것은 허무였습니다. 인도의 보리수나무 아래

---

[5] 김삼환, 『예수님을 잘 믿는 길』(서울: 실로암, 2010), 70-71.
[6] Ibid., 77-82.

서 인간과 생애에 대해 고민했지만 그분은 나를 따라오라고 하지 못했습니다. 내가 목자라는 말을 하지 못했습니다. 불교의 대표적인 경전 중의 하나가 반야심경입니다. 반야심경은 260자에 불과한 불경이지만 불교의 핵심 경전이라고 해서 심경이라고 합니다. 이 경전에서 제일 많이 나오는 글자는 무(無)입니다. 없을 무(無)자가 21번 나옵니다. 그 다음에 공(空)이 일곱 번 나옵니다. 무나 공이나 그 뜻은 아무것도 없다는 의미입니다. 석가모니가 깨달은 것은 이 세상에 실재하는 것은 아무것도 없고 다 무(無)라는 사실이었습니다. 공(空), 즉 헛됨이었습니다.[7]

은파는 위의 내용에서처럼 불교의 허무 사상을 지적하면서 바로 이어 강력한 복음을 증언한다.

그러나 우리 예수님께서는 무(無)나 공(空)이 아니라 온 우주의 창조자로 실재하고 계십니다. 이 땅에서는 삶 가운데서 도와주시며 은혜 주시는 분이시며, 이 땅을 떠날 때는 하나님의 나라로 인도하시는 실재(實在)자이십니다.[8]

은파는 여기서 "우리 예수님은 무나 공이 아니라 온 우주의 창조자로 실재하고 계십니다"라고 선언한다. 은파에게 오직 주님되

---

[7] Ibid., 85-86.
[8] Ibid., 86.

신 예수님은 천지를 창조하신 분이심을 분명히 하고 있음을 볼 수 있다.

주님은 천지를 창조하셨고 인간도 창조하셨기에 인간이 지닌 모든 문제의 해답을 가지신 분이다. 은파는 인간은 어떤 것도 깊이 알 수 없다고 주장한다. 그리고 모든 대답은 창조주 예수 그리스도에게만 있다고 주장한다.

> 창조주 되시는 예수 그리스도만이 바른 답을 주실 수 있습니다. 그러므로 주님이 곧 길이요 진리요 생명이라고 말씀하고 있습니다. 주님만이 어두움을, 모든 감추어진 인생의 비밀을 밝혀 주실 수 있습니다. 생명과 구원의 문제를, 영과 육의 문제를, 천국과 미래의 문제를 밝혀 주시고 해결해 주실 분은 예수 그리스도밖에 없습니다. 주님으로 말미암아 참 답을 얻을 수 있습니다.[9]

은파는 주님이 창조주이시기에 창조된 인간의 모든 문제를 해결해 주실 분임을 믿고 가르침을 볼 수 있다.

---

[9] Ibid., 52.

2. 왕들의 주님

"왕들의 주님"이란 명칭에는 두 가지 의미가 포함되어 있음을 주목해야 한다.

첫째, 왕들의 왕(the King of kings)이다.

둘째, 신들의 왕(King of gods)이다.

그러므로 예수님을 왕이라고 할 때 그 왕은 왕들의 왕이시자 신들의 왕이시라는 개념이 포함되어 있다. 왕들은 세상의 왕이고 신들의 왕이라는 뜻은 영적인 의미이다. 그러므로 예수님은 영적인 존재들 가운데에서도 대왕이시고 세상의 왕들 중에서도 대왕이시다.

신약성경은 하나님이라는 단어를 예수님께 사용하고 있다. 예수님에게 하나님의 명칭을 붙이는 곳은 예수님을 하늘과 땅의 창조주로, 만물의 주로 호칭할 때다(요 1:1; 1:18; 20:28; 롬 9:5; 딛 2:13; 히 1:8). 그리고 구약성경에서 하나님의 이름을 그리스도에게 붙이는 경우는 메시아 예언을 말씀하시는 구절이다.

> 이는 한 아기가 우리에게 났고 한 아들을 우리에게 주신 바 되었는데 그 어깨에는 정사를 메었고 그 이름은 기묘자라, 모사라 전능하신 하나님이라(사 9:6).

이 말씀에서 앞으로 오실 메시아의 여러 명칭 중에서 하나는 "전능하신 하나님"이라는 것이다. 신약성경에서 하나님을 주님으로 부를 때 사용된 단어가 큐리오스(Κύριος)이다. 예를 들면 천사가 목자들에게 전한 소식 "오늘날 다윗의 동네에 너희를 위하여 구주가 나셨으니 곧 그리스도 주시니라"(눅 2:11)는 말씀에서 이 단어가 사용되었다. 마리아가 엘리사벳을 방문했을 때 엘리사벳이 마리아에게 "내 주의 모친"이라는 말을 한다. 선지자 이사야는 세례 요한의 사명을 말할 때 "광야에 외치는 자의 소리가 있어 이르되 너희는 주의 길을 준비하라 그가 오실 길을 곧게 하라"(마 3:3)고 말했다. 여기 "내 주의 모친"에서 "내 주"나 "주의 길"에서 "주"는 오실 메시아, 즉 예수 그리스도이다.

예수님도 자신을 구약의 주님과 동일시하셨다. 예수님은 이 사실을 바리새인들과의 대화를 통해서 보여 주셨다. 예수님은 바리새인들에게 그리스도는 다윗의 후손이 될 수 없음을 말씀하셨다. 왜냐하면 다윗이 성령의 감동으로 그리스도를 "주"라고 불렀기 때문이다(마 22:44). 그리고 예수님은 자신의 주(하나님)와 다윗의 주(메시아)를 동일시하셨다. 히브리서 1:10-12은 창조시 주님의 사역을 시편 102편을 인용하며 설명하고 있다.

> 주여 태초에 주께서 땅의 기초를 두셨으며 하늘도 주의 손으로 지으신 바라 그것들은 멸망할 것이나 오직 주는 영존할 것이요 그것들은 다 옷과 같이 낡아지리니 의복처럼 갈아입을 것이요 그것들이 옷과 같이 변할 것이나 주는 여전하여 연대가 다함이 없으리라 (히 1:10-12).

이 말씀의 핵심은 "주님이 땅의 기초를 놓으시고 하늘을 지으셨다"는 것이다. 그리고 주님이 지으신 것은 변하고 멸망할 것이다. 그러나 주님은 영원히 존재할 것이다"라는 말씀으로 요약될 수 있다. 요한계시록은 마지막 때에 다시 오실 그리스도는 "만왕의 왕이요 만주의 주"(King of Kings, and Lord of lords, 계 19:16; 계 17:14; 신 10:17; 단 2:47; 딤전 6:15)라고 말씀한다. 예수 그리스도는 땅위에 있는 모든 왕들의 하나님이시며 주님이시다.

이처럼 만왕의 왕이라는 개념은 이 세상에는 하나님 위에 군림할 어떤 것도 존재하지 않음을 의미한다. 이 세상의 어떤 왕이나 신도 우리 하나님 주 예수 그리스도를 거역하거나 대항할 수 없다는 뜻이다. 예수 그리스도만이 온 우주 만물과 왕들과 신들을 통치하시고 다스리시는 만왕의 왕이시오 만유의 주이시다.

은파는 성도들에게 만왕의 왕이신 예수 그리스도를 인류의 최대의 원수인 사망을 정복하신 분으로 말할 때 만왕의 왕으로 묘사한다.

> 예수 그리스도께서 오시기 전에는 사망이 왕 노릇했습니다. 그러나 예수 그리스도께서 오심으로 사망은 패배하고 마귀는 멸망했습니다. 우리는 예수 그리스도로 말미암아 생명을 얻었습니다. 주님께서는 지금도 하늘과 땅을 다스리는 전능하신 왕으로, 만왕의 왕으로 살아계시며 우리를 다스리고 계십니다.[10]

---

[10] 김삼환,『갈급합니다』(서울: 실로암, 2009), 201.

은파는 예수께서 이 세상의 사망의 권세 잡은 자를 물리치시고 사망을 이기신 후 부활하셨다고 증언한다. 나아가 하늘과 땅을 다스리시는 전능하신 왕이자 만왕의 왕으로 살아 계신다고 선포한다. 또한 그의 부활과 승리와 통치가 우리 인간들과 어떻게 연결되는지를 설명하므로 성도들 자신의 존재 의미를 이렇게 설교한다.

> 그리스도에게로 나아가면, 주 예수 그리스도로 말미암아 생명을 얻고 영원한 나라에 들어갈 수 있습니다. 그렇습니다! 누구든지 그분을 믿는 자는 죽지 않습니다. 멸망하지 않습니다. 우리는 이 땅에서 살다가 이사하듯이 하늘나라로 옮겨질 뿐입니다. 자리만 옮겨질 뿐입니다. 고향이 여기서 저기로 바뀌고 주소가 이곳에서 저곳으로 바뀌어 주님과 함께 영원히 살게 될 줄로 믿습니다. 죽음은 운명입니다. 부모로부터 태어난 사람은 누구든지 죽습니다. 반면 생명은 하나님의 아들에게서 얻기 때문에 믿음으로 고백하고 그분을 영접하는 자에게만 주어집니다.[11]

은파는 위의 설교에서 만왕이신 예수님이 모든 인류의 간절한 소망인 죽음을 정복하셨기에, 우리 인간은 예수 그리스도로 말미암아 생명과 영생을 얻는다고 가르친다. 부모로부터 태어난 사람

---

[11] Ibid., 203.

이 죽은 것은 인간의 운명이지만 예수를 믿는다는 고백을 하고 예수님을 영접하는 자에게는 예수님과 같은 생명이 주어진다고 설교하고 있다. 은파는 만왕의 왕이신 분이 인간의 사망의 문제를 해결하셨음을 증언하고 있는 것이다. 그리고 인간 최고의 문제인 죽음의 문제는 사망의 권세를 잡은 자 사단을 이기고 승리하신 오직 예수 그리스도밖에 없다는 것을 강조하고 있다. 만왕의 왕이신 주님은 온 세상의 왕들을 다스리시며 폐하시며 세우신다. 이것은 구약 선지자들이 이스라엘 백성들에게 한결같이 외친 말씀이다.

> 지극히 높으신 이가 사람의 나라를 다스리시며 자기의 뜻대로 그 것을 누구에게든지 주시며 또 지극히 천한 자를 그 위에 세우시는 줄을 사람들이 알게 하려 함이라 하셨느니라(단 4:17, 25, 32; 5:21).

위의 본문은 하나님께서 바벨론의 느부갓네살 왕과 다니엘을 통해서 하나님이 사람의 나라를 다스리며 왕을 세우시고 폐하신다는 사실을 깨닫도록 가르치시는 말씀이다. 은파는 이 사실을 적용하여 2014년 국가조찬기도회 설교에서 다음과 같이 설교하였다.

온 세계를 통치하던 로마는 예수 그리스도를 십자가에 못 박았고 기독교를 250년 동안 탄압하였습니다. 그러나 A.D. 313년 6월 15일, 콘스탄티누스가 기독교를 받아들임으로써 로마는 기독교 국가가 되어 1700년 동안 인류를 위해 공헌하게 되었습니다. 미개한 바이킹족이었던 영국, 스페인, 독일, 프랑스, 북구의 노르웨이, 네델란드, 덴마크 등 수십 개국이 예수 그리스도로 말미암아 정치, 경제, 교육, 문화, 복지에 꽃을 피웠습니다.[12]

은파는 로마가 세계를 점령하고 기독교를 박해하며 천하를 통치하는 듯 했지만 콘스탄티누스가 예수님을 자신의 주님으로 영접하므로 하나님의 통치를 인정하게 되었고, 로마가 기독교 국가로 바뀌었다고 말한다. 그 후 하나님의 통치하에서 1700년 동안 인류를 위해 공헌했다는 것이다.

여기에 인용은 생략했지만 은파는 계속해서 유럽 안에 있는 영국을 비롯한 많은 나라들이 하나님의 통치를 믿으며 복지국가와 선진국이 되었음을 강조하고 있다. 은파는 미국과 한국도 하나님의 주권을 믿으므로 선진국의 대열에 서게 되었음을 선포하고 있다. 하나님은 나라를 세우시기도 하시고 폐하기도 하시며 축복도 주시고 망하게도 하신다. 왜냐하면 예수 그리스도는 만왕의 왕이시기 때문이다. 이것은 은파의 오직 주님 사상에서 매우 중요한 사상이다.

은파에게서 만왕의 왕이신 주님은 영적인 신들의 왕(God of gods)과 세상 나라의 왕들의 대왕으로서(King of kings) 이들만 다스리시고 통치하시는 것이 아니다. 은파는 만왕의 왕이신 주님은 사랑의 왕이시고 이 사랑만이 우리 인생의 모든 문제를 해결해 주시

---

[12] http://news.kmib.co.kr/article.asp?arcid=0008110364.

는 분이심을 가르친다.

참 사랑은 어디에 있습니까? 참 행복은 어디에 있습니까? 마르린 먼로도, 다이애나 왕비도 행복을 찾아 세상을 헤매었습니다. '돈이 많으면 행복하겠지! 저런 남편을 만나면 행복하겠지'라고 생각하지만 아닙니다.
만왕이 되시는 예수 그리스도와의 만남이 이루어지지 않으면 우리 마음은 언제나 비워진 채 있습니다. 우리 인간이 찾는 사랑은 위에 있습니다. 기독교는 사랑의 왕이 다스리는 사랑의 종교입니다. 사랑의 주님이 우리 주님이 되시고 사랑의 말씀이 우리 양식이 되어 사랑으로 살아가는 것이 주의 나라입니다. 그것이 교회요 성도의 삶입니다.[13]

은파는 위의 설교에서 우리는 참 사랑이시며 만왕이신 예수 그리스도를 만나야 만 참 사랑과 행복을 소유할 수 있다고 가르친다. 사랑의 왕이신 주님은 이 세상에서 누구도 용서할 수 없는 큰 죄를 지었다 해도 다 용서해 주시고 우리를 만나 주시고 우리에게 참 평안과 기쁨을 주신다는 것을 다음과 같이 강조한다.

병원은 어떤 병자든지 다 환영합니다. 예수님께서는 병든 자를 위해서 오셨다고 말씀하셨습니다. 건강한 자를 위해서 오

---

[13] 김삼환, 『주님을 사랑해야 행복합니다』(서울: 실로암, 2009), 146.

신 것이 아닙니다. 의인을 구원하러 오신 것이 아니라 죄인을 구원하러 오셨습니다. 주님 앞에서는 그 어떤 죄도 다 용서받을 수 있습니다.[14]

만왕의 왕이신 주님은 죄를 용서해 주시는 사랑의 주님이시고 사랑의 주님을 믿는 기독교는 사랑의 종교임을 부각시킨다. 나아가 은파는 기독교를 왕과 하나가 되는 사랑의 공동체임을 다음과 같이 말한다. 기독교는 만왕의 왕 되시는 주 예수 그리스도와 죄로 인해 죽을 수밖에 없는 인간이 하나가 되는 사랑의 종교입니다.[15]

은파에게 있어서 만왕의 왕이신 오직 주님은 하늘의 신들을 다스리시고 세상의 왕들을 세우시고 통치하시고 만민의 죄를 용서하시고 사랑하시는 사랑의 주님이시다.

3. 통치(統治)의 주님

예수님은 이 세상을 창조하신 창조의 주님이시오 이 세상의 모든 왕들을 세우시고 폐하시는 만왕의 왕이시다. 또한 예수님은 자신이 창조하신 세상과 자신이 세운 지상의 왕들을 통치하신다. 왕들을 통치하신다는 말은 이 세상의 모든 나라를 다스리고 계시

---

[14] Ibid., 155-156.
[15] Ibid., 154.

다는 뜻이다. 특별히 주님은 인간이 할 수 없는 일을 하신다. 왜냐하면 예수님은 세상을 창조하신 분이시기 때문이다. 주님은 이런 분이시다.

① 우주 만물을 다스리신다.
② 사탄을 다스리신다.
③ 사망 권세를 이기신다.
④ 죄 문제를 해결하신다.
⑤ 질병을 다스리신다.
⑥ 가난을 다스리신다.

예수님은 이런 문제들을 해결하시면서 성부 하나님을 계시하고 하나님의 존재와 사랑을 인간 세상에 알려 주시는 일을 하신다.
그러면 예수님은 어떻게 온 우주와 나라를 다스리시고, 사탄을 다스리고, 사망 권세를 이기시고, 죄와 질병과 가난을 해결하시는가?
요한은 이러한 모든 권한을 아버지께로부터 받았다고 말씀하고 있다.

> 아버지께서 아들을 사랑하사 만물을 다 그의 손에 주셨으니 아들을 믿는 자에게는 영생이 있고 아들에게 순종하지 아니하는 자는 영생을 보지 못하고 도리어 하나님의 진노가 그 위에 머물러 있느니라(요 3:35-36).

하나님은 아들에게 만물을 다 주셨다고 말씀하고 있다. 이 말씀은 통치의 권한까지 포함된다고 할 수 있다. 왜냐하면 아들에게 순종하지 아니하는 자에게는 영생은 보지도 못하고 하나님의 진노만 그에게 있다고 말씀하셨기 때문이다. 이것은 모든 만물이 그에게 복종해야 한다는 엄숙한 선언이다.

요한복음 5:19에서 예수님이 "아들이 아버지께서 하시는 일을 보지 않고는 아무것도 스스로 할 수 없나니 아버지께서 행하시는 그것을 아들도 그와 같이 행하느니라"고 하신 말씀은 아들은 아버지께서 하시는 일을 보고 그대로 한다는 뜻이다.

그런데 한 가지 더 중요한 것은 아버지께서 그 일을 하도록 허락하신다는 사실이다. 요한복음 5:19에 이어서 20절에서는 아버지께서는 아들을 사랑하사 자신이 하시는 일을 보여 주신다고 말씀하고 있다. 안보여 주실 수도 있지만 사랑하시기 때문에 아들에게 자신이 하시는 일을 보여 주신다는 뜻이다. 그리고 사람들은 이 사실을 보고 놀랄 것이다. 왜냐하면 아들 되신 예수님께서 하나님이 하신 그 일을 할 것이기 때문이다.

그리고 21절에서는 하나님만이 하실 수 있는 일을 아들이 하게 될 것을 말씀하신다. 그 일이란 사람을 살리는 것이다. 22절에는 심판까지 하신다고 말씀하시고 있다. 정말로 하나님은 "놀랍게 여기게 하시리라"(20)는 말씀을 이루셨다. 예수님은 죽은 나사로를 살리셨고 자신도 죽음에서 부활하셨다. 이 사실은 온 인류가 놀라지 않을 수 없는 사건이다. 예수님의 이러한 권세는 하나님으로부터 온 것이다. 그러면 여기서 하나님으로부터 받은 권위로 예수님이 행하셨던 일들을 은파는 어떻게 자신의 목회사역에서 오직 주님으로 받아들이고 가르치고 있는지 살펴보고자 한다.

은파는 예수 그리스도를 오직 주님으로 모시고 그의 인생과 사역의 목적으로 정했다. 예수 그리스도는 하늘과 땅과 온 우주를 창조하시고 하나님이 주신 권세를 가지고 이 세상 모든 만물을 통치하고 다스리신다. 예수 그리스도는 세상의 모든 만물을 통하여 영광을 받으신다. 주 예수 그리스도는 홀로 높으시고 위대하시다. 은파는 위의 사실을 다음과 같이 설교한다.

> 주님은 오늘날 하늘과 땅의 모든 권세를 가지시고 우리를 다스리십니다. 주님은 마귀를 점령하시고 죄인을 죄에서 건지시며 우리 인류를 사망과 불의에서 건지셨습니다. 왕의 왕으로서 우주 만물과 하늘의 천사와 땅에 있는 모든 생물을 통하여 영광을 받으시는 것입니다. 주님은 높으십니다. 위대하십니다.[16]

은파는 위의 설교에서 예수님은 하늘과 땅의 권세를 가지신 분, 마귀를 이기신 분, 사망권세를 이기시고 영광을 받으신 분이라는 것을 분명히 하고 있다. 그러면 은파는 주님이 하늘과 땅의 모든 권세를 다스리신다는 이 사실을 어떻게 복음화하여 가르치며 적용하고 있는지 살펴보고자 한다.

---

[16] 김삼환, 『여호와를 기뻐하라』(서울: 실로암, 2000), 118.

1) 우주만물을 다스리는 주님

주님은 이 세상에 계시는 동안 사람이 할 수 없는 일을 하셨다. 그것은 사람이 통치 할 수 없는 존재들을 통치하신 것이다. 이것은 그가 하나님이 보내신 메시아이시고 온 우주 만물을 창조하시고 다스리신다는 것을 보여 주고 계시는 증표가 되었다.

예수님이 만물을 다스리심을 상징하는 많은 사건 가운데 4가지를 들 수 있다.

첫째, 가나 혼인 잔치 집에서 물로 포도주를 만드신 사건이다 (요 2:1-11).

포도주를 만들기 위해서는 포도나무를 심어야 한다. 그리고 그 포도나무는 자라서 꽃이 핀 후에 열매를 맺고 그것이 익어야 한다. 그리고 익은 포도를 따서 술틀에 넣어 짜서 항아리에 술을 담아야 한다. 그 후 많은 시간이 지나야 포도주가 된다. 뿐만 아니라 그것을 심고 가꾸는 농장이 있어야 한다. 그러나 예수님은 이 모든 것을 한 순간에 해결하시고 물로 가장 좋은 포도주를 만드셨다. 자연의 모든 질서를 한 순간에 해결하신 분이셨다. 예수님은 만물을 통치하고 계시기 때문에 이런 것이 가능하신 분이다.

둘째, 예수님은 파도를 잔잔케 하셨다(마 8:23-27; 막 4:35-41; 눅 8:22-25).

이 사건은 예수님의 인성과 신성을 동시에 보여 주는 사건이다. 예수님은 사람이셨기 때문에 피곤하셨다. 그래서 배를 타고 가시면서 고물에 누워 주무셨다. 이렇게 주님이 주무시는 동안 바다에서 큰 광풍이 일어났으며, 이 광풍은 배에 있는 사람들이 죽을 위험을 느낄 정도로 강력했다. 이 때 제자들이 예수님을 깨우며 도와 달라고 요청했다.

이런 상황에서 예수님이 일어나 "바람을 꾸짖으시며 바다를 향해 잠잠하라 고요하라"고 말씀하셨다. 이 말을 들은 바람은 즉시 그쳤고 바다 역시 잔잔해졌다. 인간은 아무리 권력이 있고 능력이 있어도, 바람이나 바다에게 명령을 해도 바람과 바다는 들을 수도 없고 순종할 수도 없다. 하지만 주님의 명령은 온 우주의 만물이 다 알아 듣고 순종한다. 죽은 자도 알아 듣고 일어나라고 말하면 일어난다. 이 사건은 예수님이 제자들에게 자신이 천지를 지으신 창조자라는 것과 만물을 통치하시는 만유의 주님이라는 것을 보여 주는 사건이었다고 할 수 있다.

셋째, 오병이어로 장정만 5천 명을 먹이신 사건이다(마 14:13-21; 막 6:30-44; 눅 9:10-17; 요 6:1-14).

이 사건은 가나안을 향해 가는 이스라엘 백성을 위해 광야에서 만나와 메추라기를 먹여 주신 하나님의 능력을 연상하게 하는 사건이다. 어떤 인간도 떡 다섯 덩이와 물고기 두 마리로 장년만 5천 명을 먹일 수는 없다. 5천명이 머무는 그곳에는 이 정도로 많은 빵을 만들 재료도, 빵을 생산할 공장도 없었다. 그렇게 많은 고기를 잡을 바다도, 그 고기를 요리할 장소도 없었다. 그러나 주님은 하나님께 감사기도를 드린 후에 제자들에게 나누어 주라고 말씀하셨다. 그러자 장정만 5천명이 다 먹도록 떡과 고기는 떨어지지 않았다. 오히려 12광주리나 남았다. 이 사건은 우리에게 세 가지를 확실하게 가르쳐 주고 있다.

① 사람이 먹을 것은 하나님이 주신다는 것
② 예수 그리스도는 창조의 주님이라는 것
③ 주님은 만물을 다스리는 분이라는 것

은파는 이러한 말씀을 기초로 설교 중에 "예수님만이 능력자요, 절대자이십니다. 모든 일에 부족할지라도 주님이 우리의 목자가 되고, 도움이 되시고, 인도자가 되시며 승리할 수 있습니다"[17] 라고 설교하고 있다. 그리고 우리가 주님을 믿으면 일생 동안 먹을 것에 대해 걱정하지 않아도 된다고 다음과 같이 가르친다.

> 양식 문제에 대해서 몇 가지 드릴 말씀이 있습니다.
> 첫째, 예수님을 잘 믿으면 일생 동안 먹을 것에 대한 걱정을 하지 않아도 됩니다. 요한복음 6:11에 보면 "저희 원대로 주시다"라고 말씀하고 있습니다. 주님은 우리의 소원을 이루어 주시고도 남음이 있습니다. 예수님을 믿으면 잔이 넘칩니다.[18]

은파는 오병이어 사건을 통해서 하나님이 우리의 먹을 것을 책임져 주시므로 걱정하지 않는다는 것을 말씀하시고 있고 우리의 모든 소원을 이루어 주시며 예수님을 믿으면 잔이 넘친다고 가르친다. 또한 예수님 안에 있으면 풍성한 성도의 삶을 살 수 있다는 것을 가르치고 있다. 은파는 만물을 지으시고 통치하시는 주님

---

[17] 김삼환, 『예수님을 잘 믿는 길』, 69.
[18] Ibid., 84-85.

이 우리 인간에게 필요한 일용할 양식을 제공해 주심을 강조하고 있다고 하겠다.

주님은 우리의 원대로 주시는 분이다.

예수님은 물을 포도주로 만드시고 바다의 파도와 바다를 멈추게 하시며 오병이어로 5천 명을 먹이신 사건을 통해 이 세상을 창조하신 창조주 하나님과 동격이신 창조의 주님이심을 알 수 있다.

넷째, 주님은 하늘과 땅의 모든 권세를 가진 자로서 사망의 권세를 다스리시는 분이다.

죽음의 문제는 인간에게 있어서 가장 큰 문제이다. 누구도 해결할 수 없는 문제이다. 그러나 주님은 죽은 자를 살리시는 실례를 제자들에게 보여 주셨다. 나인성 과부의 아들을 살리셨으며(눅 7:11-17), 베다니에 사는 나사로를 살리셨다(요 11:43-44). 그러므로 은파는 성도들이 사망의 권세를 이기신 예수님을 오직 주님으로 영접하여 승리의 삶을 살도록 가르친다.

> 예수님은 영광의 주님이십니다. 이 세상에서 왕이 되려면 많은 사람을 죽이고 나라를 정복해야만 했습니다. 그러나 예수 그리스도는 누군가를 죽이고 왕이 된 것이 아닙니다. 오히려 사망 권세를 멸하시고 승리하시고 우리 모두를 살리신 왕이십니다. 영원한 죽음이 아닌 영원한 생명을 주시는 왕이십니다.[19]

---

[19] 김삼환,『넘치는 감사』(서울: 실로암, 2010), 82.

은파는 위의 설교에서 오직 주님을 영광의 주님으로 모시고 있다. 이 왕은 다른 왕을 멸하고 정복하고 왕이 된 것이 아니다. 영광의 주님은 자신이 스스로 죽이심을 당하시고 사망 권세를 깨뜨리고 승리하신 영원한 생명의 주님이시다. 예수님이 부활시킨 나인성의 과부의 아들도 부활했고 베다니의 나사로도 부활했지만 이들은 영원한 부활이 되지는 못했다. 이들은 또다시 죽었다. 반면 예수님은 승천하셔서 생명을 주시는 왕으로 영원히 존재하고 계신다. 그래서 은파는 다음과 같이 설교한다.

> 예수 그리스도로 말미암아 이 땅에서 모든 사망이 사라졌습니다. 마귀도 끝났습니다. 지금 마귀는 우리에게 시험과 고통만 줄 뿐이며, 그들의 지휘봉은 이미 예수님께 빼앗긴 상태입니다. 예수님을 믿으면 누구든지 멸망하지 않고 영생을 얻습니다(요 3:16).[20]

그리고 은파는 사망을 다스리시는 주님은 우리 인간에게 참 자유와 생명을 주셨다고 선포한다. 그러므로 우리 성도는 죽음에 대한 두려움이 없이 하나님을 영화롭게 하며 하나님께 영광을 돌려드리며 감사하며 살아가야 한다고 권면한다.

> 주님께서 우리에게 자유를 주셨습니다. 생명을 주셨습니다.

---

[20] Ibid., 86.

죽음은 마귀로부터 오지만 생명은 주님으로부터 옵니다. 우리는 이제 예수 그리스도 안에서 죽음에 대한 두려움 없이 세상을 살아가게 되었습니다. 참 자유함으로 하나님을 영화롭게 하고 하나님께 감사하며 살아가는 것입니다.[21]

참으로 예수 그리스도는 우리의 주님이시다. 이 주님은 온 우주 만물을 다스리시며 우리의 삶을 일으켜 세우시며 치료하시고 용서해 주신다. 은파는 이것을 이렇게 말한다.

주님은 언제나 명령자로서 "바람아 잔잔하라" 하셨고, 죽은 자에게는 "일어나라"고 명령하셨습니다. 앉은뱅이에게도 "일어나라 모든 죄가 사하여졌느니라"고 하시며 일으켜 세워주셨습니다. 주님은 언제나 우리의 모든 문제를 바꾸시므로 삶을 역전시키시는 분입니다.[22]

2) 사단을 이기신 오직 주님

주님이 창조하신 이 창조 세계 안에는 영적 세계가 있으며 영적 세계에는 사단이 있다. 사단은 하나님의 자녀를 유혹하여 곁길로 가게 만든다. 사단을 이기지 못하면 결국 사단에 의해서 죽임을 당할 수밖에 없다. 왜냐하면 사단은 욕심쟁이요, 살인자요, 거짓말쟁이기 때문이다(요 8:44). 아담과 하와는 이 사단의 꼬임에 넘

---

[21] Ibid., 87.
[22] 김삼환, "주님의 옷자락 잡고," 『주일설교』10권 (서울: 실로암 2006), 250-251.

어 갔다. 그래서 이 세상에 죽음을 가져왔지만 예수님은 이 사단을 이기시므로 이 세상에 새 생명을 가지고 오셨다.

예수님이 금식하시고 있을 때 사단이 예수님을 유혹했지만 예수님은 이 시험에 승리하셨다(마 4:1-11). 이후 예수님이 제일 먼저 치료해 준 사람은 귀신들려 정상적인 삶을 살지 못하는 사람을 치유해 준 사건이었다(막 1:21-28). 이 사건을 본 사람들은 예수님을 권위 있는 새 교훈을 말씀하시는 분이자 더러운 귀신들도 순종하는 분이라고 말했다. 이것은 예수님이 만주의 주(Lord of lords)이심을 증언해 주고 있는 한 예이다.

변화산에서 내려오신 후, 예수님은 한 어린아이에게 들어가 있던 귀신을 쫓아내셨다. 이 귀신은 아이를 죽이려고 불과 물에 자주 던졌다. 또한 이 아이에게 경련을 일으켜 거품을 물고 숨을 쉬지 못하도록 했다. 즉 이 아이는 완전히 귀신에게 붙잡혀 놀아나고 있었다. 예수님은 이 아이에게서 귀신을 꾸짖어 나오게 하고 아이를 회복시켜 주셨다(막 9:14-29). 이 사건에서 중요한 것은 예수님의 명령에 귀신이 순종했다는 것이다. 이것은 예수님이 사단의 세계를 정복하고 다스리고 계심을 뜻한다. 예수님은 전 우주의 왕 중의 왕이시고 만주 중의 주이시다.

은파는 예수님이 귀신을 쫓아내시는 것도 오직 우리 주님만이 하실 수 있는 것임을 가르친다. 왜냐하면 예수님이 왕 중의 왕이시고 모든 영적 세계를 통치하시는 만왕의 왕이시기 때문이다.

은파는 특새 기간 동안 성도들에게 사단의 존재와 그 역할이 무엇인지, 그리고 주 예수께서 왜 사단을 지배하지 않으면 안 되는지를 가르쳤다. 그 내용을 간단히 정리해 보고자 한다.

첫째, 은파는 "인간이 범죄하므로 하나님은 우리 인간을 구원하시려고 즉시 계획을 세우셨으며 여자의 후손을 보내어 뱀, 즉 사단을 멸하시고 그 아래 있는 우리 인간을 건지시겠다고 예언하셨음"을 상기시켜 준다.[23]

둘째, 그 후에 하나님은 모든 민족을 구원하시기 위하여 한 사람 아브라함을 택하셨고 그 후손 중에 메시아가 탄생하실 것을 예언하여 주셨다고 말한다.

그런 의미에서 아브라함의 후손인 유대인은 인간을 구속하시기 위한 하나님의 구원 계획 속에 예비된 민족임을 강조한다.

은파는 하나님의 인간 구원에 대해서 논한 후에 인간은 마귀에게 속하여 세상 임금의 지배를 받으며 마귀가 우리의 삶을 주장하기 때문에 원하는 대로 되는 것이 없다고 가르친다.

셋째, 이러한 우리 인간을 구원하시려고 우리의 오직 주님 되시는 예수 그리스도를 보내 주셨다고 설교한다.

은파는 성경의 내용을 가감 없이 그대로 알기 쉽게 전하면서 하나님이 마귀의 일을 멸하기 위하여 예수 그리스도를 보내주셨음을 선포하고 있다.[24]

> 세상은 알아주지 않고 영접하지 않았으나 주님은 승리하셨습니다. 아무도 이 세상을 이길 수 없었습니다. 그러나 예수 그

---

[23] 김삼환, 『세상을 이기는 삶』(서울 : 실로암, 2002 개정), 64.
[24] Ibid., 64-67.

리스도는 이기셨습니다. 승리하신 주님은 지금도 앞으로도 영원히 살아계시는 왕들 중에 왕이요 승리의 왕이신 것입니다. 누가 세상을 이겼습니까? 오직 예수 그리스도뿐입니다.[25]

예수님이 이 세상에 오셔서 사탄을 이기셨고, 사탄이 하는 일을 멸하시므로 승리하셨다. 이 예수님의 승리로 우리는 모든 사탄의 유혹과 공격으로부터 자유하게 되었다.

3) 질병을 치유하시는 오직 주님

사람의 병은 여러 경로를 통해 온다. 병은 사람이 고칠 수 있는 병도 있고 고칠 수 없는 병도 있다. 당시 예수님이 치료하신 병은 당시 의학으로나 또한 현대의 의학으로도 치료할 수 없는 병이 많았다. 마태는 예수님의 치유사역에 대해서 다음과 같이 말씀하였다.

> 저물어 해질 때에 모든 병자와 귀신 들린 자를 예수께 데려오니 온 동네가 그 문 앞에 모였더라. 예수께서 각종 병이 든 많은 사람을 고치시며 많은 귀신을 내 쫓으시되 귀신이 자기를 알므로 그 말하는 것을 허락하지 아니하시니라(막 1:33-34).

위의 말씀은 예수님께 온 병자와 귀신들린 자들을 치유해 주

---

[25] Ibid., 68-69.

제1장 나의 주님 만물의 하나님

셨다고 말씀한다. 좀 더 구체적인 예를 들면 눈이 먼 사람(마 9:27-30), 말 못하는 사람(마 9:32-34), 귀가 먼 사람(막 7:31-37), 나병환자(마 8:1-4; 막 1:40-45) 그리고 중풍병자(막 2:1-12)의 병은 지금도 완치하기가 어렵다. 하지만 예수님은 이러한 사람들의 병을 치료하셨다. 이것은 예수님은 무슨 병이든지 치료하실 수 있고 회복하실 수 있음을 보여주신 것이라고 할 수 있다. 은파는 그의 설교에서 이점을 거의 매번 반복한다. 그의 설교 중에 한 곳을 인용하면 다음과 같다.

> 복음서는 무엇을 다루고 있습니까?
> 38년 동안 병을 갖고 있든지, 열두 해를 혈루증을 앓고 있든지, 문둥병에 걸렸든지, 남편이 다섯이나 되든지, 일곱 귀신에 얽매여 있든지, 갖가지 질병과 불행과 어려움에 매여 있는 인간들의 모습을 다루고 있습니다. 그러나 주님께서 은혜를 주시고 함께 하실 때 38년 된 병자도 낫고 더러웠던 여인도 깨끗함을 받고, 가난한 자도 부유해질 수 있습니다.[26]

은파는 주님이 은혜를 주시면 여러 병들이 치료된다고 설교한다. 은파는 자신이 폐결핵 말기에서 치유함 받은 것도 주님의 은혜라고 간증한다. 간증 내용의 일부를 간단히 소개하면 다음과 같다.

은파는 1974년 목회 초기에 노회원들과 함께 전북 내장산에서

---
[26] 김삼환,『예수께로 가라』(서울: 삼화인쇄주식회사, 1998), 70.

모인 수련회에 갔다. 당시 은파는 결핵을 심하게 앓고 있었다. 그는 당시 몸을 바로 누울 수도 없고 앉을 수도 없었다. 온 몸이 주사 바늘로 굳어진 상처뿐이었기 때문이다. 이때는 숨도 제대로 쉬지 못했다. 간신히 앉아 있는 것은 가능했지만 등산은 할 수 없었다. 노회원들은 이때도 아름다운 내장산 등반을 했지만 자신은 갈 수 없었다. 그는 방에 혼자 남아 자신의 비참한 처지를 바라보며 울부짖어 기도했다. 그리고 찬양을 드렸다. 은파는 그때 불렀던 찬양을 지금도 생생히 기억하고 있었다.

"구주와 나 함께 죽었으니 구주와 함께 나 살았도다."

이 찬송을 수십 번 부르는 중에 그는 치료의 아버지가 계시고 전능자가 계시는 데 이 하나님 아버지를 의지하지 않았던 자신을 회개하며 먹던 약을 다 버렸다. 그 후로 그는 치료의 확신을 얻었고 그뿐 아니라 사모까지도 모든 병에서 치유함 받았다.[27]

은파는 예수님의 치유사역이 현재도 계속되고 있음을 굳게 믿고 있다. 그것은 예수님이 하나님 보좌 우편에서 성령과 함께 역사하고 계시기 때문이다. 예수께서 사람의 모든 질병을 치유하신 것은 예수님이 사람을 창조하셨기 때문이요 모든 질병을 치유하시는 능력이 있으시기 때문이다.

4) 죄를 용서하시는 주님

은파는 인간의 모든 문제의 뿌리는 사단과 죄와 사망이라고

---

[27] 김삼환, "주님의 옷 자락 잡고,"『30주년 기념집』제1권 (서울: 대한예수교장로회 명성교회, 2010), 57-58.

말한다. 성경은 인간의 문제를 여러 모양으로 말씀하고 있지만 은파는 이 세 가지가 인간 문제의 핵심이라고 주장한다.

> 이 땅에서 인간의 대적이 무엇입니까?
> 가난입니까? 아닙니다.
> 질병입니까? 아닙니다.
> 불행입니까? 아닙니다.
> 인간의 대적은 사단과 죄와 사망입니다. 모든 문제는 이 세 가지에서 비롯되는 것입니다.[28]

그리고 이 셋은 따로 분리되어 있는 것이 아니라 하나로 묶여 있다고 말한다.

> 이것을 건드리면 저것이 있고 저것을 건드리면 이것이 있고, 마치 뱀과 서로 얽혀있는 것과 같습니다. 인간의 문제도 사단과 죄와 사망에 의해서 전부 얽히고설켜있는 것입니다.[29]

그러기 때문에 은파에 의하면 인간의 근본 문제를 해결하기 위해서는 이 세 가지 문제를 동시에 해결해야 한다. 은파는 이런 문제의 완전한 해결자는 오직 예수 그리스도밖에 없다고 다음과 같이 말한다.

---

[28] 김삼환, 『세상을 이기는 삶』(서울: 실로암, 2002), 77.
[29] Ibid., 77.

예수님께서 마귀와 죄와 사망을 폐하셨습니다. 사단의 능력, 죄의 힘, 사망의 권세는 예수 그리스도로 말미암아 완전히 멸망 받고 끝장난 것입니다. 우리는 오직 예수 그리스도로 말미암아 영원히 승리하는 줄 믿습니다.[30]

죄를 사하는 권세와 자격은 하나님께만 있다. 그 이유는 정죄의 규칙을 정하신 분도 하나님이시고, 유죄에 대한 판결을 하시는 재판장도 하나님이시기 때문이다.

하나님은 아담과 하와에게 한 법을 주셨다. 그 법은 "선악을 알게 하는 나무의 열매는 먹지 말라"(창 2:17)는 법이다. 또한 "네가 먹는 날에는 반드시 죽으리라"(창 2:17)는 심판의 결과에 대한 경고도 하셨다. 아담과 하와는 이 법을 어겼다. 결국 심판자이신 하나님에 의해 죽음에 대한 선고를 받고 에덴동산에서 쫓겨났다. 나아가 하나님은 모세에게 율법을 주셨다. 그리고 그 법을 어겼을 때 벌하시고 또한 용서도 하셨다. 이런 인류 역사를 아는 유대인들은 하나님 한 분만이 사람의 죄를 용서하실 수 있음을 믿어왔다.

그런데, 예수님이 이 세상에 오셔서 중풍병자에게 "네 죄 사함을 받았느니라"고 하실 때, 그 말씀을 들은 유대인들에게 그것은 충격적인 것이었다. 왜냐하면 그들은 예수께서 하나님이시며, 그러므로 당연히 죄를 사하는 권세가 있음을 알지 못했기 때문이다. 그래서 예수님은 이들에게 자신이 죄 사함의 권세가 있으신

---

[30] Ibid., 84-86.

것을 가르치신 사건을 만드셨다.

첫 번째 사건은 중풍병자를 고치신 것이다(막 2:1-12).

예수님이 한 중풍병자에게 "네 죄 사함을 받았느니라"고 선언하셨다. 이것은 당시 상황으로서는 굉장히 놀라운 말씀이었다. 그러므로 이 말을 처음 들은 유대인들은 즉시 예수님께 "신성모독"이라고 성토했다. 그 이유는 죄를 사하시는 분은 하나님 한 분뿐인데, 예수께서 "네 죄 사함을 받았느니라"고 말씀하셨기 때문이다. 유대인들이 이런 반응을 보인 것은 당연하다. 그들은 예수님이 하나님이심을 인정하지 않았기 때문이다. 이 때 예수님은 "인자가 땅에서 죄를 사하는 권세가 있는 줄을 너희로 알게 하려 하노라"고 말씀하시면서 그 중풍병자의 병을 치료해 주셨다.

두 번째 사건은 예수께서 한 바리새인의 초청을 받고 그 집에 가셨을 때 일어났다.

그 때 그 동네에 죄를 지은 한 여인이 예수께서 그 집에 오셨다는 소문을 들은 후, 향유를 담은 옥합을 가지고 와서 예수님의 발에 통째로 부었다. 예수님은 그녀의 모습을 보시면서 "네 죄 사함을 받았느니라"(눅 7:48)고 그녀에게 말씀하셨다. 예수님의 이 말씀을 들은 자들은 속으로 "이 자가 누구이기에 죄도 사하는가"(눅 7:49)라고 말했다. 당시 사람들은 예수님이 죄 사함의 권세가 있다는 것을 몰랐기 때문이다.

예수님은 이런 사건들을 통해 제자들에게 자신에게 죄를 사하는 권세가 있음을 가르치셨다. 예수님이 죄를 사하는 권세를 가지셨음을 말씀하는 것은 그가 죄의 권세를 이기셨음을 뜻한다. 죄의 권세를 이기셨다는 것은 사망의 권세를 이기셨다는 뜻이다. 왜냐하면 죄와 사망의 권세는 그 근원이 같은 것이기 때문이다.

은파의 설교는 이러한 성경적 배경을 중심으로 매우 선명하고 이해하기 쉽게 예수님이 죄를 정복하고 다스리는 승리의 주님이심을 잘 묘사하고 있다. 관련된 설교를 보면 이것이 명확히 드러난다.

> 이제는 사망이 없습니다. 예수님께서 마귀와 죄와 사망을 폐하셨습니다. 사단의 능력, 죄의 힘, 사망의 권세는 예수 그리스도로 말미암아 완전히 멸망받고 끝장난 것입니다.[31]

이어서 은파는 승리 뒤에 따라오는 축복에 대해서도 설명한다. 우리가 예수를 믿고 구원받아 문제를 해결 받으면 그것이 축복이다. 그러므로 흠도 없고 죄가 전혀 없으신 승리자 예수께로 오면 우리는 승리와 더불어 축복을 누리게 된다.

> 우리의 의로 구원을 받고 문제를 해결하려고 하면 영원히 해결할 수 없습니다. 그러나 이 모든 일을 완전히 하실 수 있는 능력과 지혜와 권능이 무한하신 창조자가 계십니다. 흠이 없고 죄가 전혀 없으신 그리스도로 말미암아 우리가 승리와 축복을 누리게 된 것입니다.[32]

---

[31] 김삼환,『세상을 이기는 삶』, 83-84.
[32] Ibid., 85.

그리고 이 세상의 모든 문제와 싸워 승리하는 방법은 이 세상에 하나도 없다. 그러나 예수님께 와서 예수님 곁에 있으면 우리는 모든 문제를 해결함 받을 수 있고 승리의 삶을 살 수 있다. 은파는 그의 설교를 다음과 같이 강조하고 있음을 알 수 있다.

> 주님께서 우리의 무거운 짐을 벗겨 주십니다. 예수로 말미암아 우리의 문제가 해결되는 것입니다. 어른이나 아이나 누구든지 문제가 있거든 예수님께로 오라는 것입니다. 무거운 짐을 진 자도, 주린 자도, 목마른 자도, 모두 오라고 하셨습니다. 우리는 오직 예수 그리스도로 말미암아 영원히 승리하는 줄 믿습니다.[33]

이렇게 은파는 오직 주님 예수 그리스도만이 인간의 죄와 사망의 문제를 해결하시는 분이며 사단의 권세를 정복하시는 승리자이심을 가르친다. 나아가 예수님의 이런 승리가 우리에게 큰 축복임을 이해하도록 도와주고 있다.

5) 성부를 계시하시는 주님

예수님은 하나님으로부터 그 권한을 위임받아 만물을 다스리시고, 사단을 다스리시며, 질병을 치유하시고, 사람의 죄를 용서하신다. 예수님의 이러한 초인간적인 사역은 그가 신성을 소유하

---

[33] Ibid., 86.

신 분으로서 하나님이 어떤 분이신지를 보여주시는 것이다. 은파는 아들 예수 그리스도가 하나님의 모습을 가장 잘 보여 주시는 곳이 십자가 사건으로 설교하고 있다.

> 부활은 하나님께서 계획하셨습니다. 죄로 말미암아 죽게 된 우리 인간을 위하여 아들을 보내 주셨습니다. 예수님께서 육신의 몸을 입고 이 땅에 태어 나셔서 33년 동안 우리와 함께 계셨습니다. 그리고 우리 죄를 위하여 3일 만에 부활하셨습니다.[34]

은파는 자연스럽게 부활절 설교를 하면서 그 배후에 하나님이 계심을 강조한다. 예수님의 십자가의 고난과 죽음과 부활은 하나님이 이미 계획하셨다는 것이다. 예수님의 생애 하나 하나에는 하나님이 계신다는 것이 은파의 가르침이다. 은파는 예수님의 부활에 대해서도 다음과 같이 가르친다.

> 하나님께서 그 아들을 죽은 자 가운데서 다시 살리셨습니다. 그로 말미암아 우리를 구원하셨고 우리를 죄와 멸망과 사망에서 건지시겠다고 약속하신 하나님의 말씀이 이루어 졌습니다. 승리하신 예수님께서는 지금 하나님 우편에 앉아 계십니다.[35]

---

[34] 김삼환, 갈급합니다, (서울: 실로암, 2009), 200-201.
[35] Ibid., 201.

제1장 나의 주님 만물의 하나님

　은파는 위의 내용에서 하나님이 죽은 아들을 살리셨고, 하나님이 그로 말미암아 우리를 구원하셨고, 예수님을 통해서 죄로 죽을 우리를 구원하시겠다는 약속이 성취되었고 지금은 그 아들 예수 그리스도는 승천하셔서 하나님 보좌 우편에 계신다고 말씀하고 있다. 이처럼 은파는 예수님의 생애와 하나님의 존재와 밀접한 관계를 자연스럽게 부각시킨다. 그리고 아들이 하나님을 보여 주고 계신다는 진리를 전하고 있다.
　마태도 이러한 예수님의 사역에 대해서 다음과 같이 말씀하고 있다.

> 내 아버지께서 모든 것을 내게 주셨으니 아버지 외에는 아들을 아는 자가 없고 아들과 또 아들의 소원대로 계시를 받는 자 외에는 아버지를 아는 자가 없느니라(마11:27).

　마태는 이러한 예수님의 사역에 대해서 다음과 같이 말씀하고 있다.

> 내 아버지께서 모든 것을 내게 주셨으니 아버지 외에는 아들을 아는 자가 없고 아들과 또 아들의 소원대로 계시를 받는 자 외에는 아버지를 아는 자가 없느니라(마 11:27).

　마태는 위의 말씀을 예수께서 직접 말씀하신 것으로 기록하고 있다. 그리고 예수님은 "내 아버지께서 모든 것을 내게 주셨다"고 말씀하신다. 이어서 아들과 아들의 소원대로 계시를 받은 자 외에는 아버지를 아는 자가 없다고 말씀하고 있다.

이 말씀은 한 마디로 예수님 외에는 하나님 아버지를 아는 자도 없고 이 세상에 하나님을 계시해 줄 자도 없음을 뜻한다. 이어서 예수님은 하나님으로부터 모든 것을 받았다고 주장하신다. 그러므로 예수님은 자신이 하시는 모든 일을 통해 하나님이 어떤 분이신지를 세상에 보여 주실 수 있는 분임을 알 수 있다. 요한은 이렇게 기록하고 있다.

> 본래 하나님을 본 사람이 없으되 아버지 품속에 있는 독생하신 하나님이 나타내셨느니라(요 1:18).

이 세상에 하나님을 나타내신 분이 없었지만 독생자이신 예수께서 하나님을 나타내셨다고 말씀하고 있다. 예수님은 가르치시며 치료하시며 복음을 전파하시는 사역을 통해 하나님을 계시해 주시고 있다. 인간은 예수님을 보면서 하나님에 대해서 알 수 있다.

4. 심판의 주님

예수님은 자신의 사역을 통해 하나님의 존재와 하나님의 사역 그리고 하나님의 마음을 우리 인간들에게 보여주셨다. 예수님의 많은 사역 중에 중요한 것 하나는 심판에 대한 사역이다. 성부 하나님은 아들에게 심판할 권한을 위임하셨다. 예수께서 친히 요한복음 5:22, 27에 이렇게 말씀하셨다.

> 아버지께서 아무도 심판하지 아니하시고 심판을 아들에게 다 맡기셨으니(요 5:22).
> 또 인자됨으로 말미암아 심판하는 권한을 주셨느니라(요 5:27).

예수님은 이 말씀에서 성부 아버지로부터 심판의 권한을 위임 받으셨음을 고백하신다. 그리고 자신이 이 세상을 심판하시기 위해서 오셨다고도 말씀하신다

> 내가 심판하러 이 세상에 왔으니 보지 못하는 자들은 보게 하고 보는 자들은 맹인이 되게 하려 함이니라(요 9:39).

여기서 보는 자들이란 바리새인처럼 예수님이 눈을 열어준 이 사람을 붙잡고 안식일을 범하였다고 정죄하고 비난하는 사람들을 말하며, 또한 예수님이 눈을 뜨게 하시겠다는 말씀을 순수하게 받아들이는 맹인들을 가르킨다.

하나님이 아들 예수께 심판할 권한을 주시는 것은 사람을 심판하여 정죄하시려는 데 목적이 있는 것이 아니다. 하나님은 예수님을 통해 백성들을 구원하시고 의롭게 하시려는 데 있다(요 3:17). 이것에 대해 은파는 다음과 같이 가르친다.

하나님이 우리를 심판하실 때 그 기준은 하나입니다. 오직 예수 그리스도를 통해 우리를 보는 것입니다. 그리스도 앞에 드러나는 우리를 보는 것입니다. 그리스도에게로 나아가는 우리의 발걸음, 그리스도와 연결된 우리의 삶만이 하나님 앞에 영광스러운 삶이요, 가치 있는 삶이며, 하나님이 원하시는 것입니다. 그리스도가 없는 삶이라면 어떠한 삶일지라도 하나님 앞에 합당하지 않습니다. 그러므로 하나님은 우리를 평가할 때 간단하게 하나의 기준을 가지고 심사하십니다. 하나님은 이 세상 사람의 생각, 눈, 습관, 음식, 언어를 다르게 하셨습니다. 그러나 하나님 앞에서 의로워지는 기준, 인간의 모든 문제를 해결할 수 있는 기준은 하나로 정해주셨습니다. 그것은 오직 예수 그리스도를 통해 우리를 보시는 것입니다.[36]

은파는 여기서 하나님이 심판의 기준을 오직 하나로 정해 주셨는데 그것은 예수 그리스도라고 말한다. 예수 그리스도를 통해 믿는 자를 보시고, 그리스도와의 관계를 보시고 심판하시기 때문에 믿는 자에게는 심판이 은혜가 되고 사랑이 된다는 것이다. 심판은 하나님을 사랑하며 예수를 믿는 자들에게는 기쁨과 희망이지만, 예수님을 거부하는 자들에게는 멸망의 기회가 된다. 그러므로 예수님은 재판장으로서의 자격이 있다. 베드로도 고넬료의 집에서 설교하면서 하나님이 예수 그리스도를 재판장으로 정하셨다

---

[36] 김삼환,『오직 주님만 알아가는 삶』(서울: 실로암, 2014), 176.

고 말씀하고 있다(행 10:42). 예수님은 우리의 주님이시다. 그리고 우리의 재판장이시다. 이것이 우리의 희망이다.

은파는 빛으로 오시는 예수님을 심판의 주님으로 묘사하고 있을 뿐만 아니라 사람을 변화시키는 능력이 있음도 강조한다. 즉 심판의 주님은 사람을 정죄하고 심판하는 데만 목적이 있는 것이 아니라 회개하고 돌아서게 하는 데도 있음을 가르친다.

> 죄와 사망의 어두움에서 인간을 해방시켜 주시는 이는 하나님의 아들 예수 그리스도이십니다. 예수 그리스도를 가장 잘 표현한 것 중의 하나가 빛입니다. 주님은 빛이십니다. 생명의 빛, 구원의 빛, 거룩한 빛, 인간을 비추시는 참 빛으로 오셨습니다. 빛을 창조하신 하나님께서 빛의 아들을 이 땅에 보내주셨습니다.[37]

위의 말씀을 요약하면 죄와 사망의 어두움에서 인간을 해방시켜 주시려고 하나님이 자신의 아들을 빛으로 이 세상에 보내셨다는 것이다. 그래서 흑암에 거하던 백성이 빛이신 예수님을 통하여 생명을 얻고 구원을 받고 거룩한 삶을 살게 된다는 것이다. 이런 면에서 빛으로 오신 주님은 회개하고 돌아서서 새로운 삶을 살도록 인도해 주시는 빛이심을 알 수 있다. 그러나 은파는 주님은 또한 심판자라고 말한다. 어두움에 사는 사람들은 심판을 받고 힘을

---

[37] 김삼환, 『예수님을 잘 믿는 길』(서울: 실로암, 2010), 246-248.

쓰지 못하게 된다는 것이다. 대신 그리스도의 빛은 새 사람을 만들고 생명을 새롭게 하며 거룩하게 한다는 것이다.

> 빛은 심판자입니다. 빛이 오면 어떤 어두움도 힘을 쓰지 못합니다. 그리스도의 빛이 새 사람을 만듭니다. 그리스도의 빛이 죽음에서 생명으로 건져냅니다. 그리스도의 빛이 우리를 거룩하게 만들어 줍니다.[38]

우리 주님은 하나님의 사랑을 영접하지 않는 어두움 속에서 사는 악한 자를 심판하시지만 그의 아들 예수 그리스도를 영접한 사람들에게는 하나님이 보좌로 데려가시는 축복을 주신다.

은파는 만물의 하나님을 통해 주님은 창조의 주님이시고, 만왕의 왕이시고, 통치의 주님이시고 심판의 하나님이심을 고백하며, 성도들을 위한 하나님의 종이심을 보게 되었다. 다음 장에서는 주님과 교회와의 관계에 대해, 교회의 주님 혹은 교회의 하나님이라는 주제로 살피고자 한다.

---

[38] Ibid., 254-256.

제2장

나의 주님 교회의 하나님

제1장에서 예수님은 창조의 하나님이시고 그가 창조한 모든 만물을 다스리시는 만왕의 왕이시고 인간의 핵심 문제인 사단과 사망과 죄를 통치하시고 만물을 다스리시며 심판하시는 심판주이심을 살펴보았다. 은파는 성경에 기초한 이러한 전통적인 가르침을 성도들에게 충실하게, 그리고 설득력 있게 가르쳤으며, 그 근저에는 하나님의 사랑이 흐르고 있으며 오직 주님 예수 그리스도의 위대하심을 나타내고 있음도 살펴보았다.

은파는 오직 주님 예수 그리스도와 교회와의 관계를 여러 측면에서 말씀하고 있지만 크게 네 가지 관계로 분류하고 있다.

첫째, 주님은 교회의 주인이시다.

둘째, 주님은 교회의 목자이시다.

셋째, 주님은 교회의 관리자이시다.

넷째, 주님은 교회를 섬기는 자이시다.

본 장에서는 은파의 오직 주님이신 예수님과 교회와의 네 가지 관계에 대해 살필 것이다.

1. 교회의 주님

오직 주님 예수 그리스도는 교회의 설립자이시고 교회의 주인이시다. 은파의 "오직 주님" 사상에서는 주님과 교회의 관계가 매우 뚜렷이 나타나 있다. 은파의 교회론은 오직 주님 사상과 함께 그의 목회신학의 핵심 주제라고 할 수 있다.[1]

그러면 왜 예수님이 교회의 주인이 될 수 있는가?

그 이유는 예수님은 스스로 교회를 내 교회라는 말씀을 하셨기 때문이다. 마태복음 16:18에서 예수님은 "이 반석 위에 내 교회를 세우리니 음부의 권세가 이기지 못하리라"고 말씀하셨다. 이 말씀에 보면 예수님은 "내 교회를 세우겠다"고 말씀하시면서 교회를 "내 교회"라고 말씀하셨다.

이처럼 내 교회를 세우시겠다고 처음으로 말씀하신 분은 예수 그리스도이시다. 그리고 예수님은 말씀하신 대로 교회를 세우셨다. 이 교회의 아이디어는 예수님의 것이다. 사람의 생각이나 이상으로 세워진 것이 아니다. 예수님은 교회와 함께 자신이 하시든 일을 계속 하시기 위해 교회를 세우셨다. 그러므로 오직 예수님만이 교회의 주인이다.

교회의 주인이신 예수님은 교회를 세우셨고 교회의 주인으로서 합당한 의무와 권리를 행하신다. 은파는 주님은 교회의 주인이시고 목회자는 주님의 양을 돌보는 주님의 머슴이라고 정의한다.

---

[1] 손 데이비드 석구, 『오직 주님 예수 그리스도의 교회』(서울: 나눔사, 2015), 89-93.

그러므로 은파는 교회에서 항상 자신을 머슴이라고 주장하고 머슴으로 살려고 노력한다. 그가 예수님을 주인으로 모시고 살면서 세운 그의 머슴철학은 섬기러 오신 예수님의 모습을 방불케 한다. 여기 은파의 '머슴론'의 요지만 잠깐 소개하려고 한다.

첫째, 머슴은 걱정이 없다.
왜냐하면 머슴은 주인이 하라는 대로 순종하면 되기 때문이다. 결과에 대한 책임은 주인에게 있다.
둘째, 머슴은 주인께 전적으로 충성해야 한다.
주인의 명령에 토를 달 필요가 없다. 전적으로 순종하고 복종하는 것이다. 목회자도 하나님께 무조건 충성하고 말씀에 순종해야 한다.
셋째, 24시간 항상 대기해야 한다.
머슴은 주인이 잠든 새벽에 일어나 소죽을 끓여야 한다. 목회자도 쉬는 시간이나 여유가 있으면 안 된다.
넷째, 머슴은 주인뿐만 아니라 주인의 가족까지도 돌보아야 한다.
우리 목회자는 성도들과 그들의 가족을 모두 돌보아야 한다.
다섯째, 머슴은 농사짓는 전문가이다.
농사에 대해서는 모르는 것이 없다. 목회자도 목회에 대한 모든 것을 잘 알아야 한다.
여섯째, 머슴은 불평할 자격이 없다.
시키는 대로 묵묵히 할 뿐이다.

일곱째, 머슴에게는 머슴만이 가지는 권위가 있다.
목회자도 주님의 일을 대신하기 때문에 주님이 주신 권위가 있다.
여덟째, 머슴의 삶과 소유물은 단순하다.
목회자도 삶이 단순해야 한다. 말씀전하고 기도하는 일이 전부가 되어야 한다. 그리고 소유에 관심을 두어서는 안 된다.[2]

은파에 의하면 위의 머슴론에서 주님이 교회의 주인이라면, 목회자는 머슴이고 성도는 주인의 자녀들이다. 그러므로 머슴인 목회자는 주인인 예수 그리스도를 섬겨야 하고 주인의 자녀들인 성도들을 최선을 다해 섬기며 보살펴야 한다. 즉 죽도록 충성해야 한다. 은파는 충성이란 예수님이 하나님의 뜻을 따르듯이 나의 뜻을 버리고 하나님의 뜻을 따르는 것이라고 다음과 같이 설교한다.

"아버지여 만일 아버지의 뜻이어든 이 잔을 내게서 옮기시옵소서 그러나 내 원대로 마옵시고 아버지의 원대로 되기를 원하나이다"(눅 22:42)라고 기도하신 예수님의 자세가 바로 충성입니다. 예수님은 하나님의 뜻대로 십자가의 고통을 받아들이셨습니다.[3]

오직 주님 예수 그리스도를 교회의 주인으로 모실 때는 교회

---

[2] Ibid., 89-90.
[3] 김삼환,『구역장 교육 1』(서울: 오직 주님, 1998), 139.

는 주님께 충성을 해야 함을 뜻한다. 우리가 주님이 교회의 주인이라고 할 때 주님이 교회를 자신의 피값으로 사셨기 때문이다.

성경은 주님이 자신의 피 값으로 하나님의 교회를 사셨다고 말씀하고 있다(행 20:28). 이 말씀은 두 가지를 강조하고 있다.

첫째, 예수님이 사셨기 때문에 예수님의 것이라는 소유의 개념을 강조하고 있다.

둘째, 교회의 가치는 주님이 십자가에서 흘리신 피 만큼 가치가 있고 소중하다는 것을 강조하고 있다.

그런데 이 교회를 보살피고 예수님의 사역을 계속하시기 위해서 장로들을 교회의 감독자로 삼았다는 것이다. 그러므로 예수님이 교회의 주인이라는 논리는 지극히 타당하다고 할 수 있다. 은파는 참 교회는 주님이 주인이 되어 홀로 다스리는 교회라고 말한다.[4]

손석구의 『은파 김삼환 목사의 교회론』에 보면 은파가 자신의 목회에서 염두에 둔 교회 모형을 10가지를 제시하고 있다.[5] 그 중 세 가지 교회 모형이 예수님이 교회의 주인되심과 가장 밀접한 모형이라고 할 수 있다.

첫째, 성전 교회관이다.

둘째, 몸 된 교회관이다.

셋째, 신부 교회관이다.

물론 다른 교회관도 다 주님이 통치하시고 그 주인은 주님이시라는 사실을 보여 준다.

---

[4] 김삼환,『교회가 살면 다 삽니다』(서울: 실로암, 2013), 27.
[5] 손 데이비드 석구,『오직 주님 예수 그리스도의 교회』, 36-141.

그러면 왜 위의 세 교회관이 교회의 주인이신 예수님과 밀접한 관계가 있는가?

첫째, 성전 교회관은 주님의 몸과 그 기능면에서 밀접한 관계가 있다.

예수님은 표적을 구하는 유대인들에게 "이 성전을 헐라 내가 사흘 동안에 일으키리라"고 말씀하셨다. 이 말씀을 처음 들었을 때 제자들은 무슨 뜻인지 이해하지 못했다. 그러나 예수님이 십자가에 못박혀 죽으시고 부활하신 후에야 예수님이 성전 된 자기의 육체를 말씀하신 것이라는 것을 알게 되었다(요 2:18-22).

이 사건에서 우리가 확실히 알 수 있는 것은 성전 된 건물을 예수님은 자신의 몸과 동일시하셨다는 것이다. 그 이유에는 신학적인 배경이 있다. 성전이 건축되어진 이후에 사람들의 모든 죄는 대제사장이 성전에 있는 지성소에 가서 속죄 제물을 대신 드리므로 속죄 받았다.

그러나 예수님이 십자가에 못 박히시고 숨을 거두신 후, 하나님은 성소의 휘장을 위에서 아래로 찢어버리셨다(막 15:37-38). 왜냐하면 예수님이 인간의 죄를 속하는 온전하고 영원한 속죄를 위한 제물로 드려졌기 때문이다(히 7:27; 9:12 10:10, 14). 그러므로 더 이상 성전 제사는 필요가 없게 되었다. 그러므로 성전과 예수님의 몸은 구속사적인 관점에서 보면 그 둘은 그 기능이 같은 것이다.

둘째, 몸 된 교회관은 교회는 주님의 몸이시고 주님은 교회의 머리가 되신다.

몸 된 교회관은 모든 교회와 주님은 한 몸이라는 것이다. 성경은 이 사실을 다음과 같이 말씀하고 있다.

> 만물을 그의 발아래 복종하게 하시고 그를 만물위에 교회의 머리로 삼으셨느니라 교회는 그의 몸이니 만물 안에서 만물을 충만하게 하시는 이의 충만이니라(엡 1:22-23).
> 너희는 그리스도의 몸이요 지체의 각 부분이라(고전 12:27).

예수께서 교회의 머리시라는 말씀은 교회는 예수님의 지시와 명령을 듣고 순종해야 하고 예수님의 아이디어와 말씀을 따라 교회를 관리하고 경영해야 함을 뜻한다. 그러므로 교회는 예수 그리스도의 뜻을 따라 예수님의 마음에 맞는 사역을 해야 한다. 은파는 이러한 이유 때문에 교회사역을 "서로 인정하고 포용하고 존중해야 한다"고 말한다.

그리고 교회는 몸이기 때문에 몸의 각 기능이 맡은 역할을 잘 감당해야 하듯이 교회가 맡은 일에 최선을 다해야 한다고 말한다. 은파는 이러한 이유 때문에 교회의 일치와 연합 그리고 조화와 균형을 위해 희생적인 노력을 한다.[6] 그리고 그는 주님의 몸된 교회에서 은혜를 받고 구원을 받고 은총을 받기에, 국가와 개인 누구나 할 것 없이 누구든 주님의 몸된 교회에 오면 구원을 받는다고 다음과 같이 말한다.

---

6   손 데이비드 석구, 『오직 주님 예수 그리스도의 교회』, 63.

교회는 하나님의 긍휼이 있습니다. 우리는 교회 없이 살 수 없습니다. 하나님께서는 영원히 멸망 받을 우리를 위하여 예수 그리스도를 이 땅에 보내 주시고 교회를 세워 주셨습니다. 주님의 몸 된 교회는 하나님의 구원과 약속과 은혜가 있는 곳입니다. 개인이든 민족이든 누구든지 이곳에 오면 구원을 받을 수 있습니다.[7]

은파는 특별히 주님의 몸 된 교회에 하나님의 구원과 약속과 은혜가 있다고 강조한다. 그리고 은파는 성도들은 주님의 몸 된 거룩한 교회에서 구원을 받고 은총을 받으므로 거룩한 생활을 해야 한다고 가르친다.

성도는 주님의 몸 된 거룩한 성전에서 구원을 받고 은총을 받으며 하나님을 영화롭게 해야 합니다. 주님의 나라를 위하여 귀하게 쓰임 받는 것이 성도의 가장 큰 소원이요 축복인 것입니다.[8]

셋째, 신부 교회관이다.

신부 교회관은 교회와 예수는 하나라는 사실을 가르쳐 주는 교회관이며, 하나님이 교회를 얼마나 사랑하시는지를 말씀하는 교회관이다. 성경은 하나님이 이스라엘에게 장가들어 이스라엘의

---

[7] Ibid., 26.
[8] 김삼환, 『교회가 살면 다 삽니다』, 27.

남편이 되었다고 말씀한다. 여기에 대한 말씀은 호세아 6:16에 기록되어 있다.

> 여호와께서 이르시되 그 날에 네가 나를 내 남편이라 일컫고 다시는 내 바알이라 일컫지 아니하리라(호 6:16).

이어서 19-20절에 보면 "내가 네게 장가들어 영원히 살되 공의와 정의와 은총과 긍휼이 여김으로 네게 장가 들며 진실함으로 네게 장가 들리니 네가 여호와를 알리라"고 말씀하고 있다.[9]

그러면 언제 이스라엘이 여호와께 남편이라고 부르는 때가 올까? 여기에 대해서 우리는 예수님의 말씀을 통해서 알 수 있다. 세례 요한의 제자들이 예수님께 "우리와 바리새인들은 금식하는 데 어찌하여 당신의 제자들은 금식하지 아니하니이까?"(마 9:14) 라고 물었을 때 예수님은 "혼인 집 손님들이 손님과 함께 있을 동안에 슬퍼할 수 있느냐 그러나 신랑을 빼앗길 날이 이르리니 그 때에는 금식할 것이니라"(마 9:15)고 대답하셨다. 이 말씀은 분명히 예수님 자신을 신랑으로 말씀하고 계시는 것을 알 수 있다.[10]

손석태는 요한복음 2장에 나오는 가나 혼인 잔치에서 예수님이 그 집에 초대받아 가시는 사건은 우연이 아니라 하나님이 이스라엘의 남편이라고 부르게 될 예언자들의 말씀을 성취하시는 한 사건으로 보고 있다. 즉 예수님이 이스라엘의 한 신랑으로서 가나

---

[9] 손 데이비드 석구, 『오직 주님 예수 그리스도의 교회』, 67.
[10] Ibid., 69.

의 혼인잔치 집에 방문하셔서 부족한 신랑대신 온전한 신랑이 되어 부족한 포도주를 채워 주고 신부 이스라엘의 부족한 모든 면을 만족하게 하여 기쁨을 주시는 메시아를 의도적으로 보여 주고 있다는 것이다.[11]

예수님은 교회의 신랑이다. 바울도 교회를 주님의 신부로 묘사하고 있다(엡 5:22-33). 은파도 이러한 성경적 배경을 중심으로 다음과 같이 교회는 그리스도의 신부이기 때문에 정결해야 됨을 권면하고 있다.

> 교회는 그리스도의 신부인 성도들이 깨끗한 몸과 마음으로 거룩한 단장을 하도록 준비하는 곳입니다... 우리는 그리스도의 신부입니다. 앞으로 천국에 가서 남편 되시는 예수님과 함께 영원히 살아갈 신부로 준비해야 합니다. 신부의 가장 큰 아름다움은 정결함입니다.[12]

예수님이 교회의 신랑이라는 말씀은 예수님이 교회의 주인이라는 말씀과 같은 의미이다. 가정의 주인은 신랑이고 신랑은 가정의 모든 것을 책임지는 자이기 때문이다. 이와 같이 은파의 교회론을 중심으로 간단히 살펴본 바대로 예수님은 교회의 주인으로서 교회를 보살피고 교회를 지키시고 교회를 책임지시는 교회의 주인이다.

---

[11] 손석태, 『목회를 위한 구약신학』(서울: CLC, 2006), 271-275.
[12] 김삼환, 『교회보다 귀한 것은 없네』(서울: 실로암,2004), 265-266.

2. 양들의 주님

오직 주님 예수 그리스도는 교회의 주인이시다. 교회의 주인이신 예수 그리스도는 교회의 설립자이시다. 오직 주님 예수 그리스도는 주인이시지만 교회를 보살피신다. 마치 목자가 양을 보살피시듯, 주님은 교회를 보살피신다. 목자는 양을 위해 자신의 생명을 바치기까지 한다(요 10:11, 15). 주님의 목자로서의 사역은 교회의 양무리를 위해 자기 생명을 바치시는 것이다. 예수님은 스스로 목자의 사역에 대한 언급을 삯군이나 강도에 비교하시면서 자세하게 설명해 주셨다. 예를 들면 다음과 같다.

① 목자는 양들의 길을 인도한다(요 10:1-6).
② 목자는 양의 문이다. 양의 문이라는 말씀은 목자가 양의 우리에 서서 우리에 들어오고 나가는 양들을 섬세하게 관찰하는 데서 온 말이다.
③ 목자는 양을 구원시키고 양들에게 풍성한 꼴을 준다(요 10:9).
④ 목자는 양들을 지키고 보호하기 위해 목숨을 버리기까지 한다(요 10:11, 15).
⑤ 목자는 양들을 가르친다. 목자는 양들에게 계속 말한다. 그러므로 양들은 자기 목자의 음성을 알고 가르침을 받으며 따른다(요 10:4, 16).

은파는 성도들에게 자신의 설교를 통해 예수님의 목자로서의 기능에 대해 꾸준히 가르친다. 그의 설교 중에 몇 곳을 인용하면 다음과 같다.

> 영원히 나와 같이할 이, 요단강을 건너가서 저 천국에 이르도록 나를 인도하여 주실 이가 누구입니까? 죽음 이후에도 영원히 나와 동행하여 주실 이, 땅에서도 지켜 주시고, 이 땅을 떠나서도 지켜 주실 이는 주 예수밖에 없습니다. 예수님은 땅에서도 목자이시고, 이 땅을 떠나서도 목자이십니다. 주 예수보다 더 귀한 이는 없으십니다. 예수님 한 분만이 귀하십니다.[13]

은파는 위의 설교에서 예수 그리스도는 우리 성도들을 이 세상에서도 인도하시고 하나님의 나라에서도 인도하시는 영원한 목자라고 말씀하고 있다. 은파는 목자이신 예수 그리스도는 우리 인생의 위기와 어려움이 있을 때는 마치 목자가 양들을 지키며 돌보고 어려운 문제를 해결해 주시듯이 우리의 문제를 해결해 주시는 목자로 다음과 같이 설명한다.

> 위기를 당해 보십시오. 어려움을 당해 보십시오.
> 뭐가 있고 뭐가 좋고 뭐가 귀하고가 하나도 소용이 없습니다. 그때에도 귀한 분, 그때에도 내가 찾아야 할 분은 예수 그리스도뿐입니다. 예수 그리스도만이 언제 어느 때나 귀한 분이

---

[13] Ibid., 16.

십니다.

나사로의 죽음이라는 슬픈 일을 당한 가정에 주님께서 함께 하시니 부활의 사건이 일어났습니다. 가나의 잔칫집에도 주님께서 함께 하시므로 부끄러움을 당할 위기에서 기쁨과 즐거움을 되찾았습니다. 풀 한 포기 없는 광야에서 말씀을 듣던 자들은 주님 한 분께서 계시므로 보리 떡 다섯 개와 물고기 두 마리로 5천 명이 먹고도 남음이 있었습니다.

바다의 풍랑 중에도 주님이 함께 하시므로 그 풍랑이 잔잔해 졌습니다. 주님은 슬픈 자에게도 귀한 분이시고, 기쁜 자에게도 귀한 분이십니다. 산에서도 귀하시고 광야에서도 귀하시고 건강할 때나 병 들어서도 귀하시고 실패해서도 성공해서도 귀한 분이십니다. 그는 우리의 좋은 친구이시며, 목자이시며, 우리의 소망과 생명이십니다.[14]

위의 설교에서 은파는 목자가 항상 함께 하여 양떼들의 모든 문제를 해결해 주듯이 예수님이 이스라엘 백성들의 온갖 어려운 문제를 해결하시며 돕고 계시는 모습을 설명하고 있다. 나사로의 죽음 문제, 가나의 혼인잔칫집에서의 부족한 포도주 문제, 광야에서 굶주린 5천 명의 문제, 바다의 풍랑 문제 등 수없이 많은 인간의 문제를 주님은 해결해 주셨다.

은파에게서 이런 주님의 모습은 목자의 모습이다. 그렇기에

---

[14] Ibid., 18-19.

은파는 이러한 성경을 배경으로 예수님은 우리의 목자이시며, 우리의 소망과 생명이라고 말하고 있다. 은파는 여기서 세상에서 가장 존귀한 분은 예수 그리스도 한 분뿐이라는 사실을 강조하고 있다고 할 수 있다. 은파에게서 목자로서의 주님은 교회와 우리 성도들 한 사람 한 사람을 가장 섬세하게 그리고 친밀하게 완전하게 도와주시는 분이시다. 인간을 이처럼 도와주시고 인도해 주시는 분은 오직 예수 그리스도 한 분뿐이시다.

은파는 성도들에게 예수 그리스도가 현대인의 가장 큰 문제인 외로움의 위로 자이심을 다음과 같이 가르치고 있다.

> 언제나 가장 외롭고 불쌍한 분은 혼자 사는 분입니다.
> 여러분, 잠자면서 혼자 사는 분을 생각해 보신 일이 있으십니까? 아무리 IMF라도 여러분은 의논할 가족이 있는데 혼자서 아이들하고 지내는 분을 생각해 보셨습니까? 실직자보다 훨씬 더 큰 상처, 더 큰 아픔을 평생 안고 살아가는 외로운 분들이 있습니다. 그러나 어느 누구도 그분을 진정으로 위로할 수는 없습니다. 그 남편 역할을 해 줄 분은 이 세상에 없습니다. 부모도 형제도 자매도 아닙니다. 오직 한 분 예수 그리스도만이 그에게 평안한 밤과 행복한 삶을 줄 수 있습니다.[15]

예수님은 우리의 위로자이시며 평안이시다. 예수 그리스도만

---

[15] Ibid., 19.

제2장 나의 주님 교회의 하나님

이 인간의 참된 위로자이시다. 은파는 이어 예수님이 목자이심을 친구, 소망 그리고 생명 되심과 동일한 위치에서 이렇게 강조한다.

> 그는 우리의 좋은 친구이시며 목자이시며 우리의 소망과 생명이십니다.[16]

이것은 은파가 예수 그리스도의 목자의 기능이 얼마나 중요한지를 가르치고 있는 말씀이라고 할 수 있다.

3. 관리의 주님

교회는 주님의 몸이다. 교회는 예수 그리스도를 자신의 구원자로 영접한 사람들의 모임이다. 이 사람들은 영적으로 하나님의 자녀들이지만 지상에 머무는 동안에는 완전한 사람들이 아니다. 부족한 존재이다. 다른 이의 도움이 필요하고 인도가 필요하며 관리가 필요하다. 왜냐하면 이들을 공격하는 무리가 많기 때문이다. 그러므로 계속적인 도움과 보호하심이 필요하다.

하나님은 이스라엘을 애굽에서 인도하여 나오게 하시고 광야에서 훈련시키시며 그리고 계속 관리하시며 보호하셨다. 그리고 결국 이스라엘을 가나안으로 입성시키셨다. 이와 같이 하나님은

---

[16] Ibid.,

예수를 믿는 자신의 자녀들을 이스라엘처럼 훈련시키시며 관리하고 계신다. 사도 바울은 에베소를 떠나면서 장로들을 불러 교회를 악한 이리로부터 지키라고 다음과 같이 당부했다.

> 여러분은 자기를 위하여 또는 온 양 떼를 위하여 삼가라. 성령이 그들 가운데 여러분을 감독자로 삼고 하나님이 자기 피로 사신 교회를 보살피게 하였느니라. 내가 떠난 후에 사나운 이리가 여러분에게 들어와서 그 양떼를 아끼지 아니하며 또한 여러분 중에서도 제자들을 끌어 자기를 따르게 하려고 어그러진 말을 하는 사람들이 일어 날 줄을 내가 아노라(행 20:28-30).

바울은 위의 말씀에서 장로들을 감독자로 세우는 목적이 교회를 보살피고 지키게 하는 것이라고 말하였다. 바울은 자신이 에베소 교회를 떠나 예루살렘에 가게 되면 사나운 이리가 교회로 들어와 양떼를 아끼지 않고 공격할 것임을 경고하고 있다. 교회는 사단의 공격을 계속해서 받는 중이다. 하지만 자신의 힘으로 성도는 사단을 결코 이길 수 없다. 그래서 주님은 양떼들과 교회를 지키고 관리하고 보호하시기 위해서 감독자를 세우셨다. 주님은 성령을 통해 주님의 몸 된 교회에서 그가 세운 목자와 양떼들을 훈련시키시며 관리하고 계신다. 은파는 이 사실을 다음과 같이 말한다.

> 성령이 여러분의 심령 안에서 거하셔야 합니다. 성령이 거하시지 않으면 하나님의 사람이 못되는 것입니다. 성령이 내 안에 거하시며 내 생명을 움직이셔야 합니다. 성령을 통하여 그

가 움직여 주셔서 내가 교회에 나오고 그가 인도하심으로 내가 주의 일을 하게 됩니다. 봉사하게 되고 찬송하게 되고 기도하게 되고 감사하게 되고 그렇게 인도하심대로 살아가게 되는 것입니다. 입으로는 하나님을 영화롭게 하고 복음을 증거하게 되고 순간순간 감사의 말이 나오게 됩니다. 성령이 내 안에 거하시면 어느 부분뿐만 아니라 밖으로 드러나는 모든 삶의 모습에서 주의 영광이 나타나게 되는 것입니다.[17]

　은파는 위의 설교에서 성령께서는 죄인을 불러 하나님의 사람이 되게 하고, 교회에 나와서 일을 하도록 하시고, 하나님의 사람으로서 살 수 있도록 도우시므로, 모든 삶의 모습에서 주의 영광이 나타나는 온전한 삶을 살도록 도와주신다고 설교한다. 이것을 볼 때, 은파는 목자이신 주님께서 성령을 통해 교회 안에서 성도들을 훈련시키시고, 지키시며, 성도의 삶을 살도록 다듬어 주고 계심을 성도들이 이해하도록 가르치는 것을 알 수 있다.
　이 성령은 우리 곁을 떠나지 않으시고 항상 함께 하시면서 우리를 관리하시고 보호하신다. 지키는 자와 관리하는 자는 항상 보호하는 대상자와 함께 있어야 한다. 마치 어머니가 어린 자녀의 곁을 떠나지 않음과 같다고 할 수 있다. 은파는 이 사실을 요한복음 14:16을 인용하면서 다음과 같이 가르친다.

17　김삼환, 『오! 사도행전』(서울: 실로암, 2005), 44-45.

요한복음 14:6에 "내가 아버지께 구하겠으니 그가 또 다른 보혜사를 너희에게 주사 영원토록 너희와 함께 있게 하시리니"라고 했습니다. 이렇게 영원히 우리 곁을 떠나지 아니하시고 함께 하시는 분이 바로 성령이십니다. 여러분은 목사에 의해, 주의 종에 의해 교인이 되는 것이 아닙니다. 오직 성령에 의해 교인이 됩니다. 성령은 주의 종을 통해 역사할 뿐이며, 주의 종은 하나님의 도구이자 사환이며 청지기일 뿐입니다.[18]

위의 설교에서 은파는 주님께서 성령과 함께 하시면서 주의 종을 통해 교인을 보호하시고 훈련하시고 계심을 보여 준다. 주님은 우리를 보호하시고 지키시며 온전한 성도의 삶을 살도록 하시려고 우리 길을 우리 마음대로 가도록 허락하지 않으시고 친히 우리의 길을 인도해 주신다. 은파는 오직 주님 되시는 예수 그리스도께서 성령과 함께 우리를 인도하고 계심에 대해서 이렇게 가르친다.

여러분, 여기에 모인 수천 명의 성도를 누가 인도하고 계십니까? 성령께서 여기까지 인도해 주신 것입니다. 내일도 모레도 계속해서 인도하십니다. 우리는 성령께서 인도해 주시는 대로 사는 것입니다. 내일 일을 아는 사람은 아무도 없습니다. 하루하루를 살 뿐입니다. 불행이나 영광도, 내일 아침에 일어날

---

[18] Ibid., 47.

지 못할지라도, 우리는 그것을 전혀 알 수 없습니다. 오직 성령께서 아십니다. 그분만이 나를 인도하시는 것입니다. 진리의 영, 성령께서 우리를 진리 가운데로 인도하십니다. 결코 한 사람도 불의의 길로 인도하시지 않습니다.[19]

은파는 주님은 성령으로 우리의 길을 인도하시고 보호하시며 지키시고, 주님의 일을 하도록 하시므로 주님의 뜻을 이루게 하신다고 가르친다. 목자 되신 주님은 우리를 보호하시고 지키시며 성령을 통해 자신의 일을 교회와 함께 하신다. 은파는 이것에 대해서도 분명히 밝히고 있다.

요한복음 14:12에 "내가 진실로, 진실로 너희에게 이르노니 나를 믿는 자는 나의 하는 일을 저도 할 것이요 또한 이보다 큰 것도 하리니 이는 내가 아버지께로 감이니라"라고 했습니다. 우리는 이 말의 뜻을 잘 알아야 합니다. 예수님 보다 큰일을 한다는 말이 나오는데 사람이 어떻게 예수님 보다 큰일을 할 수 있습니까? 그것은 사람이 혼자 일한다는 게 아닙니다. 하나님께서 동행하시고 성령께서 함께 하실 때 가능하다는 것입니다. 내가 예수님보다 위대해서 큰일을 하고, 은사가 더 많아서 일한다는 것이 아닙니다. 은사를 주시고 나에게 역사하시는 분은 성령이십니다.[20]

---

[19] Ibid., 50-51.
[20] Ibid., 53.

은파는 우리가 교회일을 하고 주님의 일을 할 때 주님의 말씀처럼, 주님이 이 땅에 계실 때보다 더 많은 일을 하고 있는 것이 사실이라고 설교한다. 그렇다고 이 일을 내가 하고 있다고 생각하면 안 된다는 것이다. 왜냐하면 주님이 성령으로 함께 하시고 주님이 우리에게 은사를 주셔서 주님께서 일하게 하시기 때문이다. 즉 은파에 의하면 우리가 일은 해도 우리는 주님이 하시는 일을 위해 주님께 쓰임 받은 것뿐이라는 것이다.

예수 그리스도는 자신의 몸 된 교회를 성령을 통해 지키시고 보호하시며 성도들을 진리의 길로 인도하시므로 자신의 일을 하고 계신다. 주님은 살아 계셔서 우리와 함께 하시며 우리를 지키고 계신다. 은파는 성도들에게 우리를 지키시고 보호하시는 분은 하나님 한 분뿐이심을 다음과 같이 가르치고 있다.

> 우리가 어려울 때 피할 곳은 하나님 한 분뿐이라는 것입니다. 어떤 어려움을 당해도 우리를 숨겨주시고 보호해 주실 이는 하나님이십니다. 또 요한복음 6:39에서 예수님은 "나를 보내신 이의 뜻은 내게 주신 자 중에 내가 하나도 잃어버리지 아니하고 마지막 날에 다시 살리시는 이것이니라"고 했습니다. 그렇습니다. 주님께서 보호해 주시기 때문에 우리는 안전할 수 있습니다.[21]

---

[21] 김삼환, 『김삼환 목사 새벽설교 시편 I』(서울: 실로암, 1998), 172.

은파는 주님 예수 그리스도께서 하나도 잃어버리지 않으시고 보호하시며 지키실 것이라는 이 말씀을 붙들고 가르치고 있는 것을 볼 수 있다.

4. 섬김의 주님

은파는 오직 주님은 교회를 관리하시고 지키시며 인도하신다고 주장한다. 주님은 교회를 관리하시고 지키시듯이 우리 성도들 한 사람 한 사람도 관리하고 지키신다. 주님은 이러한 일을 하실 때 섬기는 마음으로 하신다. 은파의 오직 주님 사상에는 섬기시는 주님으로 가득 차 있다. 그가 총회장이 되었을 때 총회의 주제는 "섬겨야 합니다"였다. 이것은 평생을 섬기시며 사시다가 자신의 목숨까지도 내어 주신 오직 주님 예수 그리스도의 마음과 정신(막 10:45)을 그대로 본받으며 살아온 자신의 신념을 그대로 표현한 것이라고 할 수 있다. 제93회 장로교총회 개회예배 설교 중에 은파는 총회장으로서 다음과 같이 주제에 대한 설명을 했다.

> 섬김은 주의 종과 주의 몸 된 교회의 사명입니다. 그래서 제 93회 총회 주제를 "섬겨야 합니다"로 정했습니다. 섬김은 한국 교회를 깊은 늪과 침체에서 건져내고 새로운 시대의 미래를 열어 주는 홍해의 기적이 되리라고 믿습니다. 예수님의 삶은 섬기는 삶이었습니다. 초대 교회의 사도들도 주님을 본받

아 섬겼습니다. 섬김의 역사, 섬김의 문화, 섬김의 통치는 안전과 번영과 평안을 가져다줍니다. 우리에게 주신 은혜는 섬기라고 주신 것입니다. 우리가 얻은 자유는 육체의 기회를 위해 주신 것이 아니라 서로 종노릇을 하라고 주신 것입니다. 가진 자와 가지지 못한 자 사이에 놓여 있는 계곡을 건너 평화롭게 잘사는 나라로 가는 길은 오직 섬김, 노블레스 오블리제입니다.

누가 섬겨야 합니까?

섬김은 그냥 이루어지는 것이 아니라 낮아져서 겸손하게 종처럼 머슴처럼 희생해야 이룰 수 있습니다. 섬기기 위해서 우리는 낮아져야 하고 겸손해야 하고 종이 되고 머슴이 되고 희생해야 합니다.[22]

위의 설교에서 먼저 은파는 섬김은 주의 종과 교회의 사명임을 자각시킨다. 그리고 섬김의 능력을 말한다.

그리고 그것에는 한국 교회를 살리는 홍해의 기적과 같은 능력이 있다고 역설한다. 그리고 이어서 예수님의 섬기는 사역을 되돌아본다. 그리고 섬김의 역사와 문화와 통치는 안전과 번영과 평안을 가져다준다고 섬김의 결과를 선언한다. 그리고 하나님의 주신 자유와 부는 섬기는 데 사용해야 하며, 그렇게 하려면 낮아지고 겸손한 종이 되고 머슴이 되어 희생해야 한다고 말한다.

---

[22] 김삼환,『섬겨야 합니다』(서울: 삼성문화인쇄, 2010), 74.

제2장 나의 주님 교회의 하나님

이러한 은파의 사상은 바로 예수님의 말씀에 기초하고 있다. 은파는 2008년 봄 특별새벽집회의 주제를 "새 시대 새 사명"으로 하여 4일 동안의 강좌에서 섬김에 대한 강론을 한 바 있다. 은파는 섬김을 새 사명으로 보았고 이 사명을 실천하는 자가 새 시대의 주인공이 될 수 있음을 강조하고 있다. 이 강좌의 핵심 말씀은 마태복음 20:26-28 말씀이다.

> 너희 중에는 그렇지 아니하니 너희 중에 누구든지 크고자 하는 자는 너희를 섬기는 자가 되고 너희 중에 누구든지 으뜸이 되고자 하는 자는 너희 중에 종이 되어야 하리라 인자가 온 것은 섬김을 받으려 함이 아니라 도리어 섬기려 하고 자기 목숨을 많은 사람의 대속 물로 주려 함이라(마 20:26-28).

은파는 위의 말씀을 중심으로 예수님의 삶의 키를 섬김으로 이해했다. 그는 다음과 같이 위의 말씀을 해석했다.

> 예수님께서는 이 땅에서 어떻게 사셨을까요?
> 예수님께서는 우리에게 어떤 본을 보이셨을까요?
> 예수님께서는 이 땅에 왜 오셨을까요?
> 예수님은 우리를 섬기러 왔다고 하셨습니다. 자신의 목숨까지도 다 바쳐 우리를 섬기신 것입니다. 만왕의 왕 창조주 하나님의 아들이 가장 낮은 모습으로 이 땅에 오셔서 평생토록 우리를 섬기다가 가신 것입니다. 우리들도 예수님을 본받아

모든 사람을 잘 섬겨야 할 것입니다."²³

은파는 오직 주님 예수 그리스도를 이러한 말씀을 통해서 섬기려고 오신 주님으로 이해하고 이 주님을 우리도 본받아 모든 사람을 섬기며 살아야한다고 권면하고 있다.

은파는 우리의 섬김은 선택사항이 아니라 우리의 의무라고 강조한다. 하나님은 예수님을 이 세상에 보내실 때 사명을 가지고 보내셨듯이 우리를 이 세상에 보내실 때도 모두 사명을 주셨는데 그 사명이 바로 섬기는 것이라는 것이다.

은파는 사람을 섬길 때 섬김의 주님 예수 그리스도를 본받아 섬겨야 한다고 강조한다. 은파는 그의 설교에서 국가와 민족 그리고 이웃을 섬기는 것이 선진국이 되는 길임을 권면한다. 인생의 참된 행복도 주님께서 우리에게 맡겨 주신 사명 디아코니아를 기쁘게 감당할 때 온다고 주장한다.²⁴

또한 주님은 교회를 자신이 죽기까지 섬기시는 섬김의 주님이시다. 그래서 주님은 "인자가 온 것은 섬김을 받으려 함이 아니라 도리어 섬기려 하고 자기 목숨을 많은 사람의 대속 물로 주려 함이니라"고 말씀하셨다. 주님은 주인으로서 자신을 희생하셨다. 주님은 목자로서 양을 위해 희생하셨다. 주님은 교회를 관리하시는

---

23 김삼환,『새 시대 새 사명』(서울: 실로암, 2008), 49-50; 새 시대 새 사명은 2008년 3월 특별새벽집회의 주제이고 이 책은 특별새벽집회의 자료를 모아 만든 소책자이다. 이 책은 섬김에 대한 은파의 신학이 체계있게 정리되어 있는 섬김의 신학을 내용으로 한 저서이다.
24 Ibid., 100.

청지기로서 자신의 몸을 희생하셨다. 주님은 부름 받은 하나님의 자녀들의 속죄를 위해 희생하셨다.

여기서 희생은 완전히 죽으시는 것을 뜻한다. 예수님이 속죄 제물이 되어 주신 것을 말한다. 그러므로 은파는 예수님이 단번에 속죄 제물이 되시므로 인간의 근본 문제인 죄와 사망과 사단의 문제를 해결해 주셨다고 다음과 같이 설교한다.

> 단 한 번의 제물이 되심으로써 예수님은 영원한 속죄를 이루신 것입니다. 한 번 십자가를 지시므로 우리의 죄를 다 사하시고 모든 계획을 단번에 이루셨습니다. 이 땅에서 인간의 대적은 무엇입니까? 가난입니까? 아닙니다. 질병입니까? 아닙니다. 불행입니까? 아닙니다. 인간의 대적은 사단과 죄와 사망입니다. 모든 문제는 이 세 가지에서 비롯되는 것입니다.[25]

은파는 인간의 이 세 가지 문제를 어느 누구도 해결할 수 없었는데 예수 그리스도께서 이 문제를 해결해 주셨다고 주장한다. 그가 단 한 번의 제물이 되시므로 영원한 속죄를 이루셨다고 말하고 있다. 예수님은 단 한 번의 십자가를 지시므로 우리의 죄와 죽음과 사단의 문제를 다 해결하신 능력의 주님이다. 은파의 오직 주님은 인간의 모든 문제를 십자가의 죽음으로 해결하신 능력의 주님이다. 이 능력을 진심으로 믿고 영접하는 자들이 모이는 곳이

---

[25] 김삼환,『세상을 이기는 삶』(서울: 실로암, 2002), 76-77.

교회이다. 결국 주님은 교회를 위해 자신을 희생하신 주님이심을 알 수 있다.

은파는 이 문제가 인류의 가장 큰 문제임을 성도들에게 이해시키고 가르치려고 다음과 같이 질문한다.

> 하나님은 왜 그 아들 예수 그리스도를 이 땅에 보내셨습니까?[26]

이어서 예수님의 희생에 대해 이렇게 설명한다.

> 인간의 힘으로는 죄를 용서 받을 길이 없기 때문입니다. 그러므로 죄 없는 예수 그리스도를 인간의 몸으로 보내셔서 우리 죄를 대신하여 죽게 하셨습니다. 죄인을 건지기 위하여 죄 없는 분을 희생시키신 것입니다(롬 8:3; 고후 5:21). 죄도 없는 분을 십자가에 못 박아 죽였습니다. 그렇습니다. 예수님은 죄를 알지도 못하신 분임에도 우리 때문에 죄의 옷을 입고 죄인을 처형하는 십자가에서 죽음을 당하신 것입니다.[27]

주님 예수 그리스도는 인간의 죄를 용서하시기 위해 이 세상에 오셔서 십자가에 못 박혀 죽으셨다. 죄 없으신 분이 가장 큰 죄인이 되어 죽기까지 희생하셨다. 주님은 죽기까지 인간을 위해 섬기셨다.

---

[26] Ibid., 84.
[27] Ibid., 84.

은파는 이러한 예수 그리스도의 희생과 그 죽음으로 말미암아 죄 용서의 길과 사망에서의 승리를 얻게 되었다고 가르친다.[28] 은파의 오직 주님은 교회의 주인이시자 교회의 몸이시다. 주님은 교회의 목자이시고 교회의 양 무리들을 관리하시고 지키신다. 은파의 주님은 교회를 섬기시는 분이다. 그리고 은파는 주님의 몸 된 교회를 섬기는 주님의 종이다.

---

[28] Ibid., 85.

제3장

나의 주님 나의 하나님

　은파의 오직 주님은 우주 만물을 창조하신 하나님이시다. 창조의 하나님은 모든 만물을 다스리시며 섭리하시며 통치하신다. 또한 이 세상의 모든 왕들을 세우시고 폐하시며 통치하시는 만왕의 왕이시다. 하나님의 아들이신 주님 역시 교회를 세우시고 교회와 함께 양들을 키우시고 관리하시며 인도하시는 교회의 하나님이다.

　은파의 오직 주님은 병자를 치료해 주시는 하나님이시고, 인간의 모든 것을 그들의 필요에 따라 채워 주시는 축복의 하나님이시며, 모든 것을 값없이 주시는 은혜의 주님이시다. 나아가 우리에게 무한한 소망을 주시는 소망의 주님이시다.

　제3장에서는 주님과 우리의 삶에서 밀접한 관계가 있는 치료, 축복, 은혜, 용서 그리고 소망에 대해 살피려고 한다. 은파는 이런 주님의 사역과 본인의 삶을 밀접하게 관련짓고 있다. 그의 생애의 모든 경험은 치료와 축복 그리고 은혜와 용서와 소망의 범주 안에서 다 이해할 수 있을 만큼 중요한 주제들이다. 은파는 오직 주님을 우리의 삶에 함께 하시는 치료의 하나님이시오 축복의 하나님이심을 경험하며 믿도록 한다.

1. 치료의 주님

은파는 치료의 주님을 자신이 몸소 체험했다. 은파는 신학교와 전도사 시절인 30대 초반에 심한 결핵을 앓았다. 그리고 주님의 은혜로 이 결핵에서 치유함을 받았다. 은파가 얼마나 결핵으로 고통을 받았었는지를 기록하고 있는 내용을 잠시 소개한다.

> 1974년 김삼환 전도사의 몸은 무서운 결핵으로 시달리고 있었다. 극심한 영양실조와 과로에 시달린 끝에 얻은 폐결핵으로 김삼환 전도사의 젊은 육신은 피폐할 대로 피폐해져 있었다. 심한 현기증으로 설교할 때 마다 강대상을 붙잡고 '죽으면 죽으리라'는 심정으로 사력을 다해 목회를 이어갔다.[1]

위의 글을 보면 폐결핵으로 몸이 심히 약해져서 피폐할 대로 피폐해졌다고 말하고 있다. 설교할 때는 심한 현기증으로 강대상을 붙들고 설교를 해야 했다고 말하고 있다. 그리고 다른 곳에 보면 "잦은 각혈을 했고 결핵약 투약 때문에 온 몸을 주삿바늘로 찔러 성한 곳이 없었다"[2] 라고 했다. 은파의 설교문에 다음과 같이 직접 간증한 내용이 있다.

> 서른한 살 학창 시절에는 결핵에 걸려서 고생했습니다. 결핵

---

[1] 김삼환, 『주님의 옷자락 잡고: 오직 주님(1)』(서울: 삼화인쇄, 2010), 57.
[2] Ibid., 54.

에 좋다고 해서 천호동 시장에서 소머리를 얼마나 많이 사다 먹었는지 모릅니다. 6개월마다 엑스레이 찍고, 저녁마다 주사 맞고 좋다는 약은 다 먹어도 결핵은 점점 더 나빠졌습니다. 나중에는 위장병도 생기고 간도 나빠지고 병이란 병은 다 갖고 있는 것 같았습니다.[3]

이렇게 폐결핵으로 온 몸이 부서지고 살 희망까지도 소진되고 있을 때 노회원들과 함께 내장산으로 수련회에 가게 되었다. 노회원들은 내장산 등반을 떠났으나, 자신은 산행을 할 수 가 없었다. 혼자 숙소에 남아 자신의 처지를 바라보게 되었다. 병마로 자신의 인생이 시들어 가고 있다고 생각하니 너무 비참했다. 그는 이대로 죽을 수 없다는 비장한 각오로 무릎을 꿇고 주님께 기도드리며 찬송하기 시작했다. 그 때 부른 찬송이 "구주와 함께 나 죽었으니 구주와 함께 나 살았도다"였다.

그가 이 찬송가를 부르며 눈물을 흘리며 기도하고 있을 때 주님의 임재를 느꼈다. 그리고 주님이 자신을 향하여 말씀하시는 느낌을 받았다.

"사랑하는 종아! 내가 너를 안다."

그러면서 주님이 자신을 만져주고 계심을 느꼈다. 그는 그 순간 자리에서 일어나, 가방에 챙겨온 약들을 모두 쓰레기통에 던져 버렸다. 그동안 치료의 아버지, 치료의 하나님이 계시는 데, 하

---

[3] 김삼환, 『꿀을 먹으라(하)』(서울: 실로암, 2002), 284.

나님 대신 약에만 의지했던 자신의 불신앙을 회개하면서 하나님만을 의지했다. 이후로 은파는 그 지긋지긋한 결핵에서 해방되었다.[4] 은파는 자신이 기도할 때 치유받은 사실을 다음과 같이 증언했다.

> 저도 수없이 많은 하나님의 능력을 경험했습니다. 제 자신의 질병도 하나님 앞에 기도할 때에 하나님의 능력으로 깨끗하게 치료함을 받았습니다. 그 이후로 하나님은 저에게 놀라운 능력을 주셔서 말씀을 전할 때 하나님께서 치료하는 광선을 발하여 주셨습니다.[5]

은파는 하나님께 기도했을 때 자신의 질병이 치유되었음을 고백하면서, 자신이 말씀을 전할 때 하나님께서 치료의 광선을 발하셔서 치유의 역사가 일어났음을 전하고 있다. 그리고 이어서 치유받은 성도들의 간증을 증거로 제시한다.

> 그저께 저녁에 심방을 갔는데 얼마나 많은 교인들이 모였는지 깜짝 놀랐습니다. 그런데 모두가 "목사님, 기도해 주셔서 제가 치유 받았습니다"라는 것입니다. 저는 잊어버렸지만 그 말을 들으니 정말 고마웠습니다. 집사님 한 분이 치유 받은 이야기를 했습니다. "목사님, 그때 목사님께서 기도해 주셨던

---

[4] Ibid., 57-58.
[5] 김삼환, 『꿀을 먹으라(하)』, 293.

그 아이가 지금은 중학생이 되었습니다. 그리고 저도 축복을 받아 국장으로 진급했습니다"라며 감사했습니다.⁶

은파는 자신이 치료함을 받은 이후부터 말씀을 전할 때와 기도할 때, 하나님의 치유의 역사가 일어났음을 설교를 통해 증언하면서, 오직 주님의 사랑을 전하고 있음을 볼 수 있다.

은파는 이러한 주님의 치유와 회복을 힘입어 주님을 치료의 하나님으로 믿으며, 설교시에 항상 치료의 하나님은 오직 주님 예수 그리스도라고 증거한다. 은파의 설교 중에 예수님이 치유해 주신 사건에 대한 설교들 중에서 한 가지를 추가로 인용하면 다음과 같다.

다음은 12년 동안 혈루증을 앓은 여인이 예수님의 옷자락을 잡고 치유된 사건에 대한 설교내용이다.

> 예수께서 지나가신다는 소문을 듣고 그 여인은 주님께로 나아가 주님이 옷자락을 만졌습니다. '저분의 옷을 만지면 내 병이 나을 수 있다'는 믿음으로 그 옷자락을 만졌을 때 이 여인의 병은 깨끗하게 치료되었습니다.⁷

은파는 혈루증을 앓은 이 여인이 예수님을 만나면 자기의 병을 치료받을 수 있으리라는 믿음을 가지고 예수님이 옷자락을 잡

---

6 Ibid., 293.
7 Ibid., 238.

앉을 때 그녀의 병이 치료되었다고 분명히 가르치고 있다. 이런 설교는 성경은 하나님의 말씀이라는 분명한 성경관과 예수님은 병을 치료하신 분이라는 분명한 믿음이 없으면 할 수 없다.

그러나 은파는 예수 그리스도는 이 세상에 오셔서 병자를 치료하셨다는 사실을 믿음과 체험을 통해 확실하게 믿고 있었다. 그리고 성경에 기록된 모든 말씀을 하나님의 말씀으로 믿었다. 그러므로 그는 담대히 치유의 복음을 전할 수 있었던 것이다.

은파의 독한 병을 치료해 주신 분은 오직 예수 그리스도다. 성경에는 예수님이 수많은 사람들의 병을 치료해 주셨다. 당시에도 치료 받을 수 없는 불치의 병들이 많았지만 주님은 그것들을 치료해 주셨고 현재도 최고의 의학공부를 한 의학박사들조차 치료하지 못한 병들을 주님은 여전히 치료하고 계신다. 은파는 이러한 주님을 오직 주님이라고 고백하고 있다.

2. 축복의 주님

예수님은 치료의 주님이시다. 믿음으로 주님께 나오는 많은 사람들은 치료를 받았다. 은파도 치료를 받았다. 그리고 그는 치료의 주님을 오직 주님이라고 불렀고 치료의 주님은 그의 목회의 가장 중요한 설교 주제였다. 오직 주님은 또한 축복의 주님이다. 성도는 오직 주님으로부터 축복을 받아야 한다. 이것은 은파의 목회에서 일관되게 강조하고 있는 분야이다. 여기서는 은파의 오직 주님과 축복과의 관계를 어떻게 말씀하고 있는지를 살필 것이다.

1) 축복을 위해 오신 예수님

은파는 예수님이 이 세상에 오신 목적을 인간의 죄와 사망과 사단의 일을 해결하시려고 오셨다고 다음과 같이 주장한다.

> 사단의 능력, 죄의 힘, 사망의 권세는 예수 그리스도로 말미암아 완전히 멸망 받고 끝장 난 것입니다.[8]

그리고 은파는 예수님은 축복을 주시려고 오셨다고 설교한다.

> 주님은 우리의 삶을 축복해 주시기 위해 오셨습니다. 이것은 모든 인류의 경험입니다. 그의 부유하심이 여러분의 부유하심으로, 그의 축복이 여러분의 축복으로 이어질 줄 믿습니다.[9]

은파는 주님의 오심은 우리 모든 인류에게 축복을 주시려고 오셨고 이 사실은 이미 우리 인류의 경험이라고 주장한다. 그리고 이 축복은 주님의 부유하심이고 이것은 우리에게 이어져 내려온다고 가르치고 있다. 그리고 은파는 두 가지 질문을 한다.

> 예수 그리스도를 구주로 믿으면 우리에게 어떤 축복과 은혜

---

[8] 김삼환, 『세상을 이기는 삶』, 84.
[9] 김삼환, 『꿀을 먹으라(하)』, 256-257.

가 주어집니까?

예수를 믿는 축복 중에 제일 귀한 것은 무엇입니까?

그러면서 은파는 예수님을 통해서 우리에게 오는 여섯 가지의 축복을 열거한다.

(1) 거룩한 성전이 되는 축복이다.

은파는 예수 그리스도를 통해 거룩한 성전이 된다는 성경의 증거로 고린도전서 3:16을 인용한다.

> "너희가 하나님의 성전인 것과 하나님의 성령이 너희 안에 거하시는 것을 알지 못하느뇨"(고전 3:16). 예수님이 오시므로 사람의 손으로 지은 예루살렘 성전 시대는 끝나고 하나님께서 우리 마음을 성전 삼으사 우리 안에 오신 것입니다.[10]

하나님이 우리 안에 하나님이 거하시는 성전을 만드시고 우리 안에 우리와 함께 계신다는 것이다. 이것이 성전이 된다는 축복이다.

(2) 마음속에 천국이 이루어지는 축복이다.

예수 그리스도를 통해 주어지는 두 번째 축복은 마음속에 천국이 이루어지는 축복이다. 하나님의 나라에는 기쁨이 있고, 감사

---

[10] 김삼환,『세상을 이기는 삶』, 120-121.

가 있으며, 평안도 있다. 예수님을 믿으면 내 안에 천국이 이루어 져서 날마다 천국에 있는 기쁨으로 충만해진다. 그러므로 나의 일상생활에서 항상 평안이 넘치고 기쁨이 존재한다. 마음속의 하나님의 나라는 어떤 환경 속에서도 하나님의 나라의 평안을 유지하도록 한다는 것이 은파의 주장이다.[11]

> 예수를 믿으면 내안에 천국이 이루어져서 날마다 천국의 기쁨으로 충만해집니다. 그래서 교인은 잘 될 때나 못될 때나 항상 기쁜 것입니다. 내 안에 천국이 있기 때문에 항상 기쁘고, 항상 감사하고, 항상 평안이 넘치는 줄 믿습니다.[12]

은파는 마음속의 천국이 예수를 통해서 오지만 "예수를 믿으면"으로 조건을 분명히 하고 있다. 마음의 천국은 예수를 믿고 하나님의 자녀가 되고 하나님과의 바른 관계가 이루어질 때 가능하다는 것이다. 그러면 하나님의 자녀가 되고 하나님의 자녀인 성도는 잘되고 못 되는 것과 상관없이 항상 기쁘게 살 수 있다. 그러므로 이것은 예수님을 통해서 주시는 축복이다.

(3) 나는 주안에, 주님은 내 안에 계시는 축복을 받는다.

예수님을 믿는 믿음을 통해 내가 주안에 주님이 내 안에 계시는 교제와 사귐을 받는 축복이다. 은파는 이런 축복을 증언하기

---

[11] Ibid., 122-123.
[12] Ibid.

제3장 나의 주님 나의 하나님

위해 성경의 두 구절을 인용한다.

> 그 날에는 내가 아버지 안에, 너희가 내 안에, 내가 너희 안에 있는 것을 너희가 알리라(요 14:20).
> 누구든지 예수를 하나님이 아들이라 시인하면 하나님이 저 안에 거하시고 저도 하나님 안에 거하느니라(요일 4:15).[13]

은파는 이런 신비한 축복은 세상 어떤 종교에도 없다는 것을 다음과 같이 말한다.

> 세상에는 그런 일이 있을 수 없습니다. 내가 그 안에 들어가고 그가 어떻게 내 안으로 들어 올 수 있겠습니까? 그러나 천국은 내가 주님 안에 들어가고 내가 주님이 내 안에 오시는 삶입니다. 이런 신비한 삶이 이 세상 끝 날까지 함께하는 것입니다.[14]

은파는 "이런 사귐의 큰 축복은 그냥 되는 것이 아니다. 여기에도 조건이 있다. 그것은 우리 인간이 문을 두드리시는 주님의 음성을 듣고 문을 열어야 한다."[15]라고 말하고 있다. 그러면 "성령께서 들어가셔서 내 안에 거하시게 되고 나는 주님 안에 거하게

---

[13] Ibid., 123-124.
[14] Ibid.
[15] Ibid.

된다"[16] 라고 말하고 있다. 은파는 증거자료로 요한계시록 3:20을 인용하면서 이렇게 설교한다.

> "볼지어다. 내가 문밖에 서서 두드리노니 누구든지 내 음성을 듣고 문을 열면 내가 그에게로 들어가 그로 더불어 먹고 그는 나로 더불어 먹으리라"(계 3:20). 나는 너로 더불어 먹고 너는 나로 더불어 먹는다고 하셨습니다. 내가 주님 안에 있으므로 주님께서 내 안에 거하시는 것입니다. 내가 주님의 음성을 듣고 문을 열기만 하면 성령이 내 안에 거하시게 되고 나는 주님 안에 있게 되는 것입니다.[17]

이것은 세상의 논리가 아니다. 이것은 우리를 사랑하시는 하나님, 우리 주님만이 우리를 위해 우리와 함께 하시는 주님의 사랑이다.

(4) 하나님께서 나의 아버지가 되시는 축복이다.

우리가 예수님을 믿고 예수님을 나의 구주로 모시면 내 마음 속에 천국이 이루어지고, 우리는 이 세상을 창조하신 하나님을 나의 아버지로 모시는 축복을 받는다(갈 4:6).[18]

유대인들에게는 이방인이 하나님의 자녀가 된다는 것은 받아

---

[16] Ibid.
[17] Ibid.
[18] Ibid., 125.

드리기 매우 힘든 사상이다. 유대인일지라도 하나님의 자녀가 되기 위해서는 태어난 지 팔일 만에 할례를 받아야 되고 온갖 율법의 규정을 지켜야 한다. 그러나 하나님은 그의 아들을 영접하는 자, 곧 그의 이름을 믿는 자들에게는 하나님의 자녀가 되는 특권을 주셨다(요 1:12).

이 사실은 사도행전에서 이방인들에게도 사도들의 전도를 받고 예수님을 믿는 자들에게는 사도들이 오순절에 경험했던 성령충만과 같은 각종 은사들을 받았다. 이것은 사도들이 이방인 선교를 할 때 구원의 조건으로 할례를 받지 않도록 결정하는 데 결정적인 증거가 되었다.[19] 은파는 우리가 하나님의 자녀가 되었기 때문에 무엇보다 두려움이 없는 행복한 성도의 삶을 살 수 있는 것이 축복이라고 말한다.[20]

(5) 이 땅을 떠날 때 천국으로 가는 축복을 받는다.

예수님을 믿으면 마음에 천국이 이루어지므로, 하나님을 아버지로 부르게 되고, 이 땅을 떠날 때는 하나님의 나라로 들어가게 된다. 이것은 오직 주 예수 그리스도를 통해서만 주어지는 하나님의 축복이다. 은파는 사람이 죽을 때 "육신이 죽으면 내 안에 있던 영혼이 몸에서 빠져 나옵니다. 영혼은 천국으로 가는 것입니다. 그리고 쓸모없는 육신의 장막은 무너지게 됩니다"[21]라고 말한다.

---

[19] 이방인에게는 할례가 필요 없음을 논하는 행 15장을 참조하시기 바란다.
[20] 김삼환,『세상을 이기는 삶』, 125.
[21] Ibid., 125.

예수님은 제자들에게 자신의 승천에 대해 거처할 곳을 예비하러 간다고 말씀하셨고 거처가 준비되면 다시 오신다고 말씀하셨다(요 14:2-3). 이 말씀에서 예수님은 우리에게 두 가지를 동시에 약속하고 계심을 알 수 있다. 하나는 영생의 약속이요, 다른 하나는 천국에 거하는 약속이다. 은파는 이러한 축복의 약속도 "예수님을 나의 구주로 믿고 내 마음에 모시면"[22] 이라고 강조한다.

(6) 세상 끝 날까지 주님이 우리와 함께 하시는 축복을 받는다.

은파는 주님이 세상 끝 날까지 우리와 함께 해 주신다는 말씀과 축복을 제일 좋아한다고 고백한다.[23] 내가 너희와 함께 하겠다는 말씀은 예수님이 승천하시기 전에 제자들에게 주신 말씀이다.

> 내가 너희에게 분부한 모든 것을 가르쳐 지키게 하라 볼지어다. 내가 세상 끝 날까지 너희와 항상 함께 있으리라 하시니라(마 28:20).
> 내가 너희를 고아와 같이 버려두지 아니하고 너희에게로 오리라 (요 14:18).

이 말씀의 배경은 이사야 7:14에서 온 것이다. 임마누엘에 대한 예언의 배경은 유다가 매우 위급한 상황에 처했을 때 주어졌다. 아람이 에브라임과 동맹하여 유다를 공격할 준비를 하고 있었다. 이 때 유다 왕과 이스라엘은 숲속의 나무가 흔들리는 것처럼

---

[22] Ibid., 125.
[23] Ibid., 126.

제3장 나의 주님 나의 하나님

마음이 흔들려 두려움으로 가득 차있었다(사 7:2). 이 때 하나님은 이사야를 통해 두려워하지 말 것을 유다 왕에게 전했지만(사 7:4), 유다 왕 하아스는 하나님의 말씀을 믿지 못했다.

이로 인해 하나님의 마음을 오히려 괴롭게 했다(사 7:12,13). 이때 하나님은 한 징조를 주셨다. 그 징조의 내용이 이사야 7:14이다.

> 보라 처녀가 잉태하여 아들을 낳을 것이요 그 이름을 임마누엘이
> 라 하리라(사 7:14).

여기서 핵심 내용은 하나님이 이스라엘과 함께 해 주실 것이므로 두려워하지 말라는 약속이었다. 그리고 이 말씀은 마태가 예수님이 동정녀 마리아에게서 탄생하실 것이라는 사실을 강조하면서 로마가 비록 지금 이스라엘을 점령하고 있지만 예수님의 탄생은 하나님이 이스라엘과 함께 계신다는 증표라는 사실을 가르쳐 주고 있는 말씀이다.[24] 그러므로 은파는 하나님은 예수 그리스도를 통해 우리를 축복하시고 우리를 홀로 두시지 않는다고 주장한다. 이것은 오직 주님 예수 그리스도를 통해 주신 하나님의 축복이다.

이상으로 은파가 주장하는 오직 주님을 통해서만 받을 수 있는 성도의 기본적인 축복 6가지를 정리했다. 은파는 위에서 보는

---

24 *The King James Bible Study*, (Nashville:Thomas Nelson Publish, 1988), 1405. 히브리어 '알마흐'(*Almah*)는 70인 역에서 '파르테노스'(*parthenos*)로 번역하고 있으며, 알마흐는 헬라어에서 항상 동정녀로 번역하고 있다. 이것은 마리아가 동정녀라는 사실을 분명하게 보여 주는 것이다.

바와 같이 물질적인 축복보다 영적인 축복임을 알 수 있고 이 축복은 우리에게 가장 확실한 축복이며 가장 중요한 축복임을 알 수 있다.

3. 은혜의 주님

은파는 하나님의 은혜의 필요성에 대해서 다음과 같이 말한다.

> 인간이 의로운들 얼마나 의롭겠습니까?
> 나의 의로 구원에 이를 수 있겠습니까?
> 내 의로는 자신이 없습니다.
> 내 의로는 하나님 앞에 설 수 없습니다.[25]

은파는 우리 인간의 의로는 구원에 이를 수 없고 하나님 앞에 설 수도 없다고 말하고 있다. 이것은 물론 성경의 말씀에 기초한 사상이다. 죄인 된 인간은 하나님 앞에 나아갈 수 없다. 그리고 의롭게 되는 것은 오직 예수 그리스도를 믿는 믿음을 통해 하나님이 주시는 은혜이다.

모든 사람이 죄를 범하였으매 하나님의 영광에 이르지 못하더니

---

[25] 김삼환, 『주님의 옷자락 잡고』(서울: 실로암, 2006), 32.

그리스도 예수 안에 있는 속량으로 말미암아 하나님의 은혜로 값 없이 의롭다하심을 얻었느니라(롬 3:23-24).

우리 인간은 죄를 범하여 하나님의 영광에 이르지 못하게 되었다. 당연히 의롭게 되지도 못하게 되었다. 이것이 죄의 결과이다. 결국 죄인이 의롭게 되는 길은 인간의 노력이나 공로가 아니다. 하나님의 은혜 안에서 예수 그리스도 안에 있는 속량으로만 의로움이 가능하다. 은파는 이러한 놀라운 은혜를 더 확실히 하기 위해 또 한 번 묻고 대답한다.

누구의 은혜입니까? 값없이 주시는 주님의 은혜입니다. 죄 사함과 구원을 선물(은혜)로 주신 주님. 주님께서 죽으심으로 우리가 살아났습니다. 당신께서 무덤으로 내려가심으로 무덤에 있던 우리가 살아났습니다. 당신께서 저주를 받으심으로 우리가 평화를 누리게 되었습니다. 당신께서 채찍에 맞으심으로 우리가 치료함을 얻게 되었습니다. 당신께서 부끄러움을 당하시므로 우리의 모든 부끄러움을 다 가져가셨습니다. 당신께서 무거운 십자가를 지심으로 우리 인생의 모든 짐을 다 내려놓게 되었습니다.
이보다 더 큰 은혜가 어디 있습니까?[26]

---

26 김삼환,『갈급합니다』(서울: 실로암, 2009), 192-193.

은파는 이처럼 주님의 큰 영적인 은혜에 대해서 감격적으로 기록하고 있다.

이보다 더 큰 은혜가 어디 있습니까? 없습니다![27]

주님의 은혜만이 죽은 우리의 영혼을 구하고 사탄의 세력으로부터 구할 수 있다.
그러므로 은파는 다음과 같이 주님의 영적 은혜를 강조한다.

사망과 음부의 권세인 원수 마귀에게서 우리를 건져 주셨습니다. 이 모든 은혜는 하나님의 아들이신 우리 주 예수 그리스도께서 주신 것입니다. 값없이 주셨습니다. 우리는 말 할 수 없는 큰 은혜를 받았습니다.[28]

은파는 오직 주님의 은혜로 구원을 받고 의롭게 된다는 영적인 회복을 말한 후에 우리의 일상적인 삶속에서도 주님의 은혜가 필요하다는 것을 다음과 같이 말한다.

사람은 연약합니다. 오늘 우리가 가지고 있는 육체의 힘이나, 정신적인 힘이나 어떤 과학적인 힘도 모두 다 한계가 있습니다. 사람을 의지해서 얻을 수 있는 도움 역시 한계가 있습니

---

[27] Ibid.
[28] Ibid., 194.

다. 오직 하나님의 은혜만이 아무리 받아도, 영원히 받아도, 짐이 되지 않고 부담이 되지 않고 부작용이 없는 것입니다. 하나님의 은혜는 끝까지 우리를 도와주십니다. 영원히 우리를 도우시고 변함없이 우리를 도우시고 풍성한 은혜로 우리를 도우시는 것입니다.[29]

은파는 이 세상을 살아갈 때 사람이 모든 면에서 부족하기 때문에 도움이 필요하다고 말한다. 그러나 사람에게 돕는 도움은 부족하고 부작용이 많다는 것이다. 그렇지만 하나님이 도와주시는 것은 은혜이고 이 은혜는 부작용이 없을 뿐만 아니라 영원하다고 말한다.[30] 그러므로 성도는 무슨 일이 닥쳐오더라도 두려워할 것이 없으며 은혜만 받으면 된다고 강조한다.[31] 그러면 여기서 은파가 말하는 은혜는 무엇인가

은파는 1988년 9월 특별새벽집회에서 말씀을 전하면서 주님이 은혜를 삶의 은혜, 믿음의 은혜, 기도의 은혜, 지혜의 은혜로 분류하고 있다. 다음은 은파가 분류한 주님의 은혜에 대해서 고찰하고자 한다.

1) 삶의 은혜

은파는 삶의 은혜에 대해 말할 때 성도의 삶 속에서 역사하시

---

29 김삼환,『주님의 옷자락 잡고』, 32-33.
30 Ibid., 33.
31 김삼환,『문을 두드리시는 주님』(서울: 실로암, 2009), 11.

는 주님의 사랑과 도우심을 말하고 있다. 그러므로 성도는 주님이 도와주시고 축복해 주시는 은혜를 반드시 받아야 한다고 강조한다.[32] 은파는 그 이유를 다음과 같이 설명한다.

> 주님이 오셔서 내 마음의 문을 두드리십니다. 내 삶을 축복하시기 위해, 내게 은혜 주시기 위해, 삶의 현장에 오셔서 문을 두드리십니다. 내 삶을 내가 좌우한다는 생각을 가져서는 안 됩니다. 내 삶에 주님이 오셔서 주님의 은혜로 살아가야 영광스럽고 가치 있고, 행복한 삶을 살게 되는 것입니다.[33]

은파는 먼저 내 삶을 내가 좌우한다는 생각을 버려야 한다고 권고한다. 왜냐하면 주님이 오셔서 주님의 은혜로 살아가야만, 영광스럽고 가치 있고 행복한 삶을 살 수 있기 때문이라는 것이다. 은파는 인간은 사탄의 지배하에 살고 있으며, 하나님을 떠난 우리 인간의 삶은 이사야 1:4-8처럼 인간은 비참하고 성한 곳이 하나도 없기 때문에 주님의 은혜 가운데 살아야 한다고 다음과 같이 권면한다.

> 하나님을 떠난 우리 인간의 처지가 이와 같습니다. 포도원의 망대 같이 아무것도 없이 겨우 하나만 남은 채 생명만 간신히 유지하고 있습니다. 대단한 줄 알지만 머리에서 발끝까지

---

[32] Ibid., 75.
[33] Ibid., 75.

성한 곳이 없이 터진 것밖에 없다고 했습니다. 이러한 우리의 삶에 주님께서 오셔서 축복하시기를 원하십니다. 그러므로 우리는 주님을 모셔드려야 됩니다. 주님께서 내 집에 찾아오실 때 영접해야 합니다. 그러면 주님께서 내 삶의 현장에 오셔서 나를 축복해 주십니다.[34]

그리고 은파는 삶의 은혜를 받으면 다음과 같은 여섯 가지의 중요한 은혜의 축복을 받는다고 설명한다.

(1) 삶이 유쾌해진다.

은파는 주님께서 우리의 삶을 유쾌하게 하시고, 새롭게 되는 좋은 날이 주님께로부터 온다고 말한다. 은파는 주님께서 주시는 유쾌한 삶을 "형통하고 감사하고 마음의 기쁨이 충만한 삶"[35]으로 정의한다. 사람은 주님을 만나기 전에는 유쾌할 수 없다. 절망과 좌절과 고독과 불안과 근심과 걱정을 가지고 살 수밖에 없다. 그러나 예수님을 만나면 유쾌하게 되는 날이 반듯이 온다. 은파는 이러한 삶의 모델로서 삭개오를 예를 들고 있다.

삭개오는 예수님이 오시기 전과 오신 후의 삶이 완전이 달라졌습니다. 예수님이 오시기 전에는 걱정과 근심, 고통과 피로움, 죄악이 그를 지배하여 구원이 없는 죄인의 삶을 살았지만,

---

[34] Ibid., 77.
[35] Ibid., 78.

예수님을 모신 순간부터 완전히 새롭게 되었습니다 구원이 그에게 이르렀습니다. 그의 삶에 천국이 이루어졌습니다.[36]

삭개오는 예수님을 만나므로 유쾌한 삶을 사는 새로운 사람이 되었다(눅 19:1-10). 그리고 은파는 이러한 행복한 날이 예수님으로부터만 주어진다는 증거의 말씀으로 사도행전 3:19을 인용한다.

> 그러므로 너희가 회개하고 돌이켜 너희 죄 없이 함을 받으라. 이같이 하면 유쾌하게 되는 날이 주 앞으로부터 이를 것이요(행 3:19).

그러나 마귀는 우리가 주님으로부터 받은 축복을 빼앗아 간다. 은파는 성도들에게 마귀에 대해 주의하도록 권고한다.

> 순간순간 마귀가 이 기쁨을 빼앗아 가고 평안을 빼앗아 갑니다. 우리가 본래 하나님 앞에서 태어날 때 기쁨이 충만하고 은혜가 충만하도록 지음을 받았는데, 마귀가 와서 이것을 빼앗아 간 것입니다. 마귀는 좋은 것을 그대로 두지 않습니다. 한 사람의 삶을 완전히 망쳐 버립니다. 마귀에게 사로잡히면 생명이 있어도 마귀가 지배하는 생명이 됩니다. 18년 동안 귀신 들렸던 여인을 주님께서 보시고 사탄에게 얽매여 있었다고 말씀하고 있습니다(눅13:10-17).[37]

---

[36] Ibid., 78.
[37] Ibid., 78-79.

제3장 나의 주님 나의 하나님

그러나 우리가 "보혈의 은혜로 씻고 나면 하나님께서 우리에게 주신 삶의 아름다운 은혜가 나타난다"[38]고 가르친다. 이것은 오직 주님 예수 그리스도만이 우리에게 주시는 은혜이며 축복이다.

(2) 부족함이 없게 하신다.
은파는 다음과 같이 강조한다.

주님은 내 삶을 부족함이 없게 하십니다. 주를 두려워 하는 자를 위하여 태산 같은 은혜를 쌓아 두셨습니다. 큰 은혜가 예비되어 있습니다. 하나님께서 쌓을 곳이 없게 복을 내려주십니다.[39]

위의 내용을 보면 주님은 우리의 삶을 부족함이 없게 하신다고 말한다. 사실 부족함이 없는 사람은 이 지상에 한 사람도 없다. 그러나 주님은 우리를 부족함이 없도록 해 주신다. 주님께서 날마다 우리를 위해 큰 은혜로 준비해 놓고 계시기 때문이라는 것이 은파의 주장이다. 하나님은 우리가 쌓을 곳이 없이 복을 내려 주시는 분이다. 은파는 우리가 주님 앞에 나오면 우리의 삶에 필요한 모든 은혜를 내려 주시고 삶 전체를 축복해 주신다고 다음과 같이 강조한다.

---

[38] Ibid., 78-80.
[39] Ibid., 80.

정말 하나님께서 주시는 축복은 쌓을 곳이 없을 정도입니다. 하나님 앞에 나오기만 하면 우리의 삶에 필요한 모든 은혜를 내려 주십니다. 기독교는 철학이 아닙니다. 일반 종교와 다릅니다. 그렇게 부분적으로 보면 안 됩니다. 열방이 나를 복되다 하리라고 했습니다. 삶 전체를 축복해 주십니다.[40]

부족함이 없는 만족은 이 세상에서 얻을 수 있는 것이 아니다. 이 세상 어디에도, 이 세상 누구에게 가도 그것을 얻을 수 없다. 그러나 은파는 주님께 나오면 값없이 은혜로 주신다고 권면하고 있다.

(3) 두려움을 없게 하신다.

주님은 우리의 삶에 염려, 걱정, 두려움, 낙심 그리고 고민과 같은 사탄의 속박으로부터 우리를 해방시켜 주신다. 은파는 인간의 두려움은 나 때문도 아니고 너 때문도 아니며, 마귀로부터 오는 것이기 때문에 주님을 의지하고 주님을 믿고 주님의 품에 안기면 두려움을 없앨 수 있다고 주장한다.

우리는 언제나 이것을 빨리 알아야 합니다. 문제가 나에게 있는 것도 아니고 너에게 있는 것도 아닙니다. 나 때문도 아니

---

40 Ibid., 80-81. 그리고 은파는 이러한 자신의 주장이 말씀에 근거하고 있음을 주장하기 위하여 시 23:1; 31:19; 빌 4:19; 말 3:10-12 그리고 눅 6:38을 인용한다.

제3장 나의 주님 나의 하나님

고 너 때문도 아니고 바로 마귀 때문입니다. 마귀가 뱀처럼 감아서 힘으로 조이는 것입니다. 그래서 원수 마귀입니다. 우리는 주의 품에 안겨야 합니다. 내가 마귀와 싸워서 이길 수 있는 길은 없습니다. 내 힘으로 마귀를 없이 할 수 없기 때문에 어쨌든 내가 은혜를 받아야 합니다.[41]

은파는 두려움은 마귀로부터 오는 것으로 이해하고 있다. 그러므로 마귀를 이기면 두려움이 살아진다고 한다. 하지만 사람의 힘이나 능력으로는 마귀를 이길 수 없다. 인간이 예수님을 영접하고 은혜를 받아야 한다. 그러면 마귀를 이길 수 있고 두려움으로부터 해방 받을 수 있다.

(4) 범사에 은혜를 주신다.

주님은 하나님의 자녀들의 영혼이 잘 되게 하시고 범사가 잘 되게 하시고 그리고 강건하게 하신다(요삼 1:2). 주님은 사탄의 올무에서 우리를 구원하시고 우리 안에 있는 두려움을 쫓아내신다. 그리고 평안을 주시고 범사에 형통하게 살도록 범사에 은혜를 내려 주신다. 은파는 이 사실을 다음과 같이 말한다.

주님께서 우리 삶에 넘치는 은혜, 풍성한 축복, 강 같은 평강을 주십니다. 우리가 예수 앞에 나와서 주의 품에 안기면 모

---

[41] 김삼환,『문을 두드리시는 주님』, 82-83.

든 문제가 해결되는 것입니다. 주님은 우리의 삶에 은혜를 축복하십니다. 범사에 잘 되게 하십니다. 주님께서 주시는 은혜만이 우리를 만족 시킬 수 있습니다. 주님께서 우리에게 삶의 은혜를 주실 때 참 만족한 하나님의 자녀의 삶을 살 수 있습니다.[42]

은파는 여기서 우리가 주님의 품에 안길 때 모든 문제가 해결되며 주님이 축복하셔서 범사에 잘되게 하시며 주님만이 우리를 만족케 하신다고 주장한다.

(6) 주님은 삶의 현장에 함께 하신다.

은파는 주님은 우리 삶의 현장에 우리와 함께 하심을 주장한다. 주님은 우리의 일터와 가정에서 그리고 내가 어디를 가든지 주님이 함께 동행해 주신다. 은파는 주님이 우리와 함께하신다는 이 큰 은혜를 성도들에게 설득시키기 위해 베드로, 세리 마태, 사마리아의 물 긷는 여인, 몸이 아픈 환자 그리고 죽은 외아들로 인해 우는 여인, 그리고 가나 혼인 잔치와 풍랑 이는 바다 위를 걸어오신 주님께서 이들과 함께 하셨던 것처럼 지금도 우리와 함께 하심을 예로 들면서 주님은 항상 우리와 함께 하심을 주장하고 있다.[43] 은파는 은혜의 주님에 대해서 다음과 같이 말한다.

---

[42] Ibid., 85.
[43] Ibid., 89-92.

주님은 나의 모든 형편을 아십니다. 그렇기 때문에 내 문제를 해결해 주시고 은혜를 내려 주십니다. 주님은 우리를 사랑하시고 축복하시고 용서하시고 위로하시고 원하는 것을 이루어 주십니다. 우리에게 오셔서 친구가 되어 주시고 소원을 들어 주시고 상처를 싸매주시고 영광스럽게 하시고 힘주시고 즐겁게 하십니다. 주님은 내 삶에 오셔서 늘 함께 하십니다. 내 삶을 풍성하게 하십니다.[44]

사람은 누구나 주님의 은혜와 사랑이 필요하다. 사람은 하나님 앞에 나갈 만큼 의로운 자는 한 사람도 없다. 주님은 이 사실을 아시고 인간에게 사랑으로 오셔서 인간을 사랑하시고 축복하시고 용서하시고 위로하시고 원하는 것을 다 이루어 주시는 주님이시다. 은파의 주님은 우리와 함께하시고 우리의 삶을 풍성하게 하시는 은혜의 주님이시다.

4. 책망하시는 주님

주님은 죄와 허물로 죽은 우리 인간을 살리셨다. 그렇지만 하나님께서 사람에게 가르치 주시지 않으면 사람은 하나님과 자기 자신에 대해 전혀 알 수 없다. 그래서 하나님은 자신의 종들을 보

---

[44] Ibid., 93-94.

내시고 말씀하시면서 우리 인간을 부르시고 가르치시며 깨닫게 하시므로 하나님의 자녀로 살다가 자신의 나라로 오도록 하셨다.

은파는 이러한 하나님의 측량할 수 없는 사랑과 신비를 성도들에게 깨우쳐 주기 위해 많은 노력하고 있음을 그의 많은 설교에서 발견할 수 있다. 은파는 하나님이 부르시는 방법을 마음 문을 두드리시는 것으로 이해한다. 이것은 요한계시록 3:19-20을 적용한 것이다. 은파는 주님이 마음의 문을 두드리시는 것에 대해 다음과 같이 설교한다.

> 주님은 문을 두드리시는 분입니다. 교회의 문을 두드리십니다. 교회가 사명을 감당하지 못하고 잘못될 때에 하나님은 교회 문을 두드리십니다. 또 가정의 문을 두드리십니다. 우리 가정이 하나님 앞에 바로 서지 못하고 잘못될 때에는 아이들을 통해서도 두드리시고 사건을 통해서도 두드리십니다. 하나님 앞에서 잘못된 것을 고치도록 내 심령의 문을 두드리십니다.[45]

은파에 의하면 주님은 성도들이 하나님의 말씀에 순종하고 하나님께 영광을 올려드리는 삶을 사는 것이 당연하지만 그렇지 못하고 곁길로 갈 때, 하나님은 성도들을 부르시는 방법으로 마음을 두드리신다는 것이다. 그리고 주님은 가르치시고 깨닫게 하셔서

---

[45] 김삼환, 『문을 두드리시는 주님』, 173.

바른 길로 가도록 하신다. 주님은 이렇게 우리의 길을 인도해 주시는 분이다. 은파는 이것이 우리에 대한 주님의 사랑의 표현이라고 말한다.[46]

> 사랑하지 않으면 관심이 없습니다. 주님께서 우리를 사랑하시므로 관심을 가지고 문을 두드리시는 것입니다. 교회의 문을 두드리시고, 가정의 문을 두드리시고, 심령의 문을 두드리시는 것은 우리에 대한 사랑이 있기 때문입니다. 문을 두드리는 것이 은혜요 축복이요 긍휼입니다. 문을 두드리지 않는 것이 성도에게는 큰 불행입니다. 그것은 저주요 하나님의 징계입니다.[47]

주님은 우리를 사랑하시기 때문에 우리가 곁길로 갈 때 부르시고 마음의 문을 두드리신다. 그리고 가르치시고 깨우치셔서 하나님의 자녀로서 바르게 살도록 인도하신다. 하나님은 사람에 따라 두드리시는 방법이 각기 다르다. 은파는 여덟 가지 방법을 제시하고 있으나 여기서는 네 가지만 구체적으로 다루겠다.

1) 성경을 통해 말씀하신다.

은파는 성경은 하나님의 말씀이라고 믿는다. 그러므로 성경은 하나님이 우리에게 말씀해 놓으신 책이다. 성경은 하나님이 우

---

[46] Ibid., 173.
[47] Ibid., 174.

리를 부르시고 문을 두드리실 때 사용하는 도구다. 성경은 사람이 가감할 수 없는 하나님의 말씀이다. 주님의 말씀은 영원하고 천지는 없어져도 말씀은 없어지지 않고 일점일획도 변함이 없다고 주장한다. 그러므로 은파는 성경 외에 다른 성인들이나 신학자의 말이 아무리 아름답다 해도 그것은 우리에게 영생을 위한 생명을 주지 못한다고 말한다. 그리고 이런 세상 말은 처음은 좋은 듯하나 결국은 길을 잃게 만드는 것이므로 오직 성경을 따라가야 한다고 주장한다.[48] 그러므로 은파는 성도들에게 말씀을 빗나가는 것이 얼마나 위험한 것인가를 다음과 같이 경고한다.

> 이미 기록된 하나님의 말씀을 무시하고 새로운 것을 들으려고 하는 사람은 하나님께서 좋아하시지 않습니다. 그런 것에 맛을 들이면 좋은 성도가 될 수 없습니다. 교회를 통하여 말씀 위에 굳게 서서 꾸준하게 나가는 성도가 흔들리지 아니하고 끝까지 갑니다. 사람의 말은 언제나 다를 수 있지만 하나님의 말씀 위에 서면 절대로 흔들리지 않습니다. 사람의 입에서 나오는 특별한 계시를 자꾸 좇다 보면 사울 왕처럼 신접한 여인을 찾아가기 쉽습니다. 말씀 위에 굳게 서시기를 바랍니다.[49]

은파는 위의 설교에서 성도는 교회를 통하여 말씀 위에 굳게 서서 꾸준하게 나가야 흔들리지 않는 성도가 될 수 있다고 권면

---
[48] Ibid., 173-181.
[49] Ibid., 176.

하고 있다. 왜냐하면 성경에 모든 문제의 해답이 있기 때문이라는 것이다.

> 성경을 보면 내가 오늘 하루의 삶을 살 때 일어나는 문제에 대한 해답이 말씀에 다 나옵니다. 찾아보면 나에 관한 짝이 없는 것이 없습니다. 설교를 듣다 보면 지금도 여러분에 관한 말씀이 들립니다. 답이 나옵니다. 저도 모르고 전하지만 하나님께서 저를 통해 여러분에게 메시지를 전해 주시는 것입니다. 말씀 속에 다 나와 있습니다.[50]

은파는 성경 안에 인생 문제의 모든 답이 있다고 주장한다. 그리고 문제 있는 사람들에게 하나님은 찾아 오셔서 부르신다. 하나님은 아담이 범죄한 후 그를 부르셨다. 또한 가인에게 오셔서 그를 부르셨다. 아브라함을 부르시고 야곱을 부르시고 모세를 부르셨다. 사무엘을 부르셨다. 그리고 그들에게 그들의 문제를 위한 답을 주셨다.

그들의 문제는 자신의 문제를 포함한 국가와 민족을 위한 문제였지만 하나님은 찾아 오셔서 그들에게 말씀해 주셨다. 그리고 하나님은 자신이 사용하시는 선지자를 불러 우리들에게 말씀하셨다. 그러므로 성경에는 우리가 살면서 경험하는 모든 사건에 대한 답이 다 나와 있다. 그러므로 은파는 성도들에게 말씀을 잘 듣고

---

[50] Ibid., 179.

말씀을 순종하기를 권면한다.[51]

2) 주님은 종들을 통해 말씀하신다.

주님은 하나님의 자녀들에게 말씀을 전하고 깨우치시고 바른 길로 걷도록 말씀하시는 방법으로 주의 종들을 통해서 말씀하신다. 구약성경을 보면 선지자를 부르셨다. 그리고 그들의 입술에 말씀을 주셔서 그 말씀을 백성과 왕 그리고 그 말씀을 들어야 할 당사자에게 전하게 하셨다. 은파는 이런 일련의 사건을 언제나 종을 통하여 문을 두드리신다고 표현하고 있다.

그 예로 하나님은 요나를 부르시고 니느웨성이 40일 후에 망할 것임을 전하라고 말씀하셨다. 바벨론의 느브갓네살 왕은 신비한 꿈을 꾸었지만 무슨 뜻인지 알지 못했다. 다니엘이 이 꿈을 해석해 주었다. 그 꿈은 하나님의 말씀이었기 때문에 하나님이 보내신 다니엘만이 해석할 수 있었던 것이다. 에스겔은 이스라엘의 파수꾼으로 파송을 받아 백성을 깨우라는 명을 받았다. 엘리야는 아합에게, 사무엘은 사울에게, 나단은 다윗에게 하나님의 말씀을 전했다. 목사는 교인에게 보내심을 받은 선지자이다.[52] 그러기 때문에 지위 고하를 막론하고 사람들은 부족한 목사라도 그에게 하나님의 말씀을 들어야 한다.

아무리 지위가 높은 왕이라도 하나님의 말씀은 주의 종을 통

---

[51] Ibid., 180-181.
[52] Ibid., 181.

해 들어야 합니다. 세상 지위가 높다고 해서 교만하면 안 됩니다. 성도들이 성경공부를 많이 한다 할지라도 항상 하나님의 말씀을 듣는 입장에 있어야지 전하려고 하면 안 됩니다. 그건 하나님 앞에서 잘못된 것입니다. 내가 많이 배운 것과 전하는 사명은 다릅니다. 각각 주신 사명이 있습니다. [53]

그러므로 성도들은 하나님의 종이 주는 말을 듣고 즉시 반응을 보여야 한다. 회개해야 할 일이 있으면 회개해야 한다. 해야 할 일이 있으면 실행해야 한다.

3) 성령을 통하여 말씀하신다.

예수님은 이 세상에 계실 때, 아버지께서 보혜사를 이 세상에 보내 주시며, 보혜사께서 영원토록 우리와 함께 하실 것임을 말씀하셨다(요 14:16). 그리고 보내신 보혜사 성령이 오시면 우리를 모든 진리 가운데로 인도하실 것이고 성령께서 들으신 것을 우리에게 말씀해 주실 것을 말씀하셨다(요 16:13-14). 그러므로 성령은 주님으로부터 들은 것을 우리에게 말씀하신다. 은파는 이러한 신학적인 배경을 중심으로 다음과 같이 말하고 있다.

성령은 내 마음에 거하는 하나님이십니다. 성령이 내 안에서 앞날에 대한 것을 알려 주십니다. 어려움을 피하게 하시고 감

---

[53] Ibid., 184.

당할 힘을 주시고 지켜주시고 도와주십니다. 천사는 밖에서
함께 하시고 성령은 내 안에 거하시는 분입니다. 천사가 하나
님의 보내심을 받아 현재 일어나는 일을 인도하신다면 성령
께서는 앞날에 관한 일을 준비하게 하시고 우리로 깨닫게 하
십니다. [54]

은파는 성령은 내안에서 앞날에 대한 것을 알려 주시고 어려
움을 피하게 하시고 감당할 힘을 주시고 지켜 주시고 도와주신다
고 가르치고 있다. 이 성령은 주님이 우리들에게 보내 주시는 분
이다. 은파는 성령은 성경을 기록하게 하셨고 모든 선지자들은 성
령을 통해 하나님의 말씀을 들었고, 말씀을 전했으며 지금도 말씀
하고 계신다고 다음과 같이 가르친다.

> 성령은 내 안에 오셔서 내 앞날에 대해 알게 하시고 준비하게
> 하십니다. 감동을 주셔서 잘못된 것을 막아 주시고 불행한 길
> 은 안 가게 하시며 좋은 길로 인도해 주시는 것입니다. 성령
> 께서 우리와 함께 하시므로 성도는 앞날에 대해 조금도 염려
> 할 필요가 없습니다. 성령은 그때마다 우리에게 감동을 주시
> 고(벧후 1:21), 감화하시며(고후 6:6), 권고하시며 책망도 하시고
> (요 16:8-13), 여러 모양으로 역사하십니다. [55]

---

[54] Ibid., 193.
[55] Ibid., 194-195.

은파는 위의 설교에서 성령은 나의 앞날을 알게 하시고, 잘못된 것을 막아 주시며 불행한 것은 막아 주시고 좋은 길로 인도해 주시지만, 우리를 감화 감동시키시면서 권고도 하시고 책망도 하신다고 말하고 있다. 주님은 우리를 사랑하시기 때문에 권고하시고 책망하신다는 것을 알 수 있다.

4) 주님은 꿈으로 말씀하신다.

주님은 우리 성도들을 보호하시고 인도하시기 위해 책망을 하신다. 성경과 주의 종, 그리고 성령을 통해 경고하신다. 이것은 주님의 크신 사랑이다. 그런데 꿈으로도 주님은 우리의 길을 인도하신다. 하나님은 꿈에 요셉에게 마리아가 성령으로 잉태되었음을 알려주므로 결혼을 끊고자 하는 마음을 바로 잡아주셨다(마 1:18-20). 하나님은 동방박사에게 돌아가는 길에 헤롯에게 가지 말도록 지시하셨다(마 2:11-12). 하나님은 야곱의 아들 요셉에게 꿈에 장래의 일을 알게 해 주셨다. 그 외에도 성경에는 꿈에 대한 말씀이 많이 있다. 은파는 이러한 성경적 배경으로 주님이 꿈에 우리들에게 말씀하시고 교훈하시며 책망하시고 인도해 주시는 것에 대해서 다음과 말한다.

> 꿈속에는 하나님께서 우리에게 주시는 메시지가 있습니다. 성경에는 좋은 꿈도 많고 환난에서 우리를 구하시고자 하는 하나님의 긍휼의 꿈도 있습니다(창 37:5-11; 40:9-13; 행 2:17). 솔로몬에게는 꿈에 여러 번 나타나셨습니다(왕상 11:9-10). 빌라

도의 아내에게도 나타나셨으며(마 27:19), 바로는 이방인이었
으나 꿈을 실행하여 나라와 민족을 구하기도 하였습니다(창
41:1-57). 하나님은 꿈을 통해 구체적으로 우리의 앞날에 대해
서 보여 주십니다.[56]

은파에 의하면 주님은 성도들을 어떻게 해서든지 바르게 인
도하시기 위해서 그가 처한 형편과 처지에 따라서, 말씀으로도
하시고 주의 종을 통해서도 하시며 성령을 통해서도 하시고 꿈으
로도 말씀하신다는 것을 알 수 있다. 그 외에도 은파는 특별한 사
건을 통해 축복을 해 주시면서 필요한 말씀을 해 주신다고 가르
치고 있다.[57]

5. 소망의 주님

기독교의 소망은 세상에 있는 것이 아니다. 성경은 한결같이
인간의 소망을 하나님께 두라고 가르치고 있다.[58] 위르겐 몰트만은
소망의 신학을 쓰기 전에 두 가지 질문을 했다.

---

[56] Ibid., 197.
[57] Ibid., 197-208.
[58] 시 42:5, 11; 43:5은 모든 환난과 고난 중에서 소망을 하나님께 두라고 권하고 있다. 이사야는 이새의 뿌리에서 열방을 다스리기 위해서 오시는 분에게 소망을 두게 될 것을 예언했다(사 11:10; 롬 15:13). 바울은 소망으로 구원을 얻고 보이는 것은 소망이 아니라고 말한다. 소망은 기다려야 하는 것이고 바래야 하는 것이고 그 소망은 예수 그리스도를 통해서 이루어지는 것 이다(롬 8:24-25).

왜 기독교 신학이 소망을 버렸는가?

그리고 다른 하나는 현대에도 기독교 안에 초대 교회의 희망의 영이 존재하고 있는가?[59]

그는 희망을 말하지 않고 절망하는 교회를 바라보며 『희망의 신학』이라는 저서를 기록했다. 그러나 은파는 희망과 소망이 없는 성도들에게 소망은 오직 예수 그리스도라고 쉼 없이 외치고 있는 모습을 볼 수 있다.

> 우리는 소망도 바꾸어야 합니다. 이제는 예수에게만 소망을 두
> 어야 합니다. 세상의 소망은 헛되어 바람을 잡으려는 것과 같다
> 고 했습니다. 우리는 완전히 주님께 소망을 두어야 합니다.[60]

은파는 세상에 소망을 두지 말고 예수님께 소망을 두도록 가르친다. 세상에 소망을 두는 자는 바람을 잡으려는 사람만큼 어리석은 사람이기 때문이다. 은파는 예수님만 의지하기 위해서는 세상 것을 버려야 한다고 주장하고 있다. 이스라엘이 애굽에서 나왔지만 애굽의 습관을 버리지 못해서 불평하고 원망하다가 광야에서 멸망했던 것처럼 우리가 교회에 와도 옛것을 버리지 못하고 소망을 세상에 두고 산다면 광야에서 불평하는 이스라엘과 같이 될 것이다. 그러므로 은파는 세상 것을 버리는 정도에 따라서 신앙이

---

[59] 위르겐 몰트만, 『희망의 신학』, 이신건 역 (서울: 대한기독교서회, 2002).
[60] 김삼환, 『구역장교육 2』(서울: 실로암, 2000), 24-25.

성장한다고 말하고 있다.[61] 그러므로 은파는 교회는 성도들이 예수님만 소망하며 살도록 도와주는 것이라는 것을 다음과 같이 가르치고 있다.

> 세상은 예수를 우습게 봅니다. 눈에 보이지 않는 하나님의 아들을 인정하지 않습니다. 그러나 교회 안에서는 모든 것을 예수 그리스도에게 맞춥니다. 오직 예수에게로 나아가게 합니다. 교회 안의 삶은 하나에서부터 열까지 예수와 연결되지 않은 것이 없습니다. 예수님을 위에서 교회가 있고 예수님 때문에 예배가 있고 예수님 때문에 내가 있는 것입니다. 예수님이 없으면 아무것도 아닙니다.[62]

은파는 여기서 성도들도 소망을 예수님께 두어야 하지만 교회가 소망을 예수님께 두어야 함을 강조하고 있다. 교회의 존재가 예수님 때문이라는 것을 강조하므로 교회의 소망이 예수님이라는 것을 깨닫게 해 주고 있다.

이제 예수 그리스도가 우리의 절대적인 소망이 되어야 하는 이유를 은파의 설교를 통해 몇 가지 실례를 살펴보도록 하겠다.

1) 예수님은 우리의 산 소망이시다.

여기서 산 소망은 베드로전서 1:3에서 말씀하신 내용이다. 산

---

[61] Ibid., 25.
[62] Ibid., 181.

소망은 보이지 않지만 확실한 소망이다. 이 소망은 예수 그리스도의 부활로 확증되어진 것이다. 그리고 그 소망의 내용은 "썩지 않고 더럽지 않고 쇠하지 아니하는 하늘에 간직된 유업이다"(벧전 1:4). 은파는 부활하신 주님을 통해 받은 하나님의 나라에 대해 다음과 같이 설교한다.

> 부활하신 주님께서 우리 앞에 가시며 좋은 것을 예비해 주시기 때문입니다. 사랑하는 여러분! 이 땅을 떠나면 천국이 있는 것을 믿으십니까? 이 땅과 비교할 수 없는 하늘나라가 우리에게 있는 것은 부활의 주님께서 함께 하시기 때문입니다.[63]

하늘나라는 "썩지 않고 더럽지 않고 쇠하지 아니하는 하늘에 간직된 유업이다." 위에서 말한 땅과 비교할 수 없는 나라다. 이 나라는 예수 그리스도를 통해 우리에게 주어지는 우리의 소망의 내용이다. 은파는 예수님의 부활은 우리에게 하나님 나라를 소유하게 했을 뿐만 아니라 부활과 영생까지 소유하게 했음을 이렇게 설교하고 있다.

> 예수님께서 다시 사셨습니다. 사망 권세 이기시고 부활하셨습니다. 누구를 위해서입니까? 우리를 위해서입니다. 그가 사심으로 우리가 살게 된 것입니다. 인류 역사상 부활은 단 한

---

[63] 김삼환, 『넘치는 감사』(서울: 실로암, 2010), 96.

번밖에 없었습니다. 앞으로도 영원히 없습니다. 예수님만이 부활하셨습니다. 나사로의 부활은 영원한 부활이 아닙니다. 나인성 과부의 아들의 부활도 영원한 것이 아닙니다. 그들은 열 번 깨어났다가도 다시 죽습니다. 예수님의 부활만이 영원한 부활 참 부활인 것입니다. 우리에게 영생을 주시려고 예수님께서 부활하셨습니다. 예수 그리스도로 말미암아 이 땅에서 모든 사망이 사라졌습니다. 마귀도 끝났습니다. 지금 마귀는 우리에게 시험과 고통만 줄 뿐이며 그들의 지휘봉은 예수님께 빼앗긴 것입니다. 예수님을 믿으면 누구든지 멸망하지 않고 영생을 얻습니다. 사망에서 생명으로 옮겨집니다. 그러므로 예수님을 믿는 자는 예수님의 능력으로 영원히 살 수 있습니다.[64]

은파는 위의 설교에서 예수님의 부활만이 영원한 부활이고 우리 인간에게 영생을 주시는 부활이자 사망을 이기는 부활이라고 주장한다. 마귀의 세상은 끝났다고 선언한다. 그리고 무엇보다도 중요한 것은 우리의 영원한 소망인 영생이 예수님의 능력으로 성취되었다고 말한다. 그리고 은파는 예수님의 부활이 우리의 기본적인 소망인 자유를 성취하도록 해 주었다고 말하고 있다. 이것은 부활하신 주님이 사단을 몰아내시고 영원한 생명을 주시므로 죽음에 대한 공포와 두려움으로부터 해방되었기 때문이라고 한다.

---

[64] Ibid., 85.

그리고 참 자유함으로 하나님을 영화롭게 하며 하나님께 감사하며 사는 이유를 다음과 같이 설명한다.

> 우리를 지배하고 있는 사탄을 몰아내시고 주님 외에는 어느 누구의 지배도 받지 않도록 자유함을 주셨습니다. 주님께서 우리에게 자유를 주셨습니다. 생명도 주셨습니다. 죽음은 마귀로부터 오지만 생명은 주님께로부터 옵니다. 우리는 이제 예수 그리스도 안에서 죽음에 대한 두려움 없이 세상을 살아가게 되었습니다. 참 자유함으로 하나님을 영화롭게 하고 하나님께 감사하며 살아가는 것입니다.[65]

2) 소망은 구원을 이루게 한다(롬 8:24).

예수님을 구원자로 믿으면 구원을 얻는다. 인간은 인간의 능력으로는 이길 수 없는 힘에 짓눌려 죽을 수밖에 없다. 그 힘을 이길 수 있는 인간은 없기 때문입니다. 은파는 인간이 이길 수 없는 것 세 가지를 말한다.

> 인간이 이길 수 없는 가장 큰 힘은 죄요, 사망이요, 마귀입니다. 이것은 하나님의 삼위일체와 구분하여 사탄의 삼위일체라고 할 수 있습니다. 죄가 있는 곳에 마귀가 있습니다. 마귀가 있는 곳에는 사망이 있습니다. 이 세 가지는 항상 같이 다

---

[65] Ibid., 87.

닙니다. 사탄은 항상 우리에게 죄를 짓게 합니다. 죄를 지으면 망합니다. 이 세상에는 죄의 능력을 이길 자가 없습니다. 아무런 방법이 없습니다.[66]

은파는 죄와 마귀와 사망의 힘은 인간의 힘으로 이길 수 없다고 말한다. 방법도 없다고 한다. 그런데 은파는 하나님께서 이길 힘과 방법을 제시하셨다면서 그 방법을 제시하고 있다.

누구든지 주님을 믿으면 멸망치 않습니다. 주님은 죄와 사망과 마귀로부터 우리를 건져 주십니다. 다른 것은 전혀 염려할 것이 없습니다. 주님을 믿는 믿음이 우리를 모든 저주에서 건져주십니다. 성도는 이 사실을 믿어야 합니다. 로마서 10:10에 보면 "사람이 마음으로 믿어 의에 이르고 입으로 시인하여 구원에 이르느니라"고 말씀하고 있습니다. 믿는 사람은 영생에 이르게 됩니다. 부활의 주님께서 함께 하시기 때문입니다.[67]

주님을 믿으면 죄와 사망과 마귀로부터 우리를 건져 주신다고 말한다. 왜냐하면 하나님이 예수를 믿는 방법으로 구원의 길을 만들어 주시고 믿는 자에게 영생을 주시려는 하나님의 계획 때문이라는 것이다. 은파는 "하나님께서는 모든 사람을 다 구원하시려고

---

[66] Ibid., 104.
[67] Ibid., 106.

믿음이라는 이 길을 통해 우리를 축복하셨다"[68]라고 설교한다. 하지만 우리 안에 구원을 얻고자 하는 소망이 있어야 한다. 왜냐하면 우리가 소망으로 구원을 얻기 때문이다(롬 8:24).

3) 영광의 소망이 되신다(골 1:27).

구약성경에서 구원의 빛이 이방인에게도 비추게 될 것이라는 것은 감추어진 비밀이 아니었다. 그러나 그리스도가 영광의 소망이 되시고 이 그리스도가 이방인 안에 거하신다는 것은 비밀이었다. 그런데 바울은 이방인에게 감추어진 그 비밀과 영광의 소망이 되신 그리스도를 동일시 하므로, 그리스도께서 이방인에게 영광의 소망이 되신다는 사실을 가르쳐 주었다.

사도행전 저자는 바울이 부르심을 받은 목적을 "이방인과 임금들과 이스라엘 자손들에게 전하기 위하여 택한 나의 그릇이라"(행 9:15)고 했다. 바울은 이방인들에게 복음의 소망을 전하기 위하여 택하심을 받은 예수 그리스도의 사도였다. 하나님은 인간을 구원하시기 위해 사람들이 메시아를 기다리는 소망을 가지고 살도록 예수님을 모든 인류의 소망이 되게 하셨다. 여기에 대해서 은파는 다음과 같이 소개한다.

하나님은 그 아들을 즉흥적으로 보내신 것이 아니고 유대인을 택하여 2천년 동안 메시아를 기다리게 하고 준비하게 하

---

[68] Ibid., 107.

셨습니다. 하나님은 아브라함을 부르시고 그와 그의 후손들에게 메시아를 기다리라고 끊임없이 말씀하셨습니다. 또 유대인들은 정치 경제 종교를 포함하여 모든 삶이 메시아를 기다리는 삶이었습니다. 메시아를 기다리는 소망으로 살게 하셨습니다. 메시아는 유대 나라에 오셨지만 유대인만을 위해 오신 것이 아닙니다. 온 인류를 구원하시고자 온 인류의 메시아로서 유대 땅에 오신 것입니다. 그는 우리를 살리기 위해서 오셨습니다. 우리에게 생명을 주기 위해서 오셨습니다.[69]

은파에 의하면 유대인들은 정치, 경제, 종교를 포함하여 모든 삶이 메시아를 기다리는 삶이었고, 메시아를 기다리는 소망으로 살게 하셨다고 한다. 그런데 유대인들은 이 메시아를 자기들만의 메시아로 잘못 이해했다는 것이다. 예수님은 이방인에게도 소망이 되신다. 예수님은 우리 인생의 길을 안내하시는 빛이시다. 그리스도와 함께 하는 삶이 될 때만 빛 가운데로 걸어갈 수 있다. 그러므로 예수 그리스도는 모든 인간의 소망이 되신다.

4) 주님의 소망은 목적을 갖도록 한다(빌 4:14).

바울은 여기서 "푯대를 향하여 그리스도 예수 안에서 하나님이 위에서 부르신 부름의 상을 위하여 달려가노라"고 고백하고 있다. 하나님은 사람을 세 가지 목적을 가지고 부르신다.

---

[69] 김삼환, 『예수께로 가라』(서울: 도서출판 오직 주님, 1998), 473.

첫째, 먼저 회개하여 구원을 받기 위해 부르신다(행 17:30).

둘째, 예수 그리스도와 함께 교제하게 하시려고 부르신다(고전1:9).

셋째, 하나님은 특별한 사역을 위해서 부르신다.

바울은 이것을 거룩한 소명이라고 말씀하고 있다(딤후1:9). 이 부르심에는 하나님의 뜻이 있고 하나님의 목적이 있으며 하나님의 상급도 있다. 우리 성도들은 이 부르심에 순종하여 그 목적을 향해 나아가야 한다. 그러므로 예수 그리스도 안에 있는 자는 소명이 있고 이 소명이 소망을 이루는 것이다. 은파는 거룩한 소명이 있는 성도는 다음과 같이 살아야 한다고 권면한다.

> 소망을 가진 성도는 좋은 일, 선한 일을 많이 해야합니다. 하나님께서 우리를 불러 주시고 죄에서 건져주시는 것은 아름다운 일, 선한 일을 하라고 불러주시는 것입니다. 좋은 일을 많이 하십시오. 선한 일 가운데 가장 좋은 일은 하나님을 영화롭게 하는 일입니다. 하나님을 기쁘시게 하는 일은 하나님을 영화롭게 하는 일입니다. 하나님을 기쁘시게 하는 일은 얼마나 아름답고 좋은 일입니까? 주의 성전에서 쓰임을 받으십시오. 헛된 일을 하지 말고 허무하게 살아가지 말고 보람된 일을 많이 하십시오. 복음을 증거하십시오.[70]

은파는 하나님께서 우리를 불러 주시고 죄에서 건져 주시는

---

[70] 김삼환, 『예수께로 가라』, 426.

것은 아름다운 일 선한 일을 하라고 불러주셨다고 말한다. 그리고 선한 일이란 하나님을 영화롭게 하는 일이고 그 일은 성전에서 쓰임 받는 일이고 복음을 전하는 일이라는 것을 말하고 있다. 예수님을 소망으로 믿고 사는 자는 성전에서 주님을 섬기며 복음을 전하며 선행을 하는 삶이어야 한다.

5) 열방의 소망이 되신다(롬 15:12).

바울은 로마서 15:12에서 이사야 11:10을 인용한다. 이사야가 예언한 11장은 메시아를 중심으로 열방이 화해하게 되어 하나가 되므로 주님께로 돌아오게 하시는 하나님의 원대하고 우주적인 사역에 대한 예언이다. 이것은 하나님의 오래된 소망이었고,[71] 이 하나님의 소망이 그리스도 안에서 성취되었다. 그리고 이것은 세계 열방에게 복음을 전하여 그리스도 안에서 하나가 되게 해야 하는 선교적 관점에서 우리 소망이 되었다. 은파는 이러한 선교적 소명과 사명을 교회의 사명으로 받아들였다. 그리고 교회가 선교적 소망을 이루기 위해 다음과 같이 제시하고 있다.

즉, 복음을 수출해야한다는 것이다.

복음을 받고 축복을 받았으면 수출해야한다고 권면한다.

우리에게 주신 이 복음을 온 세계에 수출해야 합니다. 복음으로 하나 되고 복음으로 잘 살고 복음으로 축복을 받을 수 있

---

[71] 여기에 대한 성경 말씀은 풍부하다. 즉 시 18:49; 117:1; 신 32:43; 사 11:1, 10.

제3장 나의 주님 나의 하나님

도록 하나님을 알지 못하는 민족에게 복음을 증거하고 복음
을 수출하는 선교의 교회가 되어야 할 줄로 믿습니다.[72]

은파는 선교적 사명을 성도들이 알기 쉬운 용어인 '복음의 수
출'이라는 표현을 통해 선교적 소망 성취를 강조하고 있다. 선교
적 소망을 이루기 위해 물질적으로 어려운 이웃에게 나누어 주어
우리의 소망을 이루고, 소망을 잃고 낙망하는 교회에 소망을 유지
하도록 구제도 해야 한다고 강조한다.

우리가 물론 환난 중에 더욱 굳센 믿음을 가져야 되고 모범된
그리스도인으로 살아야 되지만 물질적으로 더 어려운 이웃에
게 나누어 주는 교회가 되어야 합니다. 구제하는 일에 인색하
지 않는 교회가 하나님께서 기뻐하시는 교회인줄 믿습니다.[73]

은파는 위의 내용에서 구체적으로 구제하는 일에 인색하지 않
는 교회가 하나님이 기뻐하시는 교회라고 말하고 있다. 은파는 자
신이 섬기는 교회가 처음에는 5개 교회부터 돕기 시작해서 1997
년에는 1700여 개의 약한 교회와 기관을 돕고 있고, 맹인, 자폐증
환자, 지체부자유자, 뇌성마비 그리고 간질병환자, 폐병환자들이
모여 있는 기관을 선정하여 47개 기관을 돕고 있다고 했다. 그 외
에도 장학관, 종합병원, 선교사들을 돕는 모든 사역을 하고 있는

---

[72] 김삼환, 『예수께로 가라』, 14.
[73] Ibid., 15.

데, 이런 사역은 모두 선교적 소명과 사명에서 오는 선교적 소망을 이루기 위한 노력이라고 할 수 있다. 오직 주님을 소망할 때 주님이 부탁하시는 선교를 위해 노력하지 않을 수 없다.[74]

---

[74] Ibid., 15-18.

제4장
나의 주님 영광의 하나님

　오직 주님은 천지를 창조하신 만물의 하나님이시다. 오직 주님은 천지의 모든 것을 주관하시고 관리하시고 통치하신다. 오직 주님은 교회를 세우신 교회의 하나님이시다. 주님은 교회의 주인이시고 교회를 관리하시고 경영하시는 분이다. 오직 주님은 교회를 위해 죽기까지 자신을 희생하시고 교회를 섬기신 주님이시다. 오직 주님은 나의 하나님이시다. 나의 하나님은 치료의 하나님이시고 축복을 해 주시는 축복의 하나님이시고 은혜를 주시는 은혜의 주님이시고, 부르시고, 사명을 주시고, 소망을 주시고, 소망 자체가 되시는 분이시다.

　오직 주님은 영광의 하나님이시다. 영광은 하늘에서 뚝 떨어지는 것이 아니다. 하나님의 말씀에 순종하며 인내하며 겸손히 고난을 참고 승리할 때 오는 것이다. 제4장에서는 은파가 인성으로서의 예수님의 모습을 어떻게 이해하는지 살피고자 한다. 은파는 인성으로서의 예수님에 대한 이해는 다음과 같다.

    1) 하나님의 말씀과 뜻에 순종하신 분
    2) 어떠한 고난과 핍박과 비난 속에서도 인내하신 분
    3) 겸손하신 분
    4) 이 지상에 계시는 동안 고난을 많이 받으신 분
    5) 그러나 승리하신 분

이 승리는 절대적인 승리이기 때문에 그 영광도 절대적이다. 이제 은파가 이해한 인간으로서의 예수님에 대해서 위의 다섯 가지 범주 안에서 살펴보고자 한다.

1. 순종의 주님

예수님은 하나님이시다. 예수님은 이 세상에 오시기 전에 하나님과 함께 계셨다. 예수님은 세상을 창조하신 분이다(요 1:1-3). 그러나 이 세상에 오셨다. 하나님의 아들로 오셨다. 스스로 창조하신 자신의 땅에 오셨다(요 1:11). 예수께서 하나님의 아들로 이 세상에 오신 것은 하나님의 뜻과 말씀에 순종하기 위해서이다.

성경은 여기에 대해

> 그는 근본 하나님의 본체시나 하나님과 동등 됨을 취할 것으로 여기지 아니하시고 오히려 자기를 비워 종의 형체를 가져 사람들과 같이 되었고 사람의 모양으로 나타나셨으매 자기를 낮추시고 죽기까지 복종하셨으니 곧 십자가에 죽으심이라(빌 2:6-8)

고 말씀하고 있다. 예수님은 죽기까지 복종하셨다는 것이다.

이것은 아담의 불순종과 대조된다. 이 대조를 가장 잘 설명하고 있는 성경 말씀이 로마서 5:19이다.

> 한 사람이 순종치 아니하므로 많은 사람이 죄인 된 같이 한 사람의 순종하심으로 많은 사람이 의인이 되리라(롬 5:19).

한 사람 아담의 불순종으로 모든 사람이 죄인이 되었다. 그러나 이제는 한 사람 예수님의 순종으로 많은 사람이 의인이 되는 역사가 일어났다. 이것은 죽기까지 순종하신 예수님의 순종 때문이다. 예수님의 최후의 영광은 십자가에서 죽기까지 순종하시고 부활하시는 거기서 영광의 절정을 이룬다. 은파는 이러한 예수님의 순종의 삶이 모두 우리를 위한 삶이었음을 다음과 같이 증언한다.

> 주님께서는 우리를 위해 이 땅에 오셨습니다. 우리를 위해 십자가를 지시고 십자가에서 죽으셨습니다. 우리를 대신하여 무거운 죄 짐을 짊어지셨습니다. 우리를 대신하여 저주를 받으셨습니다. 예수께서 우리를 대신하여 눈물을 흘리심으로 우리가 웃을 수 있게 되었습니다.
> 그가 십자가에서 "목마르다" 하심으로 우리가 목마르지 않게 되었습니다. "엘리 엘리 라마 사박다니" 하심으로 우리가 구원을 얻게 되었습니다. "내 영혼을 아버지 손에 부탁하나이다" 하며 죽으심으로 우리가 살게 된 것입니다. 예수 그리스도께서 이 엄청난 고통을 당하셨기에 오늘 우리가 놀라운 은혜를 받게 된 것입니다. 어린양이 고난을 당하므로 우리가 금생과 내생에서 영원한 은총을 받게 된 것입니다.[1]

은파는 이러한 주님의 삶은 하나님에 의해서 계획되었고 주님은 하나님의 뜻에 순종한 결과라는 사실을 다음과 같이 말하고 있다.

---

1 김삼환, 『넘치는 감사』(서울: 실로암, 2010), 44-45.

하나님께서는 인류의 구원을 창세부터 계획하시고 이를 위해 그의 아들 예수 그리스도를 이 땅에 보내셨습니다. 우리를 위해 십자가를 짊어지게 하시고 십자가에 못 박혀 죽으시도록 모든 일을 계획하셨습니다. 이것이 성경 전체의 흐름입니다. 십자가를 모르면 성경전체를 모릅니다.[2]

주님은 십자가를 짊어지고 십자가에 못 박혀 죽으시도록 하신 하나님의 인류의 구원 계획에 순종하셨음을 말씀하고 있다. 그러므로 은파는 우리를 위해 죽으신 주님의 십자가에 대해서 우리는 어떤 반응을 보이며 살아야 하는지를 성도들에게 다음과 같이 가르친다.

이제 우리는 예수 그리스도의 십자가를 발견했습니다. 누가 우리를 위하여 이런 일을 할 수 있겠습니까? 이제는 우리를 위하여 죽으시고 고통당하신 주님의 십자가를 사랑하며 살아야 합니다. 늘 감사하며 살아야 합니다. 십자가를 자랑하며, 십자가를 증거하며, 십자가를 찬양하며 살아갈 때에 승리할 수 있습니다. 어떤 환난을 당해도 십자가를 보면 다 참을 수 있고 어떤 억울한 일을 당해도 십자가를 보면 이겨 낼 수 있습니다. 예수님은 전혀 죄가 없으셨지만 죄인처럼 돌아가셨습니다. 십자가를 보면 억울한 일도 없어집니다. 불만과 불평

---

[2] Ibid., 42-43.

도 없어집니다. 성도는 무슨 일을 만나든지 십자가를 바라보
아야 합니다.³

　은파는 위의 가르침에서 십자가를 사랑하고, 감사하며, 자랑
하고, 증거하며, 찬양하면서 살면 승리할 수 있다고 한다. 그리고
어떤 환난이나 어려움도, 억울함도 십자가를 보면 이겨낼 수 있다
고 권면한다.
　은파는 십자가에서 우리를 위해 돌아가신 주님을 "기쁨으로
증거하는 성도가 되시기를 바랍니다"⁴라고 간절히 부탁한다. 오직
주님이신 예수 그리스도는 우리 죄를 속죄하시고 하나님의 자녀
가 되게 하시려는 하나님의 구속사역을 위해 온전히 순종하셨다.
이 순종으로 인간은 구원을 받게 되었고 우리는 예수님의 십자가
를 단단히 붙잡으므로 최후의 승리를 얻게 되었다.⁵

2. 인내의 주님

　예수님의 십자가의 고난과 승리의 비결은 인내에 있다. 인간
의 구속사역은 하나님의 계획 하에 있기 때문에 이미 이겨놓은 승
리이다. 그러나 이 사역의 주인공인 예수님의 모든 사역이 인내가

3　Ibid., 45-46.
4　Ibid., 57.
5　Ibid., 56.

아니면 감당할 수 없는 사역이었다. 인내로 승리하신 예수께서 인내에 대해 가르치셨고 인내의 본을 보여 주셨으며 인내의 열매를 맺으셨다.

여기서는 주님의 인내에 대해 살피고자 한다. 이유는 은파의 오직 주님 신학에서 주님의 인내와 은파의 인내는 깊은 체험적 바탕에 근거하기 때문이며, 이 주제는 은파의 성공적 목회와 그의 생애 사이에 밀접한 관계를 맺고 있기 때문이다.

1) 예수님의 인내

데살로니가 성도들에 대한 바울의 간절한 소원들 중의 하나는 성도들이 그리스도의 인내에 이르는 삶을 사는 것이었다(살후 3:5). 그러면 그리스도의 인내란 무엇인가?

예수님이 가르치셨던 것처럼 고난 중에 있을 때 끝까지 견디고 참고 승리하는 것이다. 예수님은 "십자가를 참으사 개의치 아니하시고 승리하사 하나님 우편에 앉으셨다"(히 12:2)고 말씀하시고 있다. 예수님은 부활하신 후, 제자들에게 그리스도는 이런 고난을 당연히 받고 하나님의 영광의 나라에 들어가게 될 것이라고 말씀하셨다(눅 24:26). 또한 고난과 환난 중에 인내하는 자가 영혼을 얻게 된다(눅 21:18)고 말씀하셨으며, 박해 중에서도 끝까지 견디는 자가 구원을 얻는다고 가르치셨다(마 10:22).

예수님은 베드로가 자신을 체포하러 온 대제사장의 종의 말고의 귀를 칼로 쳐 떨어뜨리자 "이것까지 참으라"고 말씀하시면서 그의 귀를 치료해 주셨다. 그러므로 예수님의 모든 사역은 참고 인내하시고 마침내 승리하시는 사역이었음을 알 수 있다. 그러면 사도들은 이러한 예수님의 인내를 어떻게 가르쳤는지를 살펴본 후에, 은파는 이러한 주님의 사역을 어떻게 자기의 것으로 소화했으며 어떻게 성도들에게 가르치고 설교했는지를 살펴볼 것이다.

2) 사도들의 인내

사도들은 모진 박해 속에서도 예수 그리스도의 부활의 복음을 누구 앞에서나 담대하게 전했다. 여기에는 사도들의 인내가 있었다. 여기에서는 베드로, 바울 그리고 야고보의 인내에 대해서 간단히 논하려고 한다.

먼저 베드로는 베드로전서 2:19-25에서 끝까지 참고 인내해야 한다는 말한다.

> 부당하게 고난을 받아도 하나님을 생각하므로 슬픔을 참으면 이는 아름다우나 죄가 있어 매를 맞고 참으면 무슨 칭찬이 있으리요 그러나 선을 행하므로 고난을 받고 참으면 이는 하나님 앞에서 아름다우니라 이를 위하여 너희가 부르심을 받았으니 그리스도 너희를 위하여 고난을 받으사 너희에게 본을 끼쳐 그 자취를 따라 오게 하려 하셨느니라 그는 죄를 범하지 아니하시고 그 입에 거짓도 없으시며 욕을 당하시되 맞대어 욕하지 아니하시고 고난을 당하시되 위협하지 아니하시고 오직 공의로 심판하시는 이에게 부탁하시며 친히 나무에 달려 그 몸으로 우리 죄를 담당하셨으니 이는 우리로 죄에 대하여 죽고 의에 대하여 살게 하심이라 그가

채찍에 맞음으로 너희는 나음을 얻었나니 너희가 전에는 양과 같이 길을 잃었더니 이제는 너희 영혼의 목자와 감독 되신 이에게 돌아왔느니라(벧전 2:19-25).

이 말씀에서 고난이 오는 이유에 대한 세 가지를 논한다.
첫째, 부당하게 받는 고난
둘째, 죄를 지어서 받는 고난
셋째, 선을 행하므로 오는 고난

첫째와 셋째의 고난은 아름다운 것이고(개역 개정), 하나님의 은혜라고 했다(바른 성경). 반면 범죄에 가담한 이유로 오는 고난과 인내는 칭찬이 없다(벧 2:20). 그러나 어떤 고난이든 하나님을 생각하며 하나님을 의지하며 받는 고난에는 하나님 앞에서 아름다운 것이다. 특별히 선을 행하므로 오는 고난은 아름다운 것이다.

그러므로 고난은 참아야 한다는 것이 베드로의 가르침이다. 그리고 참아야 할 이유에 대해서는 예수님의 고난을 예를 들어 말해주고 있다. 베드로는 우리가 부르심을 받은 이유 중에 하나가 "고난의 본"을 보여 주신 주님의 자취를 따르는 것이라고 말하면서, 예수께서 고난을 이기신 방법 중의 하나는 고난의 원인을 제공한 박해자들에게는 맞대응하시거나 위협하지 아니하시고 오직 공의로 심판하시는 하나님께 부탁하셨다고 말한다(벧전 2:21-23). 이러한 베드로의 가르침을 보면 베드로는 예수님의 말씀을 따라 고난을 잘 감당했음을 배울 수 있다.

야고보는 인내를 성도의 삶에 있어서 가장 귀한 덕목이라고 주장한다. 왜냐하면 그는 흩어져 있는 12지파에게 보내는 서신 서두에 인내가 필요한 시련과 시험 문제를 다루고 있으며 인내를 온전히 이루는 것이 온전한 사람이 되는 길이라고 말씀하고 있을 뿐만 아니라(약1:2-4), 인내하는 자들이 복이 있다고 선언하고 있기 때문이다(약 5:11; 1:12).

야고보는 인내하는 방법을 제시하고 있다.

고난 속에서 오래 참고 승리한 선지자들과 욥과 같은 분들의 고난 속에서의 인내를 본을 삼아 승리하라고 권하고 있다(약 5:10-11). 그러면서 야고보는 농부의 인내를 말하고 있다. 농부가 참으며 열매를 기다리듯이 참아야 된다는 것이다(약 5:7). 야고보는 인내를 이루는 데 중요한 것은 마음이라는 것을 지적하고 있다. 그리고 그는 "마음을 굳건하게 하라"고 부탁하고 있다. 그리고 인내의 끝은 주님이 강림하시기까지 참으라(약 5:7)고 하신 말씀에서 알 수 있다.

우리는 주님이 강림하실 때까지 참아야 한다. 야고보는 우리가 어떤 목적을 성취하는 자리가 인내의 끝이 아니라 주님이 오실 때가 인내의 끝이라고 가르치며 그때까지 참으라고 말한다. 이 말씀은 곧 자신이 죽기까지 참아야 한다는 뜻도 내포하고 있다. 왜냐하면 종말은 자신이 죽는 때를 말하는 주관적인 종말과 주님이 재림하시는 객관적인 종말이 있기 때문이다.

그러면 이제 바울은 인내에 대해서 어떻게 말씀하고 있는지를 살펴보자.

바울은 인내는 사도의 표시라고 가르친다. 고린도후서 12:12

제4장 나의 주님 영광의 하나님

에 "사도의 표가 된 것은 내가 너희 가운데서 모든 참음과 표적과 기사와 능력을 행한 것이라"고 말한다. 사도들은 복음을 전하면서 많은 박해와 환난과 역경을 많이 만난다. 이럴 때 참아야 한다. 참고 이기는 것이 사도의 의무다.

바울은 교회가 박해와 환난 중에서 인내하는 것을 교회의 큰 자랑이라고 말한다(살후 1:4). 그리고 하나님의 사람은 반드시 인내를 따라야 한다고 말씀하고 있다(딤전 6:11). 그 이유는 인내는 성도를 온전하게 다듬기 때문이다(딛 2:2). 바울은 환난을 만나 인내하는 동안에 즐거워 한다고 했다(롬 5:3-4). 바울은 그리스도께서 비방하는 자들의 비방을 참으신 것을 말씀하시며 하나님은 인내의 하나님이라고 말씀한다(롬 15:4-5).

이제까지 예수님의 인내와 사도들 중에서 베드로, 야고보, 그리고 베드로의 인내에 대해 간단히 살펴보았다. 인내가 성도들에게 얼마나 중요한 덕목이고 감당해야 할 축복의 통로인지를 깨달았다. 그러면 은파는 이 인내를 어떻게 자신의 것으로 소화했으며 성도들에게 설교하며 가르치셨는지에 대해서 살펴보고자 한다.

3) 은파의 인내

은파 설교의 큰 특징은 고난과 환난 중에 있는 성도들에게 위로와 격려를 통해서 승리와 감사하는 자가 되도록 용기와 소망을 주는 데 있다. 은파는 고난의 의미를 성도들에게 성경적인 관점에서 해석하여 도와준다. 그리하여 전통적으로 죄 때문에 사람이 벌을 받고 고난이 온다는 관념을 깨고 성도들의 고난과 환난에는 하나님의 섭리가 있다는 사실을 가르친다. 아래의 설교문의 한 단락을 읽으면 곧 은파의 고난에 대한 의미를 알 수 있다.

> 사업을 하는 사람은 사업을 통해 오는 고난이 얼마나 많습니까? 그러나 많은 사람들이 고난이나 불행, 환난이 올 때에 이 고난에 대한 해석을 잘못하는 일이 참으로 많습니다. 병이 들었을 때 그 병의 원인을 바로 알아야 치료가 시작되듯이 사람에게 찾아오는 고난도 그 고난을 해석하기에 따라 해결 방법이 달라지는 것입니다. 어떤 분들은 자신이 실수했기 때문이라고도 하고, 다른 사람 때문이라고도 하므로 책임을 전가합니다. 심지어 운이 나빠서라고 말하는 사람도 있습니다. 또 어떤 이들은 죄 때문이라고도 합니다. 죄를 지으면 나쁜 일이 생긴다는 뜻입니다. 그러나 모든 것을 다 죄 때문이라고 말해서는 안 됩니다.
> 성경에 나오는 사도들이 죄 때문에 어려움을 당했습니까? 그렇지 않습니다. 예수님이 죄 때문에 고난을 당하시고 십자가에 못 박혀 돌아가신 것입니까? 모든 것을 죄로 돌리면 안 됩니다.[6]

은파는 모든 사람에게는 다 고난과 환난과 불행이 있는 데, 이것을 잘못 해석하여 모든 환난의 원인을 죄로 돌린다는 것은 잘못

---

6 김삼환,『주님의 옷자락 잡고(상)』(서울: 실로암, 2004), 12-13.

된 것이라고 주장한다. 은파는 이것을 불교 사상이라고 주장한다. 그리고 은파는 인간의 고난이 죄의 원인으로 보는 불교의 입장에 동의하지 않는다.[7] 그리고 성경의 입장을 다음과 같이 설명한다.

> 기독교에서는 우리가 당하는 모든 고난의 배후에는 하나님이 계시고 하나님의 뜻과 섭리가 있다고 보는 것입니다. 개인의 고난이나 국가의 환난이나 어떠한 종류의 시험이든 시험의 배후에는 하나님의 오묘한 뜻이 있고 그 일로 인하여 우리를 좋은 길로 인도하시고 축복하시기 위한 선하신 하나님의 계획이 있음을 우리는 믿어야 합니다. 이것이 성경이 우리에게 주시는 말씀입니다.[8]

은파는 성경이 가르치는 모든 환난과 고난과 시험의 배후에는 하나님의 섭리와 뜻이 있다고 가르친다. 은파는 예수님이 잡히신 후, 재판을 받고 채찍에 맞으시며 고난을 당하시고 십자가를 지셨는데, 고난과 환난을 당하신 것은 로마 군인에게 힘이 있고 제사장에게 권세가 있어서가 아니라, 여기에는 하나님의 구원 계획과 섭리가 있었다는 것이다.[9]

그러므로 환난이나 고난이 올 때 누구 때문이라고 돌을 던지

---

[7] Ibid., 13.
[8] Ibid., 14.
[9] Ibid., 14

거나 원망과 불평을 해서도 안 된다고 가르친다.[10] 이러한 고난의 비밀을 알고 있는 하나님의 사람들은 은파에 의하면 "개인이나 국가는 고난과 시련과 환난과 고통에도 언제나 잘 참고 잘 통과하고 잘 감당합니다"[11]라고 말하면서 "잘 참고"라는 말을 하고 있다. 잘 통과하는 일이나 감당하는 일도 다 참고 인내하는 일과 같은 범주에 있다. 고난을 참고 이기면 그 고난은 더 좋은 곳으로 인도하는 교량 역할을 한다. 은파는 이러한 고난의 중요성을 알고 인내를 잘하기 위해서는 하나님을 붙들고 하나님의 도움을 받아야 한다고 충고한다.

그러면서 그는 사무엘의 어머니 한나가 아이가 없고 박해를 당하고 무시를 당했을 때 그녀는 하나님께 나아가 모든 문제를 해결함 받았다고 말한다.

> 한나는 여호와의 법궤가 있는 실로라는 곳으로 올라가서 하나님 앞에 열심히 기도합니다. 눈물을 흘리며 기도합니다. 아들을 달라고 눈물을 흘리며 기도하던 한나는 사무엘이라는 훌륭한 아들을 얻게 됩니다. 성도는 어려움을 당할 때 하나님께로 나아가야 합니다. 우리에게 어려움을 주는 쪽으로 가지 말고 우리에게 낙심을 주는 쪽으로 가지 말고, 우리를 위로해 주는 쪽으로 가야 합니다. 만약에 한나가 브닌나를 상대로 계속 부딪혔더라면 가정도 무너지고 아무런 소득도 없이 거기서 끝났

---

[10] Ibid., 15.
[11] Ibid., 16.

을 것입니다. 대부분의 세상 사람들은 그렇게 행동합니다.[12]

그러면서 성경에서 하나님이 쓰신 위대한 인물들은 다 시련이 따랐다고 했다. 은파는 그 중에 다윗, 모세, 엘리야, 예레미야와 같은 인물을 예로 든다. 그러면서 은파는 산삼과 인삼을 비교한다. 산삼은 산에서 누가 돌보지 않기 때문에 온갖 비바람과 추위와 더위를 다 겪으면서 자라서 질 좋은 보약이 되지만 인삼은 사람이 적당한 온도와 비바람을 다 조절하기 때문에 산삼만 못하다는 것이다.[13] 이와 마찬가지로 고난과 환난을 겪은 사람이 그렇지 않는 사람보다 하나님이 쓰시기에 더 위대한 사람이 될 수 있다는 것이다.

은파는 고난과 역경의 중요성을 강조한다. 하나님이 쓰시는 사람 그리고 사회에서 큰일을 하는 사람은 모두 시련과 환난의 시련을 통과한 사람이라는 것이다. 그러므로 은파에게 있어서 인내는 하나님의 사람이 되는 환난과 역경과 고난을 이겨내는 힘이라는 것이다.[14] 예수 그리스도는 인내의 모델이다. 우리는 이 예수님의 자취를 따라가야 한다. 그 길이 십자가의 길보다 더 험한 길이라도 가야한다. 왜냐하면 그곳에 주님이 계시고 하나님의 섭리가 있기 때문이다.

---

[12] Ibid., 30.
[13] Ibid., 18.
[14] Ibid., 12-26.

3. 겸손의 주님

예수님은 겸손하신 왕이다. 스가랴 선지자는 예수님에 대해서 "시온의 딸아 크게 기뻐할지어다. 예루살렘의 딸아 즐거이 부를지어다. 보라 네 왕이 네게 임하나니 그는 공의로우시며 구원을 베푸시며 겸손하여서 나귀를 타시나니 나귀의 작은 것 곧 나귀새끼니라"(슥 9:9)고 예언했다.

예수님에 대한 예언에서 예수님의 인격을 예언한 것은 매우 특별한 경우이다. 그런 만큼 이것은 예수님에 대한 매우 중요한 정보이다. 그것은 예수님은 겸손하신 분이라는 것이다. 그 증거로 당시 왕들이 성을 입성할 때는 호화로운 마차를 탔지만 예수님은 나귀 새끼를 타시고 예루살렘에 입성하셨다. 이 사건은 스갸랴의 예언이 성취되는 사건이었다. 예수님은 이 세상에 계시는 동안 자신에 대해 말씀하실 때 자신이 겸손한 분이라고 말씀했다.

마태복음 11:29에 보면 예수님이 자신에 대해서 "나는 온유하고 겸손하니"라고 말씀하셨다. 그리고 예수님이 자신이 겸손하다는 증표로 일관되게 보여 주시는 행동이 있고 말씀이 있다. 이것에 대해 더 깊이 살펴보므로, 은파가 이러한 예수님의 겸손을 어떻게 이해하고 성도들을 가르쳤는지 살펴볼 것이다.

성경신학적 관점에서 겸손을 어떻게 정의했는지를 먼저 이해하는 것이 필요하다. 마태복음 11:29의 "내 마음이 온유하고 겸손하다"에서, 겸손은 "아래 혹은 밑에"라는 뜻이다. 여기서 예수님은 인간을 섬기러 낮은 곳에 오신 예수님(마 20:28; 막 10:45; 눅

22:27)과 하나님께 복종하시는 낮은 종으로서의 예수님을 강조하고 있다. 겸손과 온유는 종종 같이 사용하고 있다(고후 10:1; 엡 4:2; 골 3:12).[15]

또한 성경적인 낮은 자세를 의미하는 겸손은 하나님의 속성과 관련이 있다. 시편 113:4-9에 보면 하나님은 높은 곳에 앉으셨지만 스스로 낮추사 천지를 살피시고 가난한 자와 궁핍한 자를 그 백성의 지도자들과 같이 세우시고 임신하지 못한 자도 자식을 낳게 하여 어머니가 되게 하셨다. 이 말씀은 하나님은 낮은 곳에 오셔서 낮은 자를 도우신다는 말씀이다. 시편 138:6-7에도 하나님은 높이 계셔도 낮은 자를 굽어 살피신다고 말씀하시고 있다. 이처럼 하나님은 겸손히 낮은 곳에 오셔서 낮은 곳에서 사는 자의 문제를 해결해 주시는 분임을 말씀하고 있다.

예수님은 낮은 이 세상에 오시되 가장 낮은 곳에 오셨고 죄가 없으신 분이 사람이 되셨지만 가장 무겁고 큰 죄인이 되어 가장 무거운 죄를 지은 자들이 받는 형벌의 십자가에 못 박혀 죽으시고 지상에서 땅 가장 아래까지 내려 가셨다(빌 2:5-8). 예수님의 이런 생애는 모두 겸손과 관련이 있다.

미가는 하나님께서 그의 백성들에게 원하시는 것 중에 하나는 겸손하게 하나님과 동행하는 것이라고 했다(미 6:8). 예수님은 하나님의 나라에 들어가서 하나님의 나라에서 큰 자는 어린 아이와 같이 자기를 낮추는 자라야 한다(마 18:4)고 말씀하셨다.

15　Walter A. Elwell, "Humility," *Dictionaries-Baker's Evangelical Dictionary of Biblical Theology* (Baker, 1996).

겸손은 기도와도 깊은 관련이 있다. 하나님은 그들의 백성이 스스로 낮추고 기도할 때 응답하신다고 말씀하시고 있고(대하 7:14) 다니엘은 하나님 앞에서 무릎을 꿇어 자신을 낮추고 기도했다(단 6:10). 에스라는 금식하며 자신을 낮추어 겸비한 마음으로 하나님께 어린 아이들과 자신들의 소유를 위해 기도했을 때 응답해 주셨다고 고백하고 있다(스 8:27, 29). 겸손에는 거짓 겸손도 있고 거짓 겸손에 대해서 주의 하도록 경계해주시는 말씀도 있다(골 2:18). 겸손한 자에게 베푸시는 축복을 잠언은 다음과 같이 말씀하고 있다.

> 겸손과 여호와를 경외함의 보상은 재물과 영광과 생명이니라
> (잠 22:4).

이 말씀은 여호와를 경외하는 것과 함께 겸손한 마음을 가지면 재물과 영광과 생명을 보상으로 받는다고 말씀하시고 있다. 하나님은 겸손한 자에게 은혜를 주시지만 교만한 자를 물리치신다(잠 3:34; 약 4:6; 벧전 5:5). 하나님은 그 사람이 어떤 사람이든지 자신 앞에서 겸손한 사람은 구원하여 주신다.

예를 들면 히스기야가 백성들과 함께 마음의 교만함을 뉘우쳤을 때 그의 생전에 여호와의 진노가 내리지 아니했다(대하 32:24-26). 요시야 왕도 율법 책을 성전에서 발견하고 그 말씀대로 살지 못한 것을 "겸손히 옷을 찢고 통곡하고"(대하 34:27) 회개했을 때 하나님이 그를 구원하여 주셨다(대하 34:28). 이런 왕들은 선하고 의

로운 왕이지만, 그렇지 못한 왕일지라도 아합도 하나님 앞에서 겸손히 자신을 낮추자 하나님이 재앙을 그의 집에 내리시지 않겠다고 말씀하셨다(왕상 21:29). 주님은 겸손한 자를 때가 되면 높이신다(약 4:10; 벧전 5:6).

예수님의 교훈과 생애는 겸손의 완전한 모본이다. 예수님은 종으로서 낮아지셨고(요 13:1-16), 아버지께 죽기까지 복종하셨다(사 53:7, 8; 행 8:32, 33) 하나님 아버지는 예수님을 지극히 높이시고 만물을 그의 발아래 꿇게 하셨다(빌 2:5-11). 하나님은 겸손한 자와 함께 하시며, 겸손하여 통회하는 자를 소생시키시기를 원하신다(사 57:15).

겸손과 온유는 크리스천 지도자가 되기 위한 첫 번째 시험 관문이다(눅 22:24-27). 예수님은 으뜸이 되고 상석에 앉기를 원하는 자는 먼저 겸손해야 한다고 가르친다. 바울의 생애와 교훈은 기독교의 겸손을 강조하고 있고 겸손의 중요성을 명확히 보여 주고 있다(행 20:18-21). 바울은 자신을 죄인 중에 괴수이고 지극히 작은 자이며 사도라고 고백했다(딤전 1:15; 고전 15:9; 엡 3:8). 그는 자신의 의보다(빌 3:3-9) 오히려 하나님의 은혜(고전 15:10)와 십자가(갈 6:14)를 더 자랑스럽게 여겼다.[16] 왜냐하면 그는 자신을 낮추는 겸손의 삶을 살았기 때문이다.

이처럼 성경은 주님의 겸손을 매우 중요하게 다루고 있으며, 겸손은 하나님의 속성들 중에 매우 중요한 속성이다. 예수님의 겸

---

[16] Ibid.

손은 하나님의 뜻을 이 땅에서 완성하는 핵심 항목이다. 바울도 예수님의 겸손을 잘 이해하고 있었으며 이 겸손에 대한 주제를 그의 서신 여러 곳에서 말씀하고 있다.

그러면 은파는 이 겸손에 대해서 어떻게 이해하고 이 겸손을 가르치며 설교했는지를 살펴보도록 하겠다.

은파는 겸손을 가르치는 구역장 교구 교재에서 겸손에 대한 제목을 "나를 비우고 낮추고 죽이고"[17]라고 잡았다. 그리고 은파의 겸손에 대한 정의는 "나를 비우고 낮추고 죽이는 것"이다. 이것은 간단한 표현이지만 예수 그리스도의 생애 전반을 정의한 것과 같다.

예수님은 자신을 비우셨다. 자신의 모든 것을 버리고 자신의 것은 아무것도 소유하지 않은 채 이 세상에 빈손으로 오셨다. 겸손은 이처럼 자신을 비우는 데서부터 출발한다고 할 수 있다. 은파는 여기서 비우는 대상을 "교만과 늘 살아나는 자아"로 이해했다. 그래서 이것을 버리는 것을 비우는 것으로 이해했다. 그러므로 그는 "교만하여 늘 살아나는 자아를 죽임으로써 우리의 마음을 비워야 할 줄로 믿습니다"[18]라고 가르치고 있다.

은파는 이어서 우리 마음에서 늘 살아나는 것으로 "혈기, 낙심, 음욕, 원망, 시기"등이 올라오면 내리쳐서 비워야 한다고 말하고 있다. 이런 것을 다 비우면 주님이 채워 주신다고 강론한다.[19]

---

[17] 김삼환, 『명성교회 구역장 교육(1)』(서울: 도서출판 오직 주님, 1998), 207.
[18] Ibid., 210.
[19] Ibid.

은파는 빌립보서 2:6-8을 인용하면서 "예수님은 하나님의 아들 이셨지만 자기를 낮추고 죽기까지 복종하셨습니다. 이와 같이 우리도 겸손한 마음으로 자신을 낮추는 연습을 해야 합니다"라고 말한다.[20]

이처럼 은파는 겸손도 훈련이 필요함을 강조한다. 낮추는 연습을 해야 한다는 것이다. 은파는 겸손의 유익에 대해 다음과 같이 말한다. 자신이 낮아지면 시험에 빠질 일이 없고, 그래서 문제가 생기지 않는다고 한다. 마음을 낮추면 용서해 주는 것이 쉽고 남의 허물을 덮어 주는 것이 쉽고, 남을 잘 받들어 세워 주는 소중한 일을 잘 할 수 있다고 한다.

하나님 앞에서 가장 훌륭한 사람은 자신은 낮추고 남을 잘 받들어 주는 사람이라고 한다. 은파는 여기에 대해서 사도행전에 나오는 바나바를 예를 들어 설명한다. 바나바는 모든 사도들과 성도들이 바울의 회심을 의심하고 있을 때 바울을 사도들이 믿도록 세워주는 역할을 했다. 이것은 바나바의 남의 허물을 덮어주고 용서해 주고 세워주는 겸손에서 온 것이라는 것이다. 그러면서 은파는 겸손은 인생의 참 행복을 맛보게 한다고 말하고 있다.

> 우리는 마음을 비우고 낮추는 연습을 해야 합니다. 그래야만 하나님이 축복하실 때 참 행복을 맛볼 수 있습니다. 마음은 낮추면 낮출수록 행복이 커지고 높이면 높을수록 불만이 많

---

[20] Ibid.

아집니다. 그러므로 우리는 하나님 앞에서 '저는 세상에서 제일 부족합니다'라고 고백하는 삶이 되어야 합니다.[21]

은파는 내가 제일 부족하다는 정신으로 사는 것이 겸손이라고 보았고, 그리스도의 사랑을 실천하는 가장 귀한 도구가 겸손이라고 이해하였다. 겸손하지 않으면 마음에 평안도 없고, 눈에 드는 사람도 없고, 마음에 맞는 사람도 없다는 것이다. 마음에 교만이 가득 차 있기 때문에 내 마음에 다른 사람이 설 자리가 없다는 것이다. 그러므로 우리는 예수님의 이 모습을 본 받아야 한다면서 다음과 같이 설교한다.

> 예수님은 하나님이신데도 불구하고 이 땅에 인간의 몸으로 오시기까지 낮아지셨습니다. 그리고 일평생 병든 자와 가난한 자와 죄인들의 친구로 사시다가 죽기까지 우리를 사랑해 주셨습니다.[22]

예수님은 비우셨고 낮아지셨고 죽으셨다. 그리고 그 정신으로 낮은 자를 섬기셨다. 이것은 은파가 이해한 예수님의 겸손이고 이 정신을 성도들에게 가르치며 실행해 옮기기 위해 많은 노력을 했다. 은파의 겸손의 철학은 대한예수교장로회총회 제93회 총회장 설교에서 잘 나타나 있다. 그는 총회장이 되면서 총회의 표어를

---

[21] Ibid., 213.
[22] Ibid., 214.

"섬기며 삽시다"로 정했다. 그리고 그는 섬김에 대한 설교를 하는 중에 섬기기 위한 첫째 자격이 겸손이라는 것을 강조한다.

> 예수님의 삶은 섬기는 삶이었습니다. 제자들의 발을 씻기시며 섬김의 본을 보여 주셨습니다(요 13:14). 왕의 왕이신 예수 그리스도께서 죄인 된 우리 인간을 섬기러 오신 것입니다. 예수께서는 가장 낮은 자보다 더 낮아지셨습니다. 비천한 자들을 섬기셨을 뿐만 아니라 최후에는 십자가에서 생명까지 내어 주셨습니다.[23]

예수님의 섬김에는 가장 낮은 자보다 더 낮아지는 예수님의 겸손이 있습니다. 그래서 은파는 섬김과 겸손이 얼마나 밀접한 관계가 있는지에 대해서 다음과 같이 말한다.

> 어떻게 하면 섬길 수 있습니까?
> 섬김은 쉽게 행할 수 있는 일이 아닙니다. 종처럼 머슴처럼 낮아져야 가능한 것입니다. 섬기기 위해서는 낮아져야 합니다. 예수님께서는 낮은 보좌를 버리시고 자신을 낮추어 낮은 곳으로 오셨습니다. 우리도 주님처럼 세상의 낮은 자리로 내려가야 합니다. 섬기기 위해서는 겸손해야 합니다.
> 주님께서는 겸손으로 허리를 동이라고 말씀하셨습니다(벧전 5:5).

---

[23] 김삼환,『섬겨야 합니다(4-1권)』(서울: 실로암, 2011), 14-15.

겸손은 섬기는 자의 기본 자세입니다. 겸손히 주님을 섬기고, 이웃을 섬겨야 합니다. 종이 되고 머슴이 되어 섬겨야 합니다. 종이나 머슴에게는 오직 섬김만 있을 뿐입니다. 밤이나 낮이나 더울 때나 추울 때나 섬기기만 할 뿐입니다.[24]

은파는 단순히 성도들에게 겸손의 개념이나 설명하는 목회자가 아니라 주님의 겸손을 어떻게 사회와 국가에 그리고 교회에서 적용할 수 있는지를 가르친다. 그것은 낮은 자, 없는 자, 병든 자를 낮은 자세로 찾아가야 한다고 말하고 있다. 주님이 낮은 자세로 낮은 곳에 가셔서 섬기셨듯이 우리도 그렇게 하는 것이 겸손하게 사는 것이라는 것이다. 그러면서 은파는 총회 총대들에게 설교했다.

우리가 받은 이 큰 은혜를 이웃에게 나누어 주어야 합니다. 굶주리고 있는 북한 동포에게도 나누어 주고, 지구촌 곳곳에서 신음하고 있는 어려운 사람들에게도 나누어 주어야 합니다. 봉사와 섬김의 자세로 손을 넓게 펴서 이웃을 향하여 나누어 주어야 합니다.[25]

은파의 겸손은 예수님처럼 비우고 낮추고 죽이고 세상을 섬기는 것이다. 은파는 세상을 섬기는 데서 예수님의 겸손의 꽃을 피

---

[24] Ibid., 16-17.
[25] Ibid., 18.

우고 있다. 명성교회의 모든 사역은 이 겸손에 맞추어져 있음을 깨닫게 된다.

4. 예수님의 고난

예수님의 인내와 겸손 그리고 고난은 성육신하신 주님께 가장 큰 사역이자 하나님의 인간을 향한 가장 크고 위대한 사랑의 표현이다. 예수님은 자신이 고난 받으실 것을 사역 초기에는 숨기셨으나 베드로의 신앙고백을 들으신 후 처음으로 제자들에게 드러내 놓고 말씀하시며 가르치셨지만 다른 사람에게는 말하지 말라고 경고하셨다(막 8:27-32).

> 인자가 많은 고난을 받고 장로들과 대제사장들과 서기관들에게 버린바 되어 죽임을 당하고 사흘 만에 살아나야 할 것을 비로소 그들에게 가르치시되(막 8:31).

이 말씀을 하시고 며칠이 지난 후 갈릴리에서 제자들을 가르치시며 두 번째로 자신의 고난에 대해서 말씀하셨다.

> 인자가 사람들의 손에 넘겨져 죽임을 당하고 죽은 지 삼일 만에 살아나리라(막 9:31).

그렇지만 제자들은 예수님의 이 말씀을 깨닫지 못했다고 말씀하셨다. 세 번째로 주님은 예루살렘으로 올라가시면서 매우 결연한 자세로 가고 계셨기에 제자들은 놀랐고 따르는 자들 역시 두려워했다고 말씀하고 있다. 예수님은 이때 제자들을 따로 데리고 가셔서 자신의 고난에 대해 말씀하셨다(막 10:32-34).

누가는 선지자들을 통해 기록된 모든 것이 예수님을 통해 이루어질 것을 말하면서, 제자들이 예수님의 말씀을 들으면서도 전혀 깨닫지 못한 이유는 그 말씀이 감추어졌기 때문이라고 말씀하고 있다(눅 18:31-34). 이외에도 예수님은 암시적으로 자신의 고난과 죽음에 대해 여덟 번 더 말씀하셨음을 복음서는 기록하고 있다. 그 내용을 보면 간단히 살펴보면,

1) 예수님은 변화산에서 내려오시면서 "인자가 죽은 자 가운데서 살아날 때까지는 본 것을 아무에게도 이르지 말라"(막 9:9)고 말씀하셨다. 예수님은 여기서 자신의 고난과 죽음과 부활을 말씀하시고 있다.
2) 예수님은 자신이 오신 목적을 말씀하시면서 "자기 목숨을 많은 사람의 대속 제물로 주시기 위해서 오셨다"(막 10:45)고 말씀하셨다.
3) 예수님은 포도원 농부의 비유를 통해 농부들이 주인의 상속자를 잡아 죽인 사건을 말씀하신다. 예수님은 이 비유를 통해 자신이 고난 받고 죽으실 것을 예언하셨다. 그리고 예수님은 건축자들의 버린 돌이 모퉁이의 머릿돌이 될 것임을

예언한 것이 이루어진 사실이라고 말씀하셨다(막 12:1-11).

4) 성전을 헐라 그러면 사흘 동안에 일으키리라(요 2:19)고 말씀하시므로, 예수님은 성전된 자신의 몸이 찢기고 부셔져 죽게 될 것임을 예고하셨다. 그러나 제자들은 이 말씀을 부활하신 후에야 깨달았다.

5) 베다니 나병환자 시몬의 집에서 한 여인으로 부터 향유를 접대받았다. 이때 예수님은 "내 몸에 향유를 부어 내 장례를 미리 준비하였느니라"(막 14:8)고 말씀하시면서 자신의 죽음과 고난에 대해 말씀하셨다.

6) 예수님은 마지막 만찬에서 떡과 잔을 주시면서 자신의 몸이 찢기고 부셔질 것을 예고하시며 자신에게 고난이 올 것을 알고 계셨다(막 14:22-25).

7) 예수님은 자신의 이러한 고난이 성경 말씀을 이루시는 것으로 이해하셨다(막 14:21; 마 26:54).

8) 그러기 때문에 예수님은 잡히시는 것을 위해 제자들이나 천사들의 도움을 원하지 않으셨다(마 26:53).

공관복음서의 이런 말씀들은 예수님이 자신의 고난에 대해 알고 계셨으며 이것을 제자들에게 가르쳐 주셨다는 것이다. 그래서 예수님의 제자들은 배운 대로 "인자는 자기에 대하여 기록된 대로 간다"(막 14:21)는 말씀과 "그리스도가 이런 고난을 받고 자기의 영광에 들어가야 할 것이라(눅 24:26)고 하신 말씀을 기록하고 있다. 그리고 부활하신 주님은 엠마오 도상에서 제자들에게 모세와 선지자의 글로 시작하여 모든 성경에 쓴 바 자기에 관한 것을 자세히 설명해 주셨다고 말씀하고 있다(눅 24:27).

사도들 중에 예수님의 십자가와 고난에 대해서 가장 잘 이해하고 적용한 사람은 사도 바울이라고 할 수 있다. 바울은 예수 그리스도와 그가 십자가에 못 박히신 것 외에 아무 것도 알지 아니하기로 작정했다(고전 2:2)고 말했다. 그리고 바울은 십자가에 못 박혀 죽으신 예수님의 사건을 갈라디아서에서 다음과 같이 해석하고 있다.

> 그리스도께서 우리를 위하여 저주를 받은 바 되사 율법의 저주에서 우리를 속량하셨으니 기록된바 나무에 달린 자마다 저주 아래 있는 자라 하였음이라(갈 3:13).

그리고 바울은 예수님이 십자가에서 고난을 받으신 것은 "성경대로 우리 죄를 위하여 죽으시고 장사 지낸 바 되었다가 성경대로 다시 살아나셨다…"(고전 15:3, 4)고 말씀하고 있다. 바울은 이러한 이유로 이 세상에서 자랑할 것은 그리스도 십자가외에는 아무 것도 없다고 말씀하고 있다(갈 6:14).

베드로도 그의 첫 번째 편지에서 대속함을 받은 것은 "오직 흠 없고 점 없는 어린양 같은 그리스도의 보배로운 피로 된 것이니라"(벧전 1:17)고 했고, 하나님이 "그를 죽으신 자 가운데서 살리셨다"(벧전 1:21)고 말씀하고 있다. 이 간단한 말씀은 구약 시대에 어린양이 유대인들의 죄를 대속하기 위해 죽고 피를 흘렸듯이, 예수님이 대속적인 죽음을 당하셨다는 것을 말씀하고 있다. 대속적인 죽음에 대해서는 좀 더 구체적으로 "친히 나무에 달려 그 몸으로 우리 죄를 담당하셨다"고 말씀하고 있다. 이렇게 해서 베드로는 예수님의 고난과 죽음이 영혼을 깨끗하게 하였다(벧전 1:22)고 말씀한다.

그리고 베드로는 "그리스도께서 단번에 죄를 위하여 죽으사 의인으로서 불의 한자를 대신하여 죽으셨다"(벧전 3:18)고 말씀하고 있다. 베드로는 예수님의 고난에 대한 단어를 생략하고 있지만 어린양이 대속 제물이 되고 죄인을 위하여 단번에 죽으시는 사건은 모두 고난을 전제로 하고 있음을 기억해야 한다. 그러므로 베드로도 바울처럼 예수님의 고난을 가르치고 있고 그 고난은 구속과 연결되어 있음을 말씀하고 있다고 하겠다.

그러면 이제 은파는 자신의 설교와 삶에서 그리스도의 고난을 어떻게 이해하고 있었는지 살펴보고자 한다. 은파는 오직 주님 예수 그리스도께서 고난받으시고 죽으시고 부활하시는 이 사건은 하나님의 구원계획이었으며 하나님의 선물이었다고 가르친다.

하나님은 온 인류를 어떻게 구원하셨습니까? 하나님께서는 인류의 구원을 창세부터 계획하시고 이를 위해 그의 아들 예수 그리스도를 이 땅에 보내셨습니다. 우리를 위해 십자가를 짊어지게 하시고 십자가에 못 박혀 죽으시도록 모든 일을 계획하셨습니다. 이것이 성경 전체의 흐름입니다. 십자가를 모

르면 성경 전체를 알 수 없습니다.[26]

은파는 인류의 구원을 하나님이 계획하셨다고 말씀하시고 있다. 하나님이 그의 아들을 이 땅에 보내셨고 하나님이 우리를 위해 십자가를 짊어지게 하시고 십자가에 못 박혀 죽으시도록 모든 일을 계획하셨다는 것이다. 그리고 이것은 성경의 흐름이라고 주장한다. 은파는 십자가는 하나님의 사랑의 표현이라고 다음과 같이 가르친다.

> 십자가는 하나님의 가장 큰 사랑을 우리에게 보여 줍니다. 하나님의 사랑은 얼마나 크고 넓은지 말로 다 할 수 없습니다. 이 십자가를 통하여 우리를 죽기까지 사랑하시는 하나님의 크신 사랑을 경험하고 깨닫게 되는 것입니다. 우리를 얼마나 사랑하셨으면 독생자 아들을 죽으시면서 까지 우리를 위하여 희생하도록 하셨겠습니까?[27]

은파는 십자가를 통하여 하나님의 사랑을 경험하고 깨닫게 된다고 말한다. 왜냐하면 십자가는 하나님의 사랑을 우리에게 보여 주시기 때문이다. 그리고 그는 이 하나님의 사랑을 깨닫고 경험했던 사실을 다음과 같이 간증한다.

---

[26] 김삼환,『넘치는 감사』(서울: 실로암, 2010), 42-43.
[27] Ibid., 66.

늘 울어도 갚을 수 없는 주님의 은혜를 생각하며 저는 정말 많이 울었습니다. 가난해서 운 것이 아닙니다. 병이 들어서 운 것이 아닙니다. 환난 때문에, 고난 때문에 운 것이 아니라 십자가의 은혜를 깨닫고 무척이나 많이 울었습니다. 아마 한 양동이쯤 되는 눈물을 쏟았을 것입니다. 주님의 은혜가 너무 커서 몇 십 년을 계속 울었습니다. 저는 큰 교회의 목사가 되게 해 달라고 울며 기도하지 않았습니다. 아! 나 같은 사람을 어떻게 아시고 불러 주셨을까? 십자가에 달리셨을 때 얼마나 아프셨을까? 다 나를 위해서인데... 보혈의 은혜를 생각하며 울고 또 울었습니다.[28]

은파는 십자가의 고난을 이해하고 하나님의 사랑을 깨닫고 많은 눈물을 흘렸다고 고백하고 있다. 은파의 이런 고백은 주님의 고난이 우리를 대신해서 당하셨다는 말씀에 근거하고 있다(벧전 3:18). 그래서 은파는 다음과 같이 예수님이 우리를 대신하여 고난 당하셨다는 사실을 말하고 있다.

주님께서는 우리를 위해 이 땅위에 오셨습니다. 우리를 위해 십자가를 지시고 죽으셨습니다. 우리를 대신하여 무거운 죄 짐을 짊어지셨습니다. 우리를 대신하여 저주를 받으셨습니다. 우리를 대신하여 눈물을 흘리심으로 우리가 웃을 수 있게

---

[28] Ibid., 48-49.

되었습니다.

그가 십자가 위에서 "목마르다"고 하시므로 우리가 목마르지 않게 되었습니다.

"엘리 엘리 라마사박다니"(나의 하나님 나의 하나님 어찌하여 나를 버리셨나이까?)라고 하심으로 우리가 구원을 얻게 되었습니다.

"내 영혼을 아버지 손에 부탁하나이다"라고 하며 죽으심으로 우리가 살게 된 것입니다(눅 23:46).

예수 그리스도께서 이 엄청난 고통을 당하셨기에 오늘 우리가 놀라운 은혜를 받게 된 것입니다. 어린양이 고난을 당하므로 우리가 금생과 내생에서 영원한 은총을 받게 된 것입니다.[29]

은파는 이처럼 우리를 대신하여 고난 당하신 그 십자가에 대해서 가르치고 십자가는 우리 인간에게 무한한 자유를 주었다고 강론한다. 뿐만 아니라 십자가는 우리에게 자유를 주고 평화를 주고 우리 마음속에 있는 모든 악한 마음과 음란과 잔인함과 증오심을 버리게 하며 우리 마음에 십자가가 있을 때 이것이 가능하다고 주장한다.[30] 은파는 십자가는 우리를 승리의 길로 인도한다고 가르친다. 그리고 자신이 십자가를 강하게 붙드심으로 승리한 경험을 다음과 같이 말한다.

저는 어려서부터 교회에 다니면서 집안 어른들에게 많은 핍

---

[29] Ibid., 44-45.
[30] Ibid., 58.

박을 받았습니다. 외아들인데도 "예수를 믿기 때문에 제사를 지낼 수 없다"고 단호하게 말했습니다. 집안의 어른들과 아버지 앞에서 불효를 한 것입니다. 온 집안이 수군거리고 집안 어른들이 모두 책망했으나 제가 교인임을 알렸습니다. 그것 때문에 수없이 매도 맞았지만 끝까지 믿음을 지켰습니다. 적당하게 타협하지도, 십자가를 버리지도 않았습니다. 담대하게 십자가만 붙들면 최후 승리를 얻는 줄 믿습니다.[31]

은파는 특별히 불신 집안에서 제사 문제로 집안 어른들로부터 많은 핍박을 받았으나 십자가를 붙드는 믿음으로 승리했다고 증언하고 있다. 십자가는 승리의 상징이다. 은파는 바울처럼 이러한 십자가를 자랑하며 전해야 한다고 성도들에게 다음과 같이 권면한다.

십자가보다 더 귀한 것은 없습니다. 갈라디아 6:14에 보면 "그러나 내게는 우리 주 예수 그리스도의 십자가외에 결코 자랑할 것이 없으니..."라고 말씀하고 있습니다. 사도 바울은 자랑할 것이 많은 사람이었습니다. 그러나 십자가의 은혜를 받고 부터는 오직 십자가만 자랑하겠다고 말했습니다.[32]

은파는 여기서 이 세상에서 가장 귀한 것은 십자가이며 그러

---

[31] Ibid., 56-57.
[32] Ibid., 43.

므로 자랑할 것은 십자가밖에 없다는 바울의 가르침을 전적으로 동의한다. 그리고 성도들의 자랑할 것은 예수님의 십자가가 되어야 하고 십자가의 자랑을 생활화하도록 다음과 같이 설교한다.

> 누가 우리를 위하여 이런 일을 할 수 있겠습니까?
> 이제는 우리를 위하여 죽으시고 고통당하신 주님의 십자가를 사랑하며 살아야 합니다. 늘 감사하며 살아야 합니다. 십자가를 자랑하며, 십자가를 증거하며, 십자가를 찬양하며 살아갈 때에 우리는 승리할 수 있습니다. 어떤 환난을 당해도 십자가를 보면 다 참을 수 있고 어떤 억울한 일을 당해도 십자가를 보면 이겨낼 수 있습니다. 예수님은 전혀 죄가 없는데도 죄인처럼 돌아가셨습니다. 십자가를 보면 억울한 일도 없어집니다. 불평과 불만도 없어집니다. 성도는 무슨 일을 만나든지 항상 십자가를 바라보아야 합니다.[33]

은파는 위의 설교에서 십자가를 생활화하는 것으로 세 가지를 제시하고 있음을 볼 수 있다.

첫째, 십자가를 사랑하며 감사하며 찬양하며 증거하는 것이다.

둘째, 어떤 환난이 와도 인내하며 승리하는 것이다.

셋째, 어떤 환난을 당하고 억울한 일을 당해도 불평과 불만을 하지 않고 십자가를 바라보며 견디는 것이다.

---

[33] Ibid., 45-46.

이것이 십자가를 사랑하며 생활화하는 것이다. 은파의 예수 그리스도의 고난과 십자가는 사도들이 가르쳐 준 말씀과 다를 바 없다. 은파는 성경의 십자가와 고난을 정확히 이해하고 십자가의 신학을 성도들의 삶에 까지 접목시켜 주는 목회자임을 알 수 있다.

5. 속죄의 주님

그러면 예수님께서 의도적으로 그가 택하신 그의 고난과 죽음이 영적으로 어떤 의미가 있는지 성경적 입장에서 살펴보고 은파는 어떻게 이해하고 설교했는지 간단하게 살펴보고자 한다.

구약성경은 하나님께서 모세를 통하여 여러 제사 제도(번제, 소제, 화목제, 속죄제, 속건제)를 만드시고 각종 제물을 드리게 하셨다. 이 제물에는 곡물도 있지만 특별히 죄를 속하는 제사는 피를 흘리는 짐승을 제물로 드리도록 하셨다. 왜냐하면 생명은 피에 있고 생명과 동일한 가치가 있는 그 피(레 17:14)를 제단에 뿌리므로 속죄가 이루어지도록 하나님이 정해 놓으셨기 때문이다. 이 말씀은 레위기 17:11에 근거하고 있다.

> 육체의 생명은 피에 있음이라 내가 이 피를 너희에게 주어 제단에 뿌려 너희의 생명을 위하여 속죄하게 하였나니 생명이 피에 있으므로 피가 죄를 속하느니라(레 17:11).

이 말씀이 우리에게 가르쳐 주시는 것은 하나님은 생명과 동일한 가치가 있는 피를 제물로 받으시지만 그 피를 하나님이 예비해 주셨다고 말씀하고 있다. 이것은 아브라함이 모리아 산에서 이삭을 드리려고 했을 때 하나님께서 숫양을 제물로 준비해 두신 것과 같다(창 22:13). 그런데 중요한 것은 히브리서에서 말씀하시는 "이는 황소와 염소의 피가 죄를 없이하지 못한다"(히 10:7)는 것이다.

하나님은 죄를 속죄하기 위해서 속죄제 제도를 만드셨지만 이것은 죄를 온전히 사할 수 없다. 단지 이 제사는 오실 그리스도의 그림자에 불과하다. 주님이 오시게 될 그 때는 하나님이 제사와 제물을 기뻐하시지도 않을 것이고 짐승의 피를 흘리는 제사를 요구하시지도 않을 것이다. 이 사실을 이미 시편 40:6에 예언하고 계신다. 그 이유는 구약의 제사는 예수 그리스도의 죽음과 피를 예시하는 그림자일 뿐이기 때문이다.

사람의 생명은 온 천하보다 더 귀하다. 그런데 짐승의 피로 사람의 피인 생명을 속죄한다는 것은 대신 혹은 대리의 원칙에 어긋난다. 사람의 피와 생명에 맞먹는 제물이 필요하다. 하나님이 보내신 독생자 예수는 흠이 없는 피이고 흠이 없는 생명이다. 예수님의 피와 생명은 죄가 있는 사람의 생명이나 피보다 더 가치가 있다.

그러므로 예수님의 피와 생명만이 사람의 생명을 대신하는 가장 좋은 양질의 속죄 제물이 될 수 있다. 여기에 대해서 히브리서 기자는 "황소와 염소의 피가 능히 죄를 없이하지 못하리라"(히 10:5)고 하셨다. 그러므로 결국 베드로 사도가 말한 것처럼 "오직 흠 없고 점 없는 어린 양 같은 그리스도의 보배로운 피"(벧전 1:19) 만이 인간의 죄를 대신할 수 있다고 하겠다. 이러한 성경을 배경으로 은파는 오직 예수님만이 우리의 죄를 그의 피로 깨끗하게 하시는 주님이라고 가르치고 있다.

> 누가 우리의 죄를 깨끗하게 할 수 있습니까? 예수님만이 깨끗하게 하실 수 있습니다. 예수의 보혈, 주의 보혈로 깨끗하게 하시는 것입니다. "하물며 영원하신 성령으로 말미암아 흠 없는 자기를 하나님께 드린 그리스도의 피가 어찌 너희 양심으로 죽은 행실에서 깨끗하게 하고 살아계신 하나님을 섬기게 못하겠느뇨"(히 9:14). 주의 보혈은 죄를 깨끗하게 하는 능력이 있습니다. 모든 부정한 것들을 눈보다 희고 정결하게 만드는 것입니다.[34]

이렇게 은파는 오직 예수 그리스도의 보혈만이 우리의 죄를 속죄할 수 있고, 깨끗하게 할 수 있다고 가르친다. 그리고 은파는 설교하면서 우리의 힘과 의나 공로로는 영원히 구원 문제를 해결할 수 없다면서 주 예수 그리스도께 나오도록 초청한다.

> 하나님은 모든 죄 짐을 예수 그리스도에게 맡기셨습니다. 우리는 전적으로 타락한 자요, 마귀에게 속한 자들입니다. 우리

---

[34] 김삼환, 『세상을 이기는 삶』, 80.

스스로는 아무것도 해결할 수 없습니다. 오직 주 예수 그리스도만이 우리의 짐을 져 주시고 모든 문제를 해결하십니다. "수고하고 무거운 짐 진 자들아 다 내게로 오라 내가 너희를 쉬게 하리라"(마 11:28).
어른이나 아이나 누구든지 문제가 있거든 예수님께로 오라는 것입니다. 무거운 짐을 진 자도, 주린 자도 모두 오라고 하셨습니다.[35]

기독교는 그 존재의 이유와 사명이 사람을 예수님께로 인도해서 용서함 받도록 돕고 하나님의 자녀가 되도록 돕는 데 있다. 은파는 설교를 통해 이 사명을 충실히 감당하는 모습을 보여 주고 있다. 성경은 죄인이 속죄되어 하나님의 자녀가 되는 결과를 네 가지를 비유적으로 설명하고 있어 혼돈하지 않기 위하여 간단히 정리하면 다음과 같다.

첫째, 화목하게 된다(롬 3:25).

이 말은 예수님의 대속적인 죽음을 통해 인간의 죄는 속하여졌고 인간이 지은 죄로 인해 생긴 하나님의 노가 풀리셨다는 것을 뜻하고 있다. 이 화목은 성전을 중심으로 사용했던 단어이다.

둘째, 구속받는다.

이것은 죄인이 예수 그리스도의 보혈로 속함을 받는 것과 관련이 있으며 이것은 노예가 해방되고 자유를 갖는 것과 연계되어

---

[35] Ibid., 85-86.

있다. 노예가 해방되기 위해서는 속전이 필요하고 이 속전을 예수 그리스도가 지불해 주셨다고 한다(딤전 2:6).

셋째, 칭의가 주어진다(롬 3:22).

하나님은 예수님을 믿는 사람을 "의롭다"고 인쳐주신다. 이것은 믿는 자의 믿음이 위대해서가 아니라 믿음의 대상인 예수 그리스도를 보시고 믿는 자를 의롭다고 인쳐주시는 것이다. 하나님이 은혜와 자비로 죄가 있는 자를 죄가 없는 자로 보시고 간주해 주신다는 뜻이다.

넷째, 화해하게 된다(롬 5:10).

화해는 관계를 회복한다는 뜻이다. 예수 그리스도를 통하여 하나님과의 관계를 회복하는 것이다. 죄가 속해지고 용서함을 받았다고 해서 다 되는 것이 아니다. 하나님과의 관계가 회복되어야 하나님이 주시는 은혜와 사랑을 기쁨으로 누릴 수 있다. 이 관계가 예수님의 속죄의 은혜로 회복되었다.

위의 네 가지의 용어는 예수를 믿는 믿음으로 속죄를 받고 하나님의 자녀가 된 자의 지위가 회복되었음을 화해와 구속과 칭의와 화목이라는 용어를 사용하여 하나님의 자녀들이 이해하기 쉽게 설명하고 있다고 할 수 있다.

6. 예수님의 승리

예수님의 승리는 오직 주님 연구에 있어서 가장 중요한 주제

중에 하나다. 예수님의 승리는 부활과 승천 그리고 재림에서 완성된다. 그러나 승리는 고난과 죽음을 빼놓고는 논할 수 없다. 그러므로 예수님은 제자들에게 고난과 죽음 그리고 부활과 재림을 함께 말씀하셨다. 그러므로 예수님의 승리가 무엇이며 그것이 어떤 의미가 있으며, 그리고 예수님의 승리가 우리의 삶에 어떤 영향을 주고 있는지 살펴볼 것이다.

또한 은파가 예수님의 승리에 대해 어떻게 설교했는지 함께 살필 것이다.

그러면 예수님이 승리하셨다면 예수님은 누구와 싸우셨는가? 누가 예수님을 공격했으며 누가 예수님을 죽이려 했는가?

창세기 3:15에 보면 예수님은 이미 뱀과의 싸움에서 승리가 예정되어 있었다. 여기서 뱀은 사단이고, 여자의 후손은 예수 그리스도이다. 하나님은 여자의 후손을 이 세상에 보내시기 위해 아브라함을 택하셔서 선민으로 기르셨지만, 다양한 사단의 계략으로 많은 공격을 받았다. 아브라함은 약속의 자녀가 아닌 여종의 자녀에게 유업을 주려고 유혹을 받았을 때, 하나님은 여종과 그 자녀를 내쫓으라고 말씀하셨다(갈 4:21-31).

왜냐하면 사라의 자녀만이 약속의 자녀이고(롬 9:7-9), 그 계보에서 메시아가 탄생하실 것이기 때문이다. 하나님은 아브라함이 약속의 자녀를 기다리지 못하고 곁길로 가려는 사단의 유혹을 꺾으셨다.

하나님은 계속해서 아브라함의 후손인 다윗을 통해 메시아의 계보를 이어 가시기를 원하셨다(삼하 7:16). 다윗 왕의 계보를 보면,

많은 사단의 공격으로 그 계보가 끊어질 위기가 많이 있었음에도 하나님께서 그 계보를 이어 가셨다. 특히 유다 왕 아하시야의 어머니 아달랴는 이스라엘 왕 아합의 집의 악한 길을 그의 아들에게 가르치고, 그 길을 걷게 하여 여호와 앞에 악을 행하게 하였다.

결과적으로 아하시야는 하나님이 기름을 부은 예후의 손에 죽임을 당했다. 이 때 아달랴는 유다 집의 왕국의 씨를 모두 진멸하려고 시도했다. 그러나 이 때 제사장 여호야다의 아내 여호사브앗이 요아스를 감추어 6년을 성전에서 길러서 왕의 계보를 이어가게 했다(대하 22:10-23:15).

아달랴의 계략은 다윗의 왕가를 멸하여 메시아의 계보를 끊으려는 사단의 계략이었다. 사단은 아기 예수를 죽이기 위해 예수님이 탄생하셨던 베들레헴과 그 지경 안에 있는 두 살 아래의 모든 아이를 바로의 칼로 죽였다. 예수님은 이미 하나님의 인도로 애굽으로 피하셨다. 결국 예수님은 십자가에서 고난을 받으시며 죽으신지 사흘 만에 부활하셨다. 이것은 하나님이 예정하셨던 사단의 머리를 밟으시며 싸우셨고 부활로 승리하셨다는 사실을 가르쳐 주시는 것이다. 그러므로 예수님의 싸움의 대상은 사단이다. 은파는 이런 성경적 기초를 통해 성도들이 쉽게 이해할 수 있도록 다음과 같이 설교한다.

인간의 힘으로는 이 세상을 이기는 길이 전혀 없습니다. 공중의 권세 잡은 마귀가 지배하는 이 땅을 누가 이길 수 있습니까? 사단에게 매여 있고, 죄에 매여 있는 우리 인간은 스스로는 승리할 수 없는 것입니다. 그러나 세상을 이기신 분이 있습니다. 하나님의 아들 예수 그리스도께서 이 세상을 이기셨습니다. 예수님만이 승리의 왕이 되신 것입니다. 그렇습니다! 예수님께서 이기셨습니다. 예수님은 이 땅에 왜 오셨습니까? 원수 마귀, 모든 인류의 대적을 물리치려고 오셨습니다. 그래서 주님은 이 땅에 오실 때 우리를 위하여 십자가를 지려고 이미 작정하고 오신 것입니다. 계획하고 오신 것입니다. 예수님은 하나님의 계획을 아시고 순종하므로 죽으려고 이 땅에 오신 것입니다. 예수님은 이 땅에 오셔서 십자가를 지심으로 마귀와의 싸움을 승리로 이끄셨습니다(롬 6:10; 히 7:27; 9:12, 28; 10:10). 단 한 번의 제물이 되심으로써 예수님은 영원한 속죄를 이루신 것입니다. 한 번의 십자가를 지심으로 우리의 죄를 다 사하시고 모든 계획을 단번에 이루셨습니다.[36]

은파는 위의 설교에서 우리 인간의 싸움의 대상은 공중의 권세 잡은 마귀임을 분명히 밝힌다. 인간은 공중의 권세를 잡은 마귀를 이길 수 없다. 예수 그리스도를 통해서만이 승리할 수 있다고 설교한다. 그리고 예수님은 원수 마귀를 이기고 우리 인간의 속죄와 마귀로부터의 승리를 위해 오셨다고 강조한다. 그래서 은파는 예수님이 우리의 죄를 위해 십자가에서 고난을 당하시고 죽으시고 부활하여 승리하셨음에 대해 다음과 같이 설교한다.

---

[36] 김삼환, 『세상을 이기는 삶』, 75-76.

하나님은 왜 그 아들 예수 그리스도를 이 땅에 보내셨습니까? 인간의 힘으로는 죄를 용서 받을 길이 없기 때문입니다. 그러므로 죄 없는 예수 그리스도를 인간의 몸으로 보내셔서 우리 죄를 대신하여 죽게 하셨습니다. 죄인을 건지기 위하여 죄 없는 분을 희생시키신 것입니다. 죄도 없는 분을 십자가에 못 박아 죽였습니다. 그렇습니다!
예수님은 죄를 알지도 못하신 분임에도 우리 때문에 죄의 옷을 입고 죄인을 처형하는 십자가에서 죽음을 당하신 것입니다.[37]

그러면 예수님의 죽음과 부활의 승리가 어떻게 나에게 영향을 줄 수 있는가?

은파는 이것을 고민한다.

그리고 묻는다.

"우리가 승리하기 위해 할 일이 무엇인가?"[38]

은파는 여기에 대한 답을 제시한다. 즉 예수님의 승리가 우리의 삶속에서 적용되도록 하기 위해 다음과 같이 몇 가지를 제시한다.

첫째, 오직 예수를 믿어야 한다는 것이다.

하나님의 아들 예수 그리스도를 믿는 것 밖에는 승리의 길이 없습니다. 구원과 승리가 예수 그리스도에게 있으므로 우리

---

[37] Ibid., 84.
[38] Ibid., 96.

가 사는 길도 오직 하나 그를 믿는 방법 외에는 없습니다.³⁹

그리고 은파는 여기에 대한 성경을 제시하면서 더욱 확신을 갖도록 한다.

> 대저 하나님께로 난자마다 세상을 이기느니라 세상을 이긴 이김은 이것이니 우리의 믿음이니라 예수께서 하나님의 아들을 믿는 자가 아니면 세상을 이기는 자가 누구냐?(요일 5:4-5)

이 말씀대로 예수를 믿는 자가 세상을 이기고 승리한다는 사실을 다음과 같이 더욱 강조한다.

> 그 아들을 통해서만 하나님의 부유하심이 우리에게 전달되는 것입니다. 모든 문제가 아들을 통해서 완성됩니다. 아들을 믿는 것보다 더 귀한 것이 있을 수 없고 아들을 믿는 것보다 하나님을 기쁘시게 하는 길도 없습니다. 하나님은 그 아들을 통해 우리 문제를 해결하십니다. 우리가 아들과 함께할 때 모든 죄도 불의도 관대하게 사함을 받을 수 있습니다. 아들을 믿는 자에게 하나님께서 전적으로 사랑과 은혜를 베풀어 주시는 것입니다.⁴⁰

---

[39] Ibid., 96.
[40] Ibid., 98-99.

은파는 하나님이 인간의 문제를 해결해 주실 때 예수님을 믿는 믿음을 보시고 해결해 주시므로 예수님을 믿어야 한다는 사실을 강조했다.

둘째, 은혜를 받아야 한다고 강조한다.

그 이유는 믿음으로 구원은 받지만 은혜를 받아야 우리의 삶에서 승리의 삶을 살 수 있기 때문이라는 것이다. 사람이 부모를 통해 이 세상에 오지만 부모의 돌보심과 사랑으로 부모의 집안에서 자라야 하듯이 예수를 믿는 믿음으로 하나님의 자녀가 된 영의 자녀들은 하나님 아버지의 도움과 보살핌을 받아야 한다. 죄인이 예수님을 믿고 하나님의 자녀가 되어 하나님을 아버지라 부르고 그의 도우심을 받는 것은 하나님의 은혜이다. 이 도우심의 은혜가 우리를 우리의 삶속에서 승리하게 한다는 것이다.

> 사고, 질병 등 이 세상에는 우리를 부끄럽게 하는 환난이 너무나 많습니다. 그러나 예수를 믿으면 일생 동안 부끄러움이 없습니다. 왜 그렇습니까? 하나님의 아들이 우리의 부끄러움을 가려 주시고 우리가 부끄러움을 당하지 않도록 미리 막아 주고 보호해 주시기 때문입니다.[41]

은파는 하나님이 보호하심을 통한 은혜로 사고와 질병과 같은 환난과 부끄러움 모든 것으로부터 도움을 받는다고 주장한다. 이

---

[41] Ibid., 100.

러한 삶을 통해 성도는 성장하는 것이다. 그리고 은파는 승리의 삶을 위해서 예수님의 공로를 의지해야 한다고 권한다. 승리의 삶이 계명을 지키는 데 있는 것이 아니라 예수님의 공로를 의지하고 믿는 것이라는 것이다. 예수님은 우리 모든 사람에게 도움을 주시고 인도하시고 함께하시며 승리케 하시는 분이시기 때문에 예수님이 이 세상에서 가장 귀한 분이라고 다음과 같이 말씀하고 있다.

> 성경은 이 세상에서 가장 귀한 것은 우리 주 예수 그리스도라고 말씀하고 있습니다. 한 평생을 살아가면서 부모에게나 자녀에게나 아내에게나 어른에게나 아이에게나 높은 사람, 낮은 사람, 있는 사람, 없는 사람 할 것 없이 우리 인간에게 가장 귀한 것은 예수 그리스도 한 분이십니다. 그분이 우리를 도와주십니다. 그분이 우리의 길을 인도하여 주십니다. 그분이 함께하셔야 우리가 언제나 승리할 수 있습니다.[42]

우리가 이러한 승리의 삶을 살 수 있도록 하기 위해서 우리가 할 일은 아무것도 없다. 우리는 예수님과 함께 있으면 된다는 것이 은파의 주장이다. 그러므로 은파는 우리는 이 세상에서 가장 귀한 분 오직 주님 예수 그리스도를 믿으면 되고, 이것이 은혜라는 것이다. 이 은혜는 하나님이 우리에게 주시는 선물이다.

은파는 이 사실을 다음과 같이 확실히 강조한다.

---

42 김삼환,『주님보다 귀한 것은 없네』(서울: 실로암, 1996), 13.

오직 한 가지 계명으로 모든 계명을 다 이루는 길을 하나님께서 열어 주셨습니다. 그것은 예수 그리스도를 믿는 믿음입니다. 하나님의 아들을 믿음으로써 모든 계명을 다 지키게 되는 것입니다.[43]

예수 그리스도의 고난과 죽음은 우리가 하나님의 자녀가 되기 위해서 할 일을 하나도 없게 하셨다. 오직 예수 그리스도를 믿으면 모든 것이 다 되도록 하셨다. 그러므로 인간은 예수 그리스도의 십자가의 공로를 의지할 때 승리의 삶을 살 수 있다.

셋째, 예수님과의 교제를 강조한다.

은파는 우리가 계속 승리하기 위해서는 예수님과의 교제하게 하시는 관계를 잘 유지해야 됨을 강조한다. 이것은 하나님이 예수를 믿고 구원받은 자녀들에게 요구하신 사항이라는 것을 은파는 고린도전서 1:19을 예를 들어 설명한다.

"너희를 불러 그의 아들 예수 그리스도 우리 주로 더불어 교제케 하시는 하나님은 미쁘시도다"(고전 1:9). 여러분도 자녀가 좋은 친구와 사귀는 것을 바랄 것입니다. 저도 우리 아이들이 어떤 친구를 사귀는지 관심이 많습니다. 하나님께서도 여러분이 하나님의 아들 예수 그리스도와 사귀는 것을 기뻐하시는 줄 믿습니다.[44]

---

[43] 김삼환, 『세상을 이기는 삶』, 101.
[44] Ibid., 102.

은파는 예수님과의 지속적인 사귐은 우리가 하나님 앞에 나가는 길이 열리고 하나님 앞에 의로움으로 거룩함으로 설 수 있는 길이 있다고 말한다. 그 이유는 예수 한 분만이 하나님과 사람 사이의 중보는 한 분 예수 그리스도 밖에 없기 때문이라는 것이다.

> 중보자는 한 분밖에 없습니다. 하나님 앞에 나가는 길, 전능하신 하나님 앞에 설 수 있는 길은 하나 밖에 없는 것입니다. 그러므로 그의 아들 예수 그리스도를 통해서 하나님 앞에 설 때에는 두려움으로 서는 것이 아니라 의로움으로 거룩하므로 서게 되는 줄 믿습니다.[45]

은파의 관심은 어떻게 하면 많은 사람들이 예수님의 승리의 혜택을 받을 수 있는가에 있다. 은파는 예수님의 승리에 동참하기 위해서는 예수님을 나의 구주로 영접하고 하나님의 은혜를 받아야 한다고 강조한다. 그리고 하나님과 사람 사이의 중보자도 한 분 오직 주님 예수 그리스도 밖에 없으므로 예수님을 통해서 하나님 앞에 두려움 없이 의와 거룩으로 서게 된다고 가르친다. 은파의 오직 주님은 영광의 하나님이시고 승리의 하나님이시다.

은파의 오직 주님은 인간으로 이 세상에 오신 하나님의 아들 예수 그리스도이시다. 예수님은 이 세상에 오셔서 하나님의 말씀과 뜻에 순종하신, 십자가에서 죽기까지의 모든 과정에서 인내하

---

[45] Ibid., 103.

신 겸손하신 주님이다. 은파의 주님이신 예수 그리스도는 부활하시고 승천하신 주님이시다. 그리고 재림하실 주님이시다.

제5장

나의 주님 사랑의 하나님

    은파의 오직 주님은 천지를 창조하신 만물의 하나님이시다. 오직 주님은 천지의 모든 것을 주관하시고 관리하시고 통치하신다. 은파의 오직 주님은 교회를 세우신 교회의 하나님이시다. 주님은 교회의 주인이시고 교회를 관리하시고 경영하시는 분이다.
    오직 주님은 교회를 위해 죽기까지 자신을 희생하시고 교회를 섬기신 주님이시다.
    은파의 오직 주님은 나의 하나님이시다.
    나의 하나님은 치료의 하나님이시고 축복을 해 주시는 축복의 하나님이시고 은혜를 주시는 은혜의 주님이시고, 부르시고, 사명을 주시고, 소망을 주시고, 소망 자체가 되시는 하나님이시다.
    은파의 오직 주님, 예수 그리스도의 영광은 하나님에 대한 순종과 지상의 삶 속에서 부딪치는 인내와 고난 그리고 그런 힘든 삶에서도 겸손히 자신의 사명을 승리로 감당하셨던 그 결과로 주어진 것이었다. 그래서 앞장에서는 주님의 순종과 인내와 겸손 그리고 예수님의 승리에 대해 살펴보았다.

본 장에서는 주님의 사랑에 대해 살필 것이다. 예수님은 하나님의 사랑 자체이시고 하나님의 사랑을 보여 주신 분이다. 하나님은 사랑이시다(요일 4:7, 8). 주님의 사랑은 여러 가지로 표현할 수 있고 주님이 이 세상에서 하시는 모든 것은 사랑 자체라고도 할 수 있다. 그러므로 예수님의 사랑을 가장 강력하게 표현할 수 있는 주님과의 대화, 주님과의 동행, 주님이 주시는 평강 그리고 주님의 책임과 보호에 대해 살피고자 한다.

1. 대화의 주님

대화란 인격자 간의 마음과 사상을 서로 나누는 것이다. 대화는 삶의 일부이다. 대화 없이는 관계도 형성할 수 없고 대화 없이는 생산적인 삶도 살 수 없다. 은파가 믿는 하나님은 인간을 먼저 찾아오셔서 대화를 시작하셨다. 아담이 타락하기 전에도 타락한 후에도 먼저 하나님이 찾아 오셨다. 그리고 대화를 시작해 주셨다 (창 2:16-18; 3:8-24). 여기에 대해 은파는 다음과 같이 설교한다.

> 하나님께서 다시 우리 인간을 향하여 대화의 문을 여신 것이 아브라함을 통해서입니다. 아브라함에게 하나님께서 말씀하셨습니다. 아브라함은 그 말씀을 귀 기울여 듣고 하나님께서 말씀하신 그대로 믿었습니다. 그리고 하나님의 말씀대로 순종하며 살았습니다. 하나님께서 그런 아브라함을 사랑하셨습니다. 아브라함의 혈통을 귀히 여기사 그 백성에게 율법을 주시고 또 그 자손을 통하여 메시아를 보내 주셨습니다.
> 하나님의 아들로 오신 우리 주 예수 그리스도는 유대인에게만 열려 있던 하나님과의 대화의 문을 온 인류에게 활짝 열어 주셨습니다. 이제는 누구든지 예수님을 통해 하나님과 대화하도록 만들어주셨습니다.
> 이것이 그리스도로 말미암아 우리에게 주신 최고의 축복입

니다.¹

은파는 하나님은 아담과 하와를 통해서 막힌 대화를 아브라함을 통해 시작하시고 예수 그리스도께 와서는 온 인류와 대화할 수 있는 길을 열어 주셨기에, 이것은 우리가 하나님께로부터 받은 최고의 축복이라고 말하고 있다.

이런 면에서 기독교는 대화의 종교다. 하나님이 꾸준히 인간을 찾아 오셔서 대화를 하시며 자신의 뜻을 계시하시고, 자신의 백성을 인도해 주셨다. 예수님은 이 세상에 오셔서 제자들과 대화를 나누시며, 가르치시며, 위로해 주시고, 격려해 주시고, 사명을 주셨다.

대화는 중요하다. 주님은 이 대화를 꾸준히 유지하기 위해 기도를 가르쳐 주셨고 기도하는 사람²은 주님이 주신 사명과 자신의 삶을 그분의 뜻대로 살고 있다. 은파도 기도를 다음과 같이 대화라고 정의한다.

> 기도는 하나님 앞에서 하는 대화입니다. 기도란 말의 원래의 뜻이 대화인 것입니다. 그래서 다른 종교에서도 다 기도하지만 실질적인 기도는 기독교의 기도가 참 기도인 것입니다. 왜냐하면 만남이 있기 때문입니다. 내가 영적으로 하나님과 만나는 것입니다. 다른 종교에서는 인격적인 만남이 없고 커뮤

---

1 김삼환,『주님보다 귀한 것은 없네』(서울 : 실로암, 2004), 89.
2 김삼환,『새벽 눈물』(서울: 교회성장연구소, 2006), 44.

니케이션이 없습니다.³

대화는 인격자와의 소통이며 만남이다. 은파가 기도를 대화라고 했을 때는 인격적인 만남을 전제로 하고 있음을 알 수 있다. 이 만남은 또 사귐이 포함되어 있음을 알 수 있다. 그래서 기도하는 성도들은 "생활 속에서 매 순간마다 하나님과 사귐으로써 기도의 생활이 잘 이루어지고 있는지 점검할 필요가 있다"⁴ 라고 권고한다.

이런 면에서 기도를 통해 사귐이 이루어지고 이 사귐을 통해 주님의 사랑을 받는 체험하기 때문에 사랑과 대화의 기본이 되는 은파의 기도에 관해 살필 필요가 있다. 그러므로 먼저 주님이 가르쳐 주신 기도와 사도들이 가르쳐 준 기도에 대해서 성경을 배경으로 언급을 한 후 은파가 이 내용을 어떻게 목회에 적용했는지를 살피고자 한다.

1) 예수님의 기도생활

주님은 하나님께 기도하셨다. 주님은 습관적으로 감람산에서 기도하셨다(눅 22:39). 예수님은 새벽에 기도하셨다(막 1:35). 예수님은 제자들을 부르시기 전에 온 밤을 세우며 기도하셨다(눅 6:12). 예수님은 산에서 기도하셨다(마 14:23; 눅 6:12; 9:28) 예수님은 한적한 곳에서 기도하셨다(눅 5:16; 막 1:35). 예수님은 큰일을 앞두고 기도하셨다(눅 6:12; 눅 22:39). 예수님은 세례 요한이 살해되었다는 슬

---

3   Ibid., 45.
4   Ibid.

제5장 나의 주님 사랑의 하나님

푼 소식을 들은 후 기도하셨다(마 14:13). 예수님은 십자가 사건을 앞에 두고 겟세마네 동산에서 밤새 기도하셨다(막 14:32-42).

마지막으로 예수님은 십자가 위에서 숨을 거두시는 마지막 순간까지 아버지 하나님과 대화를 나누셨다(눅 23:46). 그 외에도 예수께서 많은 기도를 하셨음이 성경에 기록되어 있다. 기도를 대화라고 할 때 예수님은 하나님과 꾸준하며 지속적인 대화를 통해 사랑을 나누시면서 지상에서의 모든 사역을 감당하셨다. 은파는 예수님의 기도에 대해 다음과 같이 말했다.

> 주님께서는 제자들에게 그리고 우리들에게 다른 무엇보다도 기도만큼은 철저하게 강조하셨습니다. 그러므로 기도하는 삶은 예수님을 따르는 삶입니다. 기도하는 삶은 악한 시대에 악과 싸워 이기고 승리할 수 있는 창과 방패입니다. 주님은 언제나 기도를 떠나서 계시지 않았습니다. 능히 하실 수 있음에도 항상 기도하셨습니다.[5]

은파는 예수께서 항상 기도하시면서 사역을 하셨고 기도를 떠나 계시지도 않았다고 말한다. 능히 하실 수 있음에도 항상 기도하셨다고 강조한다. 그러므로 예수님을 따르는 삶은 기도의 삶이기에 예수님은 제자들에게도 기도를 강조하셨다고 증언한다.

---

5 김삼환, 『새벽 눈물』, 66.

2) 사도들의 기도생활

이처럼 예수님의 기도생활 모습을 통해 기도에 대한 훈련을 받은 제자들도 기도하면서 자신들의 사명을 감당했던 모습을 볼 수 있다. 제자들은 예수님이 승천하신 후에 제일 먼저 모여서 한 일이 마음을 같이하여 오로지 기도에 힘쓴 것이다(행 1:14). 그들은 가룟 유다 대신 맛디아를 뽑을 때도 기도했다(행 1:24).

그리고 초대 교회는 사도의 가르침을 받으며 기도하기를 힘썼다(행 2:42). 베드로와 야고보와 요한은 일상적인 기도시간에 기도하기 위해 성전에 올라갔다(행 3:1). 그리고 교회도 사도들을 위해 기도했다(행 4:23-31).

사도들은 교회에 일곱 일꾼을 뽑으면서 "우리는 오로지 기도하는 일과 말씀사역에 힘쓰리라"(행 6:4)고 다짐했다. 사도행전에는 기도하며 성령의 인도를 받으며 복음을 전하며 교회를 개척하는 하나님의 사역이 기록되어 있다. 사도 바울은 데살로니가교회에 보낸 서신에서 "쉬지 말고 기도하라"(살전 5:17)고 말씀하셨다.

그리고 그의 제자 디모데에게 권하는 첫 번째 말씀이 "모든 사람을 위하여 간구(request)와 기도(prayer)와 도고(intercession)"(딤전 2:1)를 하라고 권면한다. 야고보는 "오직 믿음으로 구하고 의심하지 말라"(약 1:6)고 권하고 있으며, "모든 사람에게 후히 주시고 꾸짖지 아니하시는 하나님께 구하라 그리하면 주시리라"(약 1:5)고 말씀하고 있다.

사도들이 강조하는 첫 번째 권면은 기도이다. 즉 하나님과의 대화이다. 그러므로 우리 자신이 기도생활을 잘하는 것이 중요하다. 교역자는 성도들에게 기도를 잘 가르쳐야 하다. 신구약 성경 전체가 하나님과의 대화와 기도로 넘친다. 나아가 성경 전체에서 기도를 열심히 하도록 권면한다.

이 기도는 하나님과 나와의 사랑을 이어주는 동아줄이다. 우리는 기도를 통해 하나님과 함께하고, 기도를 통해 하나님의 사랑을 받고 있음을 체험한다. 그러면 은파는 하나님의 사랑으로 소통하는 기도를 어떻게 이해하고 가르쳤는지 살펴보고자 한다.

3) 은파의 기도생활

은파의 설교집이나 다른 인터뷰 기사들을 보면 기도를 강조하지 않는 곳이 없다. 모든 설교에서 성도들이 기도하는 마음을 갖도록 설교한다. 기도하지 않으면 살 수 없겠구나 하는 심정을 갖도록 한다. 이런 설교를 들으면 기도에 대하여 눈이 번쩍 뜨게 한다.

여러분 기도하십시오.
놀라운 일이 생깁니다. 사업을 하는 분은 사업의 길이 열리고 학자에게는 학문의 길이 열리고 정치인에게는 정치의 길이 열릴 줄 믿습니다. 마귀는 기도의 시간을 빼앗으려고 합니다. 그러나 마귀와 싸워 이기는 길은 기도밖에 없습니다.
기도하면 어려움의 길목마다 하나님께서 지켜 주십니다. 기도는 놀라운 능력입니다. 기도하면 하나님께서 사단이 쳐들어오는 길을 불 병거와 불 말로 차단하여 우리의 일생이 다

가도록 지켜 주십니다.⁶

위의 설교는 짧은 문단이지만 기도하는 자에게는 누구든지 길이 열린다고 강조한다. 기도는 사단을 이기게 하며, 기도하면 하나님이 지켜 주신다고 강조하고 있다. 은파는 매 설교마다 기도해야 할 이유를 몇 개씩 예를 들어 설명한다. 그 중에 몇 가지를 여기에 옮기면 다음과 같다.

> 기도는 하나님과 사귀는 것입니다. 요한일서 1:3에 "우리의 사귐은 아버지와 그의 아들 예수 그리스도와 함께함이라"고 했습니다. 하나님과 사귀는 삶이 얼마나 큰 축복입니까? 인간이 이렇게 마음이 불안하고 답답한 것은 전능하시고 은혜로우신 하나님과 사귐이 없기 때문입니다. 기도시간은 하나님과 만나서 사귀는 시간입니다.⁷

은파는 기도는 하나님과 사귀는 시간이라고 말한다. 이렇게 하나님과 대화하며 사귐을 가지며 살았던 다윗에 대해 은파는 말한다.

> 다윗은 하나님 앞에 늘 부르짖었습니다. 많은 환난과 어려움이 닥치고 자신을 넘어뜨리려는 세력이 있었지만, 다윗은 항상 하나님을 의지하고 기도했습니다. 기도의 삶은 환난과 어

---

6 김삼환,『올라가자, 벧엘로!(하)』(서울: 실로암, 2003), 52.
7 Ibid., 50.

려움을 이기게 하고 넘어서게 하는 줄 믿습니다.[8]

그러므로 은파는 기도하되 속히 하라고 권면한다. 그리고 빨리 하라고 부탁한다. "기도를 속히 하십시오. 기도하다가 쉬신 분들은 다시 시작하십시오."[9] 라고 다음과 같이 권하고 있다.

기도는 힘들어도 내가 해야 합니다. 그래야 하나님께서 도와 주십니다. 기도의 입을 열어야 하나님께서 그 구하는 것을 채워 주십니다. 기도를 속히 하십시오. 기도하다가 쉬신 분들은 다시 시작하십시오.[10]

은파는 기도를 가르칠 때 기도를 들어주는 분은 오직 예수 밖에 없음을 성도들에게 가르친다. 그래서 설교를 통해 예수님께만 기도하도록 강력하게 설득한다.

예수를 바로 알지 못할 때 많은 것의 미혹을 받게 되는 것입니다. 유령이 꼭 귀신만을 말하는 것은 아닙니다. 사치의 유령, 음란의 유령, 방탕의 유령, 죄악의 유령, 물질의 유령등 종류가 많습니다. 이러한 여러 가지 유령에 빠져서 길을 잃어 버리는 사람들이 많습니다.

---

[8] Ibid., 51.
[9] Ibid., 53.
[10] Ibid.

오늘 우리가 왜 미혹을 받습니까? 주님을 바라보지 않기 때문입니다. 우리는 오직 예수님 한 분만을 바라보아야 합니다. 믿어야 할 분을 믿을 때에 우리의 삶에 평화가 있고 안정이 있는 줄 믿습니다.[11]

위의 설교에서 은파는 예수를 바로 알지 못할 때 많은 것의 미혹을 받게 되지만 예수님을 바로 알고 예수님만 바라보며 믿고 기도할 때 우리의 삶에 평화가 있고 안정이 있다고 가르친다.

그리고 이렇게 기도에 있어서 오직 주님을 의지하고 오직 주님께만 기도했던 훌륭한 신앙의 용사들을 소개한다. 은파는 이승만 대통령이 1948년 5월 31일 제헌 국회 제1차 본 회의에서 이윤영 의원에게 기도를 하도록 부탁한 사실을 소개한다. 이윤영 의원은 당시 목사였다. 이승만 대통령은 "오늘이 우리에게 있는 것은 우리의 힘으로만 된 것이 아니므로 우리가 성심으로 일어나서 하나님께 감사를 드리지 않을 수 없다"며 기도를 부탁했다고 소개한다.[12]

그리고 이어서 은파는 미국 대통령이 기도한 내용을 소개한다.[13] 이렇게 역사적으로 훌륭한 인물들이 국가와 민족을 섬기면서 오직 주님께 기도하면서 성공적인 대통령직을 수행했음을 예를 들면서 우리의 기도를 들어 주시고 만나 주시는 살아 계신 오직 주님

---

[11] Ibid., 62-63.
[12] Ibid., 60.
[13] Ibid., 60-62. 애덤스(Adams)의 기도, 제퍼슨(Jefferson)의 연설, 메디슨(Madison), 링컨(Lincoln) 그리고 루즈벨트(Roosevelt) 등을 소개한다.

예수 그리스도를 통하여 하나님께 기도하기를 권하고 있다.

그러면 기도를 언제 할 것인가?

여기에 대해서 은파는 새벽기도를 강조한다. 은파는 예수님의 새벽기도를 다음과 같이 설명하면서 이것이 예수님을 사랑하며 교제하며 따르는 삶이라는 것을 깨우친다.

> 새벽기도의 전형적인 모델은 예수님께서 이른 새벽 조용한 장소에서 하나님과 깊이 교제하시는 모습입니다. 예수님의 새벽기도는 새벽기도의 완벽한 형태입니다. 예수님은 새벽에 늘 깨어 기도하셨습니다. 예수님의 기도생활 중심에는 언제나 새벽기도가 있었습니다. "새벽 오히려 미명에 예수께서 일어나 나가 한적한 곳으로 가사 거기서 기도하시더니"(막 1:35).
> 예수님은 기도의 챔피언이셨습니다. 예수님은 할 수 있는 대로 열심히, 많이 기도하셨습니다. 누가 깨우거나 강요해서가 아니라 당신 스스로 일찍이 기도로 하루를 준비하셨습니다. 하루의 첫 시간을 아버지와 함께 시작하셨던 것입니다. 눈을 뜨면 가장 먼저 하나님 아버지께로 달려가 기도하셨습니다. 언제나 변함없이 그렇게 하루를 시작하셨습니다. 그렇기에 새벽기도는 주님을 따라가는 삶입니다.[14]

은파의 위와 같은 가르침 속에는 예수님과 하나님과의 깊은 교

---

14 김삼환, 『새벽눈물』, 67-68.

제와 동행, 그리고 변함이 없으신 사랑의 관계를 묘사하고 있다. 하나님을 사랑하셨던 주님은 우리도 사랑하신다. 그러므로 예수님은 하나님을 사랑하셨듯이 우리를 사랑하시며 이러한 새벽기도를 통하여 뜨거운 사랑의 관계를 유지하기를 원하고 계신다는 것이다. 그러면서 은파는 하나님의 마음에 대해 다음과 같이 말한다.

> 하나님께서는 새벽시간에 우리를 기다리고 계십니다. 우리가 아버지를 찾으면서 하루를 시작하기를 원하십니다. 우리의 첫 시간을 아버지 앞에 드림으로써 오직 하나님만 바라보는 순종의 삶을 살기를 바랍니다. 예수님과 같은 삶을 살아나가길 원하십니다.[15]

이러한 예수님의 우리를 향한 사랑의 마음을 잘 아는 은파는 명성교회의 목회를 새벽기도에 집중하고 있으며 성도들을 새벽성도가 되도록 훈련시키는 새벽기도 철학이 정립되어 있다.[16] 새벽눈물에 나오는 새벽시간의 신비를 간단히 요약하면 다음과 같다. 은파는 새벽시간은 참으로 신비한 시간이라고 정의한다. 그리고 그 이유 일곱 가지를 나열한다.

첫째, 새벽은 영적으로 신비한 시간이다.

세상이 모르는 신비가 기독교 안에 존재하듯이 예수를 믿으면 "물과 성령으로 거듭나고, 은혜 받고, 구원받고, 죄 사함 받고, 주

---

[15] Ibid.
[16] 『새벽눈물』은 은파가 가르친 새벽기도에 대한 대표작이다.

의 영이 함께 하시고, 주님이 동행하시고, 부활하시고 천국이 있고, 내세가 있고, 천사가 나와 동행하는 이런 신비함"[17]이 있음을 인정해야 한다. 새벽은 이처럼 기도의 능력이 존재하는 신비의 시간이다.

둘째, 새벽은 능력의 시간이다.

기독교는 새벽의 종교입니다. 놀라운 일들이 다 새벽에 일어났습니다. 새벽에 홍해가 갈라졌고, 예수님의 부활도 새벽에 일어났습니다. 하나님의 역사는 새벽에 일어납니다. 그러니 새벽에 하나님 앞에 나와 기도하고 하루를 출발하는 것이야말로 새벽의 길이요 축복의 길입니다[18]

셋째, 은파에 의하면 새벽기도는 나만이 겪는 좋은 체험을 할 수 있다.

새벽기도를 다니면 신앙고백이 확실하게 된다고 주장한다. 그리고 그는 "성경에 나오는 모든 말씀이 내 것이 되는 것입니다. 찬송도 나의 찬송이 되고 야곱이 고백한 것처럼 하나님도 나의 하나님이 되는 것입니다."[19] 이 말은 새벽기도는 체험을 통해 성숙한 성도가 되도록 한다고 할 수 있다.

넷째, 새벽기도는 성결한 삶의 시작이라고 말씀한다.

왜냐하면 "하나님과의 대화를 통해 그 날 하루를 승리할 수 있는 원동력을 얻으며 성령의 내주하심을 체험하게 되고 성령의 동

---

[17] Ibid., 75-76.
[18] Ibid., 76-77.
[19] Ibid.

행하심을 만끽할 수 있기 때문"[20]이라고 했다.

다섯째, 새벽은 아이디어와 지혜가 샘솟는 시간이다.

은파는 "당신이 새벽에 나와 기도할 때 무한대의 일들이 기도로부터 개발됩니다. 놀라운 아이디어들이 기도로부터 옵니다."[21] 은파는 많은 문제들도 저녁에 잠을 자지 않고 해결하기 위해 고민하는 것보다 새벽에 기도하면 중요한 우선순위와 해결의 아이디어와 길이 보인다고 고백한다.[22]

여섯째, 새벽은 치유 받는 시간이다.

하루를 위한 새 힘을 얻는 시간이다. 이러한 체험을 한 성도들이 새벽에 교회에 오는 것이다. 새벽은 한마디로 영혼의 내공을 쌓은 시간이며 인생의 어려움을 이겨내는 힘을 축적하는 시간이라고 할 수 있다.[23]

일곱째, 새벽기도 시간은 하루를 출발하면서 신선한 생명을 공급받는 시간이다.

"새벽기도는 은혜 받는 시간이고 다른 사람들로 하여금 은혜를 받게 하는 길이라는 것을"[24] 은파는 강조한다.

은파는 이러한 새벽기도 철학을 통해 새벽에 주시는 하나님의 사랑과 축복을 소개하고 오직 주님의 사랑을 받으며 성장하는 성도가 되도록 권면한다. 은파의 오직 주님은 사랑의 하나님이시고

---

[20] Ibid., 78.
[21] Ibid., 78.
[22] Ibid.
[23] Ibid., 79.
[24] Ibid., 80.

대화를 통해 사랑을 주시고 우리의 사랑을 받으신다.

2. 동행의 주님

하나님은 사랑이시다. 하나님은 우리를 사랑하시고 그의 아들 예수 그리스도를 우리에게 보내 주셨다. 이 하나님의 사랑에 감사하며 예수 그리스도를 영접하고 하나님의 자녀가 된 사람들은 예수 그리스도를 주님이라고 고백한다. 우리의 주님이신 예수 그리스도는 우리를 사랑하신다. 그래서 기도를 가르쳐 주시고 기도를 통해 서로의 사랑을 나누도록 하신다.

이것은 성도의 가장 아름다운 삶의 모습이다. 은파는 이러한 삶을 발전시키기 위해 예수님의 새벽기도를 소개했고 이 새벽기도가 성도들에게 생활화되도록 새벽기도 훈련 프로그램을 개발하여 그의 목회에 적용하여 교회를 성장시켰다.

은파는 예수님의 사랑 중에 대화로서의 기도에 이어, 예수님의 사랑을 표현하는 동행해 주시는 예수님의 사랑을 말한다. 이 동행 사랑은 주님이 하나님의 아들로서 비천한 인간으로 오셔서 동행해 주시고 하나님의 나라에 가셔서는 성령을 보내시므로, 성령으로 동행하여 주시는 것을 뜻한다.

성경은 예수께서 이 세상에 오셔서 이스라엘 백성들과 동행하셨고, 부활하신 후에는 제자들에게 찾아오셔서 함께해 주시고, 동행해 주시고, 그리고 승천하신 후에는 성령으로 동행해 주시겠다고 약속해 주셨다. 그리고 그 약속대로 성령을 보내 주셨고 지금은 성령으로 우리와 함께하고 계신다.

은파는 예수님의 사역 중의 사건을 예로 들면서 예수님이 그들과 함께 하셨다는 사실이 얼마나 힘이 되고 위로가 되는지, 그리고 예수께서 문제를 어떻게 해결해 주셨는지를 말한다.

> 위기를 당해 보십시오. 어려움을 당해 보십시오.
> 뭐가 있고 뭐가 좋고 뭐가 귀하고가 하나도 소용이 없습니다. 그때에도 귀한 분, 그때에도 내 곁에 계신 분, 그때에도 내가 찾아야 할 분은 예수 그리스도뿐입니다. 예수 그리스도만이 언제 어느 때나 귀한 분이십니다. 나사로의 죽음이라는 슬픈 일을 당한 가정에 주님이 함께하시니 부활 사건이 일어났습니다. 가나의 결혼 잔치집에도 주님이 함께하시니 한 방울도 없던 포도주가 여섯 항아리에 더 좋은 것으로 가득하게 되었습니다. 풀 한 포기 없는 광야에서 말씀을 듣던 자들은 주님이 계시므로 보리 떡 다섯 개와 물고기 두 마리로 5천 명이 먹고도 남음이 있었습니다. 바다의 풍랑 중에서도 주님이 함께하시므로 그 풍랑이 잔잔하여졌습니다.[25]

예수님이 어려운 사람들과 함께하시므로 그들에게 자신의 사랑과 하나님의 사랑을 보여주셨습니다. 주님은 슬픈 자를 위로해

---

[25] 김삼환, 『주님보다 귀한 것은 없네』(서울: 실로암, 2004), 17-18.

주시는 사랑의 주님이시고, 산에서나 광야에서나 병든 자나 슬픈 자나 성공한 자나 기쁜 자나 모두에게 사랑의 주님이십니다.

그러므로 은파는 주님을 귀한 분이라고 표현했다[26]

예수님은 제자들에게 "내가 아버지께 구하겠으니 그가 또 다른 보혜사를 너희에게 주사 영원토록 너희와 함께 하리니" (요 14:16)라고 말씀하셨다.

> 내가 너희를 고아와 같이 버려 두지 아니하고 너희에게로 오리라 (요 14:18).

주님은 하나님의 나라로 가시기 전에 우리를 버려두신 것이 아니라 성령을 보내셔서 우리와 함께하시고 동행하신다. 그러므로 예수님을 보지 못했던 사람들은 성령을 통해서 예수님을 보고, 예수님을 믿고 예수님과 동행을 한다. 은파는 이런 문제에 대해서 다음과 같이 말한다.

성령을 영접하는 것은 예수님을 영접하는 것이며 하나님을 영접하는 것입니다. 성령께서 함께하시지 않으면 예수님도 믿지 못하고 하나님도 믿지 못합니다. 하나님께서 이 땅에 예수님을 보내 주셔서 우리의 모든 죄를 해결해 주시고 우리를 멸망에서 구원해 주셨습니다. 성령이 오시면 하나님을 믿게

---

[26] Ibid., 18.

됩니다. 모든 의심은 떠나가고 한순간에 믿음이 주어집니다. 다시 태어나는 것입니다. 우리 인간은 본래 죄인으로 태어났으나 성령이 내안에 오시면 내안에서 역사하시면 하나님의 자녀가 됩니다. 하나님을 사랑하고 경외하게 되는 것입니다. 예수님을 나의 구주로 삼게 되는 것입니다. 성령이 내게 임하시면 모든 것이 변합니다.[27]

은파는 위의 설교에서 예수께서 성령님을 보내셔서 성령으로 우리와 함께하시므로 의심을 버리게 하시고 하나님을 믿게 하신다고 말한다. 다시 태어나게 하시며. 우리에게 하나님의 사랑을 깨닫게 하고 하나님을 사랑하며 살도록 도와주신다고 말한다. 사람을 완전히 변화시켜 주신다고 말한다. 이것은 인간의 가장 큰 축복이라고 할 수 있다. 주님은 우리를 사랑하시기 때문에 성령을 통해 먹이시고 자라게 하시고 열매를 맺도록 함께하신다. 은파는 주님의 이러한 사랑의 역할에 대해 몇 가지로 나누어 다음과 같이 설명한다.[28]

첫째, 관계를 회복시켜 주신다.

인간의 문제는 하나님과의 관계에서 회복된다. 이 관계 회복은 성령이 내 안에 오셔야만 해결된다.

둘째, 성령께서는 우리의 모든 삶을 인도해 주신다.

은파는 성령께서 순간순간 하루하루를 인도해 주심에 대해 다

---

[27] 김삼환, 『하나님께 목적을 두는 삶』(서울: 실로암, 2011), 221.
[28] Ibid., 223-232.

음과 같이 가르친다.

> 인간의 성공의 길, 행복의 길, 축복의 길, 건강의 길을 알 수 없습니다. 아무리 높은 자리에 있는 사람일지라도 세상을 살아가는 방법을 알 수 없습니다. 사람은 미래를 알 수 없습니다. 그러나 성령은 아십니다. 성령께서 내일을 인도해야 합니다. 성령께서 이끌어가야 합니다. 성령께서 우리의 가이드가 되셔야 합니다. 성령은 지혜의 영이요 지식의 영입니다. 세상의 지식만 있는 것이 아닙니다. 하늘과 땅의 모든 지식도 있습니다.[29]

은파는 이러한 말씀을 통해 주님이 우리를 사랑하시기 때문에 성령으로 하나님과 함께하시며 세상을 살아가는 법을 깨우쳐 주시고 미래를 이끌어 주신다고 강조한다. 그리고 우리 성도는 마땅히 하나님의 동행해 주시고 인도해 주시고 사랑해 주시는 사랑을 받아야 함을 강조한다.

셋째, 성령은 모든 장벽을 뛰어넘는다.

은파는 성령께서 임하시면 우리 앞을 가로막는 세상 모든 것들을 다 뛰어넘을 수 있다고 주장한다.

> 성령은 어디로든 나아갈 수 있습니다. 성령이 가는 길을 막을

---

[29] Ibid., 224.

자는 없습니다. 성령은 언어적인 장벽, 정치적인 장벽, 군사적인 장벽 등 모든 장벽을 뛰어넘을 수 있는 능력이 있습니다.[30]

이 능력은 사랑의 능력이라고 할 수 있다. 주님의 사랑이 모든 곳에 우리와 함께하시기 때문에 모든 문제를 극복하며 승리할 수 있게 한다.

은파는 이 사실을 다음과 같이 말한다.

> 성령께서 우리에게 임하시면 권능을 받습니다. 모든 것을 이길 수 있는 권세, 모든 것을 감당할 수 있는 권세, 모든 것을 극복할 수 있는 권세, 모든 대적을 물리칠 수 있는 권세를 받습니다.[31]

은파의 "성령께서 우리에게 임하시면"의 뜻은 "주님이 우리에게 오시면" 혹은 "주님이 우리와 함께하시면"이라는 뜻과 같다고 할 수 있다. 주님이 우리에게 오셔서 동행해 주시면 우리는 주님의 능력과 사랑으로 무슨 일이든 할 수 있다.

넷째, 성령은 복음을 전하게 한다.

왜냐하면 복음을 전한다는 것은 내가 예수님의 사랑을 많이 받았다는 것을 뜻하기 때문이다. 예수님의 사랑을 받은 사람이 전도할 수 있고 예수님과 성령으로 동행하는 사람만이 전도할 수 있

---

[30] Ibid., 225.
[31] Ibid., 226.

다. 은파는 성령님이 함께하시고 동행하시면 예수 그리스도를 증언할 수밖에 없다는 사실을 다음과 같이 증언한다.

> 성령은 우리로 하여금 예수님을 증거하게 합니다. 예수님은 나의 구주시다라고 담대히 증거할 수 있게 합니다. 성령은 전도하는 삶을 살게 합니다. 증인이 되게 하십니다. 성도는 세상을 향해 외쳐야 합니다. 모든 어두움의 세력을, 저주와 멸망과 음란한 세력을 성령의 불로 태워야 합니다. 쓰레기더미로 가득 찬 이 세상을 성령의 불로 태워야 합니다.[32]

주님은 우리를 사랑하시기 때문에 우리와 동행하신다. 우리와 동행하시면서 우리의 모든 문제를 근본부터 해결해 주시고 우리를 성장시키신다. 성령을 보내셔서 우리를 인도하시고 함께하시고 하나님과의 관계를 회복시키시고 모든 장벽을 뛰어넘어 승리할 수 있게 하신다. 그리고 결국에는 복음을 전하도록 인도하신다.

3. 평강의 주님

하나님이 사랑이듯이 예수님도 사랑이시다. 이 세상의 모든 사랑 중에 주님의 사랑만이 참 사랑이다. 예수님의 사랑만이 아가

---

[32] Ibid., 230-232.

페이다. 주님은 이 사랑을 우리에게 주실 때 대화를 하시면서 주시고 동행하시면서 주신다. 뿐만 아니라 주님은 우리에게 사랑을 주실 때 우리의 마음에 오셔서 우리의 마음을 위로하시며 우리의 마음에 평강을 주신다. 은파는 주님이 주시는 평안만이 참 평안이며 주님만이 나의 참 주님이시며 오직 주님이심을 강조한다.

은파는 주님이 주시는 평안 이전에 인간의 고난과 고통 그리고 시련과 환난에 대한 바른 생각이 필요하다고 말한다. 일반적으로 사람들은 나의 죄 때문에 고난이 오고 환난이 온다고 믿고 있다. 죄를 지으면 나쁜 일이 생긴다는 것이 일반적인 생각이고 이것은 불교의 인과응보의 사상과 맥을 같이 한다고도 볼 수 있다.

하지만 은파는 그렇지 않다고 다음과 같이 말한다.

> 성경에 나오는 모든 개인의 고난이나 국가의 환난에는 그 안에 하나님의 뜻이 있습니다.[33]

이처럼 은파는 성도의 모든 고난의 배후에는 하나님의 뜻과 섭리가 있다고 주장한다. 요셉이 애굽으로 팔려가서 총리가 되기까지의 인생 여정은 고난과 환난의 역경이었지만, 거기에는 하나님의 뜻과 섭리가 있었다. 그러기 때문에 은파는 우리 성도들은 어려운 일과 고난을 당할 때 원망하거나 불평하거나 비난하면 안 된다고 권면한다.[34]

---

[33] 김삼환, 『주님의 옷자락 잡고(상)』(서울: 실로암, 2003), 15.
[34] Ibid., 15.

제5장 나의 주님 사랑의 하나님

그리고 은파는 사람의 환난과 고난은 영적으로 두 가지의 효과가 있다고 말한다.

첫째, 훈련의 효과이다.

둘째, 회개의 효과이다.

고난은 좋은 곳으로 인도하는 교량 역할을 하고 잘못을 살피며, 회개하게 하며 잘못에서 돌아서게 하는 일을 한다는 것이다. 그래서 결국은 이러한 환난이 성도를 다듬어 준다는 것이다.[35] 그리고 이런 환난과 역경 가운데 주님이 동행하시면서, 우리가 부르짖을 때 들으시며 위로해 주시고 평안을 주신다는 것이다. 오직 주님만이 주시는 평안만이 참 평안이고 축복이라는 것이 은파의 주장이다.

그러면 이 평안을 어떻게 소유할 수 있는가?

주님이 주시는 이 평안을 어떻게 받을 수 있는가?

주님은 어떻게 주시는가?

은파에 의하면 예수 믿고 하나님이 자녀가 되면 내 안에 주님이 오신다고 한다. 그러면 나는 주님 안에 들어가 살고 주님은 내 안에 오셔서 늘 함께 역사하시는 신비함이 있다고 한다. 그리고 내가 어디를 가도 이제는 혼자가 아니라는 것을 경험하게 되고 그리스도께서 동행하시게 됨을 깨닫게 된다고 한다.

그리고 성령께서 오셔서 내 안에 계실 때 내가 하나님의 사랑을 받고 하나님을 사랑하도록 인도하신다고 말한다.[36] 이와 같은

---

[35] Ibid., 20-21.
[36] 김삼환, 『주님보다 귀한 것은 없네』(서울: 실로암, 2004), 71-72.

은파의 설교를 인용하면 다음과 같다.

> 주님께서 내 안에 오시므로 내가 살고, 그 주님의 도우심으로 내 삶에는 부족함이 없게 됩니다. 그분이 계시므로 안전합니다. 그분이 계시므로 평안합니다. 모든 해답은 내 안에 오신 주님으로 말미암아 주어지는 것입니다. 그분과 함께 하는 삶만이 보장된 삶입니다. 이 세상 어느 곳에 있든지 늘 마음을 편하게 하면서 늘 힘있게 살아가려면 주님께서 나와 함께 하셔야 합니다. 주님을 모시고 주님의 도우심과 보호를 받아야 합니다.[37]

은파는 그분이 계시므로 안전하고, 주님이 나와 함께 하셔야 늘 마음이 편하게 살 수 있다고 강조한다. 은파는 주님은 이러한 평안을 우리에게 주실 때 교회를 통해서 주신다고 다음과 같이 주장한다.

> 교회는 우리의 피난처입니다. 주님은 교회를 통해 우리를 지켜 주십니다. 교회가 우리의 울타리이며 방패입니다. 우리는 교회 안에서 평안을 얻을 수 있습니다. 주님을 내 마음에 모시고 주님께서 피 흘려 세우신 교회에 나올 때 주님께서는 우리의 가정과 건강과 앞날과 영혼을 다 지켜 주십니다. 예수님

---

[37] Ibid., 74.

안에 모든 좋은 것이 다 있습니다.[38]

　위의 내용에서 은파는 교회는 피난처이며 주님은 이 교회를 통하여 지켜 주시고 교회를 우리의 방패가 되게 해 주셔서 교회를 통해서 우리에게 평안을 주신다고 설교한다. 교회에 나올 때 우리의 가정과 건강과 앞날을 지켜 주신다는 것이다.
　그러므로 은파에 의하면 성도들은 주님이 주시는 평안을 받고 평안한 삶을 살기 위해서는 교회 안에 서 있어야 한다고 주장한다. 교회를 떠나서 세상으로 가면 주님의 평안을 맛볼 수 없다. 주님은 우리를 사랑하시기 때문에 피 흘려 교회를 세우셨고 교회를 통하여 축복하시며 은혜를 주시며 평안을 주신다.
　그리고 은파는 성도들이 예수님 안에 있어야 평안도 얻고 열매도 맺는다고 강조한다.[39] 주님은 우리에게 세상이 줄 수 없는 평안을 주신다. 세상이 주는 평안은 온전하지도 못하고 영원하지도 않다. 그러나 주님은 우리에게 참된 편안을 주신다. 그리고 주님은 우리를 축복해 주시고 우리 각자를 책임져 주신다.
　사랑의 의무는 사랑하는 자를 책임지는 것이다. 사랑의 주님은 자신이 피 흘려 사신 성도들을 끝까지 지키시고 책임져 주시는 사랑의 하나님이시다. 그러면 은파는 주님이 우리를 책임져 주시는 사랑을 어떻게 가르치고 있는지 살펴보고자 한다.

---

[38] Ibid., 76.
[39] Ibid., 81.

4. 책임의 주님

예수 그리스도는 우리의 주님이시다. 예수 그리스도는 하나님의 아들이시다. 예수 그리스도는 하나님의 보좌에서 이 땅에 오셨다. 예수 그리스도는 이 땅에 오셔서 죄 많고 부족한 우리 인간들을 섬기셨다. 예수 그리스도는 채찍에 맞으시고 십자가에서 고난당하신 후 죽으셨다. 그리고 삼일 만에 성경대로 부활하셨다.

이 모든 것은 우리를 위한 하나님의 사랑을 보여 주신 것이다. 우리는 예수님의 값진 사랑으로 구원받았다. 구원받은 성도는 주님이 십자가에서 고난당하시고 죽으시고 부활하신 이상으로 가치 있다고 할 수 있다.

주님은 우리를 사랑하셔서 구원하여 주셨다. 그리고 이 사랑의 관계를 계속 유지하기 위해서 주님은 기도를 가르쳐 주시고 기도하도록 이끄신다. 대화를 하도록 하신다. 주님은 우리를 사랑하시기 때문에 우리와 동행하시며 우리에게 평강을 주신다.

그리고 주님은 우리를 사랑하시기 때문에 우리 성도를 끝까지 지키신다. 주님은 끝까지 도와주신다. 끝까지 평안을 주신다. 주의 사랑은 변함이 없다. 주님의 사랑은 끝이 없다. 주님의 사랑은 영원하다. 이것은 주님이 우리를 책임져 주시는 사랑 때문이다. 책임을 져 주시는 주님의 사랑에 대해서 은파는 어떻게 이해하고 가르치고 있는지 여기서 더 살펴보고자 한다.

은파는 끝까지 도우시고 사랑해 주시는 주님의 책임에 대해서 다음과 같이 설교하고 있다.

인간의 사랑은 눈앞의 것만 보게 하고 온갖 도적질과 불의와 방탕으로 악한 일을 행하며 죄를 짓게 만들지만 하나님의 사랑은 아주 멀리 볼 수 있게 하므로 어리석은 일을 저지르지 않도록 해 줍니다. 도와줄 이가 없는 것 같지만 하나님께서 우리를 도와주시며 끝까지 버리지 아니하십니다. 우리는 하나님의 사랑을 믿습니다. 저는 문제를 만나면 도와 줄 사람이 아무도 없다고 생각합니다. 혼자라고 생각하며 아무도 의지하지 않습니다. 그러나 한 가지 확실한 것은 전혀 두렵지 않다는 것입니다. '주님 아시지요? 저는 친한 사람도 없고 도와줄 사람도 없어요. 주님 밖에 없어요' 라고 기도하면 주님께서 늘 도와주십니다. 주님 외에는 저를 도와줄 사람이 없기 때문입니다.[40]

은파는 인간의 사랑은 하면 할수록 죄를 짓게 하지만 하나님의 사랑은 어리석은 일을 하지 않도록 도와주신다고 한다. 그리고 하나님의 도와주시는 사랑은 끝까지 버리지 않으신다고 말하고 있다. 이것은 주님의 사랑에서 나오는 책임감 때문이라고 할 수 있다.

이제는 왜 주님이 우리 성도들에 대해 책임지시는 사랑을 하실 수밖에 없는지에 대한 은파의 사상에 대해 논하고자 한다.

---

[40] 김삼환, 『사랑』(서울: 실로암, 2009), 86-87.

1) 사람은 약하다

사람은 연약하다. 육체적으로 정신적으로 영적으로 약하다. 그래서 질병을 이길 힘이 부족하고, 사단을 이길 힘은 더더욱 없다. 환난과 걱정과 근심을 이길 힘도 없다. 사람에게는 이길 어떤 능력도 없다. 사람은 인간을 공격하는 풍랑을 이길 어떤 힘과 지혜도 없다. 이러한 인간에게 은파는 다음과 같이 말한다.

> 주님과 함께 하면 풍랑은 물러가고 모든 악의 세력도 물러갑니다. 우리 가정과 내 마음에 있는 원수 마귀, 더러운 귀신, 악한 영, 모든 죄악들이 물러갑니다. 환난과 걱정, 근심과 미움, 사고와 재난들이 주님 오시는 것과 함께 다 사라집니다. 어둠의 세력이 떠나갈 줄 믿습니다. 고통스럽고 괴로운 삶이 정리될 줄 믿습니다.[41]

은파에 의하면 주님이 함께하시면 인간의 모든 약함이 강하게 되고 모든 문제가 해결된다. 왜냐하면 우리의 약함을 아시는 주님께서 우리와 함께하시면서 우리를 도와주시기 때문이라는 것이다. 주님은 성도의 약함을 아시고 도우시며 책임져 주신다. 그러므로 주님의 사랑은 끝까지 책임져 주시는 사랑이다.

---

[41] 김삼환, 『문을 두르리시는 주님』(서울: 실로암, 2009), 23.

2) 세상의 사랑은 죄를 짓게 한다

은파는 세상적인 사랑, 인간적인 사랑을 에로스(연인과의 사랑), 스토르게(부모와 자녀 간의 사랑) 그리고 필레오(친구 간의 사랑)로 나누어 설명한다. 그리고 인간의 모든 불행과 고통은 이 사랑 안에서 온다고 말한다. 이러한 사랑은 육적이고 정욕적이고 지극히 계산적이고 본능적이고 감각적이라고 말한다.[42] 결국 이런 사랑으로 사는 사람들의 결과는 인간을 파멸로 인도한다. 여기에 대해서 은파는 다음과 같이 말한다.

> 하나님이 없는 사랑은 일시적인 사랑, 위장된 사랑, 거짓된 사랑, 충동적인 사랑, 금방 싸우고 변하는 사랑, 하룻밤만 지나면 고민하고 눈물 흘리는 사랑입니다. 이런 사랑은 길거리의 사랑입니다. 어두운 사랑이요, 가치 없는 사랑입니다. 상처만 주는 독약과도 같은 사랑입니다. 나쁜 병균처럼 번지면 번질수록 병들어 죽게 하는 사랑입니다. 오늘 이런 사랑 때문에 사람들이 자살하는 것입니다. 하나님의 사랑은, 참 사랑은 절대로 그렇지 않습니다.[43]

은파에 의하면 세상적인 사랑은 사람의 문제를 해결하지 못하고 오히려 문제를 만들 뿐만 아니라 사람을 파멸로 인도하는 사랑이라는 것이다. 그러나 하나님의 사랑은 절대로 그렇지 않다는 것

---

[42] 김삼환,『사랑』, 20.
[43] Ibid., 12.

이다. 그 이유는 하나님의 사랑은 끝까지 책임져 주시는 사랑이기 때문이다.

3) 주님의 사랑은 변하지 않는 영원한 사랑이다.

은파가 오직 주님 예수 그리스도의 사랑을 받고 전하는 사랑은 참 사랑이고, 거룩한 사랑이며, 힘 있고 능력 있는 영원한 사랑이다. 이 사랑은 온 세계를 품을 수 있는 넓은 사랑이며 온 세계를 이길 수 있는 능력의 사랑이다.[44] 은파는 이러한 사랑 속에서 자신의 모든 어려운 과거를 승리할 수 있었다고 다음과 같이 고백한다.

> 저는 어린 시절에 주일학교를 다니면서 하나님의 사랑을 깨달았습니다. 그래서 지금까지 살면서도 에로스의 사랑, 세상적인 사랑의 피해를 모르고 살아왔습니다. 하나님의 사랑 때문에 어려서부터 교회의 새벽종을 쳤습니다. 50년 동안 그 사랑이 변하지 않았습니다. 샘솟는 참 사랑, 예수님의 사랑이 저와 함께했기 때문에 저는 언제나 기쁘고 행복하게 살아갈 수 있었던 것입니다.[45]

은파는 어렸을 때부터 하나님의 사랑을 받았고 그 사랑 안에서 살았기 때문에 세상적이고 인간적인 사랑의 피해를 모르고 살

---

[44] Ibid., 23.
[45] Ibid., 24-25.

았다고 한다. 예수님의 사랑으로 세상적인 사랑을 극복하며 승리의 삶을 살았다고 할 수 있다. 그리고 그는 주님의 사랑은 50년 동안 변하지 않았고 함께 했기 때문에 기쁘고 행복하게 살았다고 고백하고 있다. 그리고 은파는 계속해서 시편 121:1-2을 인용하며 다음과 같이 강론한다.

> "내가 산을 향하여 눈을 들리라 나의 도움이 어디서 올까. 나의 도움은 천지를 지으신 여호와에게서로다"(시 121:1, 2)라고 말씀하고 있습니다. 하나님만이 나를 도와주십니다. 주님에게만 기대하고 사람에게는 기대하지 마십시오. 친한 사람이 배신했습니까? 섭섭해하지 마십시오. 사람은 남에게 줄 수 있는 사랑의 능력이 없습니다. 보답할 수 있는 능력이 없습니다. 오직 하나님의 사랑만이 영원합니다.[46]

은파는 위에서 사람의 사랑은 변화고 배신하고 일시적이고 책임을 질 수 없는 사랑이지만 주님의 사랑은 변하지 않고 영원함을 강조하고 있다. 그리고 그는 "하나님의 사랑은 세 겹의 줄과 같아서 절대로 끊어지지 않는다"(딤전 4:12)고 주장한다.

그 이유로 하나님의 사랑은 내가 사랑하는 것이 아니라 내 안에 거하시는 아가페의 사랑이 나를 붙들고 주장하고 있기 때문에 끊어지지 않고 변함이 없이 오래 간다는 것이다.[47] 하나님의 사랑

---

[46] Ibid., 81.
[47] Ibid., 80.

이 내 안에서 나를 주장하시며 나를 지키시고 책임져 주신다고 할 수 있다. 이 주님의 사랑은 항상 있을 것이고(고전 13:13) 주님이 오실 때까지 우리를 책임져 주실 것이다.

4) 주님의 사랑은 풍성한 사랑이다.

주님은 모든 것이 풍성한 분이다. 우리에게 필요한 것이 주님께는 넘치게 있다. 우리는 부족하지만 주님은 부족함이 없으신 분이다. 우리 인간에게 필요한 것을 다 줘도 주님께는 부족함이 없으시다. 이유는 주님이 가지고 계시는 아가페 사랑이 풍성하시기 때문이다. 은파는 여기에 대해서 다음과 같이 서술하고 있다.

> 아가페의 사랑은 샘솟는 사랑, 폭포수와 같은 사랑, 바다 물결 같이 밀려오는 사랑, 하늘보다 높고 바다보다 깊은 사랑인 줄 믿습니다. 여러분 모두 하나님의 사랑으로 충만하여 온 세계와 인류를 부유하게 만들어주는 축복의 근원이 되시기를 바랍니다. 하나님의 사랑은 큰 그물에 가득 찬 물고기들처럼 풍성하고 부유하기 때문에 하나님의 사랑이 있는 사람은 항상 풍성한 마음으로 인생을 삽니다. 그러나 하나님의 사랑이 없는 사람은 송사리 같은 조그만 것을 가지고 늘 문제를 일으킵니다.[48]

---

[48] Ibid., 46, 47.

은파는 위의 글에서 하나님의 풍성한 사랑을 마르지 않고 부족함이 없는 사랑, 그리고 힘이 넘치는 폭포수와 같다고 비유한한다. 그리고 우리 성도들이 이러한 주님의 사랑으로 온 세계와 인류를 부유하게 만들어주기를 부탁한다.

은파는 하나님의 사랑은 한없이 크기 때문에 나누고 나누어도 행복하다고 말한다. 하나님의 사랑으로 사는 자는 나누는 기쁨이 있어 행복하고 하나님의 사랑은 혼자 먹지 못한다고 강조한다. 하나님의 사랑을 소유한 자는 세계를 사랑할 수 있고 큰일을 할 수 있다는 것이다. 그래서 은파는 "물질도 나누고 마음도 나누고 손길도 나누며 함께 잘 살 수 있는 길은 하나님의 사랑 아가페의 사랑뿐이다"[49]라고 주장한다.

은파는 하나님의 사랑을 풍성하게 받은 자가 이 사랑을 어떻게 관리해야 되는지에 대해 말한다. 하나님의 사랑을 받았으면 바르게 사용하고 바르게 관리하는 것은 그만큼 중요하기 때문이다. 은파에 의하면 하나님의 사랑을 관리하는 가장 중요한 방법은 나누는 것이라고 한다.

> 하나님의 사랑은 나누지 않고 혼자 가지고 있으면 안 됩니다. 하나님의 사랑은 유효 기간이 있기 때문에 자신만을 위해 사용하면 독이 되고 결국 소멸합니다. 나누어 주고 도와주고 사랑해 주고 축복해 주고 섬기고 희생할 때 녹슬지 않습니다. 쇠를

---

[49] Ibid., 46.

가만히 두면 삼년밖에 쓸 수 없지만 기름으로 잘 닦고 사용하면 오래 쓸 수 있는 것과 마찬가지입니다. 하나님의 사랑은 계속해서 나누고 사용해야 빛이 나고 영원히 갈 수 있습니다.[50]

은파에 의하면 하나님의 사랑은 나누어야 한다는 것이다. 계속해서 나누어 주고 사용해야 빛이 나고 영원히 갈 수 있다는 것이다. 은파는 자신이 섬기는 교회도 나누는 일을 위해 최선을 다하고 있다. 교육사역 선교사역, 장학사역, 구제사역등 많은 사역이 남에게 주는 사역이다.

결국 이것은 하나님이 주신 사랑을 관리하는 지혜라고 할 수 있다. 죄인이 하나님의 자녀가 되어 하나님의 사랑을 받고 그 사랑으로 이웃을 돕고 서로 책임을 나누는 삶을 살게 되는 것은 주님이 자신의 크신 사랑으로 우리를 책임져 주시기 때문이다.

이상으로 제5장에서는 은파의 오직 주님은 사랑의 하나님이심을 살펴보았다. 사랑의 주님은 우리와 대화를 나누시며 그의 사랑을 주시고 우리의 소원을 들어주신다. 이것은 기도이다. 기도를 통해서 우리는 주님과 대화를 나누며 주님의 사랑을 받고 우리가 주님을 사랑하고 있음을 전한다.

주님은 우리를 사랑하시기 때문에 우리와 동행해 주신다. 우리가 어려움을 당하고 위기에 있을 때 성령으로 우리와 동행하시며 우리의 모든 환난을 극복하도록 도와주사고 승리하도록 인도

---

[50] Ibid., 84.

하신다.

    은파는 오직 주님이 성령으로 우리와 함께하시면서 우리를 도우시고 보호해 주신다고 가르친다. 은파의 오직 주님은 우리를 사랑하시기 때문에 우리를 끝까지 책임져 주시는 주님이다.

    다음 장에서는 은파의 오직 주님이 왜 가장 귀하신 주님인지에 대해서 살펴볼 것이다. 이유는 은파의 오직 주님은 은파의 주님만이 아니라 우리 모두의 주님이기 때문에 객관성 있는 주님의 사역에 대한 연구가 필요하다. 그러므로 은파의 설교 중에『예수보다 귀한 것은 없네』라는 설교와 그의 다른 자료들을 참고하여 온 인류에게도 주님은 오직 주님이라는 사실을 보여 줄 것이다.

제6장

나의 주님 가장 귀하신 주님

    은파의 오직 주님은 천지를 창조하신 만물의 하나님이시다. 오직 주님은 천지의 모든 것을 주관하시고 관리하시고 통치하신다. 은파의 오직 주님은 교회를 세우신 교회의 하나님이시다. 주님은 교회의 주인이시고 교회를 관리하시고 경영하시는 분이다. 오직 주님은 교회를 위해 죽기까지 자신을 희생하시고 교회를 섬기신 주님이시다. 은파의 오직 주님은 나의 하나님이시다. 나의 하나님은 치료의 하나님이시고 축복을 해 주시는 축복의 하나님이시고 은혜를 주시는 은혜의 주님이시고, 부르시고, 사명을 주시고, 소망을 주시고, 소망 자체가 되시는 하나님이이시다. 은파의 오직 주님, 예수 그리스도의 영광은 하나님에 대한 순종과 지상의 삶속에서 부딪치는 인내와 고난 그리고 그런 힘든 삶에서도 겸손히 자신의 사명을 승리로 감당하셨던 그 결과로 주어진 것이었다.
    은파의 오직 주님은 하나님의 사랑 자체이시고, 하나님의 사랑을 보여 주신 분이다. 하나님은 사랑이시다(요한1서 4:7,8). 앞장에서는 오직 주님 예수그리스도의 사랑을 가장 강력하게 표현 할 수 있는 주님과의 대화, 주님과의 동행, 주님이 주시는 평강, 그리고 주님의 책임과 보호에 대해서 연구했다.

 6장에서는 오직 주님 예수 그리스도는 우리 각자 개인을 돌보시며 인도하시는 주님이시며, 우리 모두를 인도하시는 모두의 주님이시이시며, 우리가 자랑해야 할 가장 귀하신 주님이심을 연구할 것이다. 그리고 예수님의 고난과 죽음과 부활 사건은 예수님이 우리 모두의 주님이심을 증명하고 있음에 대해서 연구할 것이다.

은파의 오직 주님은 사랑의 하나님이다. 주님은 인격적인 하나님이시기 때문에 사랑하는 자와 대화를 나누신다. 이 대화가 기도이다. 주님은 우리를 사랑하시는 오직 주님이시다. 주님은 우리를 사랑하시기 때문에 동행하여 주신다. 주님은 동행하시면서 우리의 길을 안내하시며 지켜 주신다. 그리고 주님은 우리 마음의 모든 상처와 아픔을 어루만지시고 치유해 주시는 평강의 하나님이시다. 주님은 사랑의 하나님이시기 때문에 사랑하는 자를 책임져 주시고 보호해 주신다. 주님의 이러한 사랑의 행위 때문에 우리는 주님의 사랑 안에서 풍성한 삶을 살고 있다.

은파는 오직 주님이 이 세상에서 가장 귀하신 분임을 고백하며 그 이유가 무엇인지를 성도들에게 가르치며 목회한다.

은파에 의하면 예수님은 이 세상에서 가장 귀한 분이다. 이 세상에 예수님 외에 다른 귀한 것은 아무것도 없다. 명예, 권력, 부와 귀, 그 어떤 것도 예수님과 비교할 수 없다. 그래서 그는 "주 예수보다 귀한 것은 없네"라는 찬송가를 사랑하며 열심히 불렀다고 다음과 같이 고백하고 있다.

저는 1970년부터 1980년까지 하일동에 있는 해양교회에서 목회를 했습니다. 그 당시 하일동은 573번 시내버스가 유일한 교통수단이었습니다. 종점이 서울 운동장이었는데 동대문을 돌아 서울 운동장에서 사람이 다 내리고 거기서 다시 타고 돌아옵니다. 긴 시간 시내버스를 타면서 제가 항상 불렀던 찬송이 102장 "주 예수 보다 귀한 것은 없네" 였습니다. 많이 울

제6장 나의 주님 가장 귀하신 주님

면서 부르고 은혜도 많이 받았습니다. 백 번 천 번 불러도 또 부르고 싶었던 찬송이었습니다. 버스가 신당동 행당동을 지나서 한양대학교 앞을 지나면 그다음에 뚝섬까지는 사람들이 별로 없었습니다. 이제 화양리에 오면 가게가 나옵니다. 전자대리점에서 텔레비전 파는 것을 보면 그 당시에는 텔레비전이 귀했기 때문에 "주 예수 보다 더 귀한 것은 없네 텔레비전보다 더"하고 찬송을 불렀습니다. 버스가 광나루를 거쳐 하일동으로 들어오면 얼마나 기쁘고 즐거웠든지 그 시내버스에서의 찬송을 지금도 잊을 수 없습니다. 주 예수 보다 귀한 것은 없습니다. 무엇과도 바꿀 수 없습니다. 영 죽을 내 대신 온갖 더러운 나의 죄 때문에 주님께서 죽으셨습니다. 이보다 더 귀한 것은 없습니다.[1]

그러면 무엇이 은파에게 예수 그리스도가 이 세상의 어떤 것보다 더 귀하게 만들었나?

그리고 초지일관 그의 삶과 그의 목회에서 예수님을 가장 귀한 분으로 모시게 했나 하는 문제를 알아보기 위해 "예수보다 귀한 것은 없네"라는 은파의 설교를 분석해보고자 한다.

은파는 먼저 성경에서 이 세상에서 가장 귀한 것은 예수 그리

---

[1] 김삼환, 『주님보다 귀한 것은 없네』(서울: 실로암, 2004) 20-21. 통일 찬송가 102장 "주 예수 보다더 귀한 것은 없네 이 세상 부귀와 바꿀 수 없네 영죽을 내 대신 돌아 가신 돌아가신 그 놀라운 사랑 잊지 못해 세상 즐거운 다 버리고 세상자랑 다 버렸네 주 예수 보다 귀한 것은 없네 예수 밖에는 없네".

스도라고 말씀하고 있다고 전제한다.

> 성경은 이 세상에서 가장 귀한 것은 우리 주 예수 그리스도라고 말씀하고 있습니다. 한평생을 살아가면서 부모나 자녀나 남편이나 아내나 어른이나 아이나 높은 사람, 낮은 사람, 있는 사람 없는 사람 할 것 없이 우리 인간에게 가장 귀한 것은 예수 그리스도 한분이십니다. 그분이 우리를 도와주십니다. 그분이 우리의 길을 인도하여 주십니다. 그분이 함께하셔야 우리가 언제나 승리할 수 있습니다.[2]

은파는 성경이 예수 그리스도가 모두 각자에게 가장 귀한 분이라고 말씀하고 있다고 증언한다. 우리 인간이 누구도 도와줄 수 없는 매우 극한 상황에 있을 때 예수 그리스도만이 우리를 도와주시고 우리의 길을 인도해 주시고 우리가 승리하게 해 주신다는 것이다. 그러므로 예수 그리스도는 이 땅에서 살아가는 우리 인간들에게 가장 귀한 분이심을 알기 쉽게 설명하기 위하여 몇 가지 예를 들고 있다.

첫째, 목자와 양의 관계를 통해
둘째, 출애굽 사건을 통해
셋째, 예수님을 가장 귀한 분이심을 믿고 영접한 사람들을 통해[3]
위의 세 항목을 좀 더 구체적으로 설명하면 다음과 같다.

---

[2] Ibid., 13.
[3] 김삼환, 『주님보다 귀한 것은 없네』, 12-24.

1. 목자이신 주님

은파는 시편 23편의 말씀을 통해서 양 한 마리 한 마리에게 목자가 필요하고 목자의 도움이 필요하듯이 우리 각 사람에게도 목자이신 예수 그리스도가 필요하다고 주장한다. 은파에 의하면 양의 행복과 안전이 목자로부터 오듯이 우리 인간의 축복과 안전도 목자이신 예수 그리스도께로부터 온다는 것이다. 은파는 이 사실을 잘 이해하도록 돕기 위해 유대인들이 양을 어떻게 보살피고 있는지를 다음과 같이 설명한다.

> 유대 나라에 가보면 양과 목자와의 관계가 얼마나 소중한지 알 수 없습니다. 양은 목자가 인도하는 대로 따라갑니다. 목자는 양을 푸른 초장과 쉴 만한 물가로 이끌고 갑니다. 비가 안 올 때는 한 3일씩 양 떼를 데리고 풀 있는 곳을 찾아 이동합니다. 그래서 한번 집을 떠난 목자는 좀처럼 집에 못 돌아옵니다. 몇 개월 혹은 일 년 만에 돌아오기도 합니다. 양들을 데리고 수백 킬로미터씩 풀 있는 곳을 찾아다닙니다.[4]

위의 말씀을 보면 목자가 얼마나 양과 밀접한 관계에 있는지를 보게 한다. 그리고 목자가 얼마나 양을 위해서 산과 들을 헤매며, 집에도 못 가고 양을 돌보며 자신을 희생하고 있는지를 섬세

---

[4] Ibid., 14.

하게 설명해 주고 있다. 이처럼 예수님은 하늘에 있는 자신의 왕좌를 두고 이 세상에 오셔서 목자로서 양 된 인간을 위해 봉사하시면서 십자가에 못 박혀 죽으시기까지 자신을 희생하셨다.

이어서 은파는 목자가 양들이 넘어지지 않도록 돌보고, 지키고 보호하는 것을 통해서 주님이 우리를 지키고 보호하시고 계심을 다음과 같이 설명한다.

> 여호와는 나의 목자입니다. 그가 인도하시므로, 우리는 안전합니다. 길이 좋다고 위험이 없는 것이 아닙니다. 고속도로도 알고 보면 사망의 음침한 골짜기입니다. 아파트도 안전하게 지은 것 같지만 우리가 살고 있는 이 모든 땅은 사실 사망의 음침한 골짜기입니다. 그럼에도 어젯밤에 잠을 잘 자고 무사히 여기까지 온 것은 주님께서 사망의 음침한 골짜기를 통과하는 나를 주의 지팡이로 인도하여 주셨기 때문입니다. 여호와는 나의 목자이십니다.[5]

은파는 목자이신 예수 그리스도께서 목자가 양을 보호하듯이 양들인 우리를 보호해 주시기 때문에 오늘 우리가 여기에 있다고 주장한다. 은파는 주님의 도우심으로만 우리가 이렇게 건강하게 안전하게 존재함을 주장한다. 은파는 이스라엘의 목자상을 통해 예수 그리스도는 우리의 보호자이심을 강조하고 있다. 이런 면에

---

5 Ibid., 14.

서 주님은 우리의 목자이시고 가장 귀한 분이다.

2. 인도자이신 주님

은파는 하나님이 이스라엘 백성을 애굽에서 인도하신 사건을 통해 주님을 우리의 인도자로 묘사하고 있다.

> 이스라엘 백성이 애굽에서 430년간 종으로 살다가 하나님의 인도하심을 따라 애굽을 떠나 돌아오게 됩니다. 40년 동안 광야를 통과하여 가나안으로 들어갑니다. 광야는 생명이 필요로 하는 것은 아무것도 없는 곳입니다. 전부 피해야 할 것들만 있는 곳이 광야입니다. 그런데 하나님은 그러한 곳으로 이스라엘을 인도하셨습니다.[6]

은파는 하나님이 이스라엘을 광야로 인도하셔서 40년 동안 광야에서 그들의 삶을 인도하셨음을 지적한다. 그리고 예수 그리스도는 이처럼 우리를 인도하고 계시는 주님이심을 말씀한다. 주님이 우리를 인도하셨다는 것은 우리와 함께 계심을 뜻하기도 한다. 은파는 주님이 우리와 함께하고 계심에 대해서도 출애굽 사건을 통해서 강조한다.

---

6 Ibid., 15.

이스라엘 백성이 광야에서 어떻게 살았습니까? 하나님께서 함께하시므로 살았습니다. 하나님께서 전적으로 도우셨습니다. 하나님께서 저들에게 필요한 것을 주셨습니다. 물이 없는 곳이었지만 목말라 죽은 사람은 하나도 없었습니다. 약 200만 명이나 되는 이스라엘 백성을 40년 동안 한결같이 먹이셨습니다. 저들은 헐벗지 않았습니다. 그렇게 추운 밤에도 얼어 죽은 사람이 없었고 그렇게 더운 낮에도 일사병으로 죽은 사람이 한 명도 없었습니다. 전갈과 독사가 우글거리는 속에서도 그로 인하여 죽은 사람은 한 사람도 없었습니다. 단지 불신앙 때문에 죽었고 불평하고 의심하다가 병들었고 하나님을 떠나서 재앙을 당했던 것입니다. 하나님께서 함께하시는 자는 머리털 하나 상하지 않습니다.[7]

위의 말씀에서 은파는 하나님이 이스라엘 백성들과 함께하시면서 도우셨다고 강조한다. 하나님은 이스라엘 백성들에게 필요한 것을 다 주셨다. 먹을 것을 주셨고 입을 것을 주셨고, 추울 때도 춥지 않게 하셨고 더울 때도 견디게 하셨고 이스라엘 백성들의 삶에 필요한 모든 것을 도와주셨다고 설교한다.

그리고 은파는 "주님께서 함께하시므로 우리에게 부족함이 없습니다. 주 예수보다 귀한 것은 없습니다. 이 땅에서만이 아닙니다. 주님은 영원히 우리에게 귀한 분이십니다"[8]라고 한다. 은파는

---

[7] Ibid., 15, 16.
[8] Ibid., 16.

이렇게 예수님이 길을 인도해 주시고 필요한 것을 주신다는 사실을 통해 예수님만이 우리의 주님이시고, 그리고 이런 한 주님을 만난 사람들을 통해서 확실히 예수님만이 우리 인생 문제를 해결하신 분이라는 사실을 성도들에게 설득시킨다.

3. 모두의 주님

은파가 예수님을 가장 귀한 분이심을 강조한다고 해서 이 세상에서 귀하게 여기는 것들을 전혀 가치가 없다고 주장하는 것은 아니다. 이 세상의 모든 만물이 각 종류대로 다 귀하고 아름답고 가치가 있다. 자식도 다 귀하다. 그러나 어려움을 당해 보면 자식이 도움이 될 수 있지만 큰 도움이 되지 못한다. 그러므로 자식도 귀하다고 할 수 있지만 이런 것들이 다 "주 예수보다는 귀하지 않다"고 말한다.[9]

은파는 먼저 성경에 나타난 많은 인물이 예수님을 만나 어떻게 어려움을 극복하고 예수님을 가장 귀한 분으로 모시게 되었는지를 언급하므로 예수님은 그에게 나오는 모든 사람의 주님이심을 다음과 같이 언급한다.

나사로의 가정은 나사로가 젊은 나이에 죽음으로 온 식구들이 큰 슬픔 중에 있었다. 그러나 예수님이 이 가정에 오시므로 나사

---

[9] Ibid., 17.

로가 부활하고 새로운 기쁨이 온 가정을 덮었다. 이 가정에서 이 때 예수님은 가장 귀한 분이 되셨다. 예수님은 죽은 자를 살리시는 능력을 통해 가장 귀한 분이심을 보여 주셨다.

가나의 결혼 잔칫집에서는 포도주가 떨어졌다. 그러나 예수님이 오시므로 물로 포도주를 만들어 가장 좋은 포도주로 풍성하게 되었다. 그리고 결혼식은 기쁨과 축복으로 마치게 되었다. 이 가정에서 예수님은 가장 귀한 분이 되셨다.

삭개오는 세리장이었다. 그는 유대인이었지만 유대인들에게 미움의 대상이었다. 이러한 삭개오가 예수님을 만나고 새로운 사람이 되었다. 이제는 그의 삶의 목표가 바뀌었다. 삭개오에게 가장 귀한 분은 예수님이 되었다.

사마리아 여인은 우물가에서 예수님을 만났다. 그녀는 남편을 다섯 번이나 바꿀 만큼 인생길이 순탄하지 못했다. 동내에서는 따돌림을 당한 외로운 여인이었다. 그러나 예수님을 만나고 예수님을 자신의 생애에서 최고로 귀한 분으로 모시게 되었다. 이 여인에게 예수님은 최고로 귀한 분이 되셨다.

이러한 사람들은 예수님을 최고의 귀한 분으로 영접하며 살았다.[10]

> 주님은 슬픈 자에게도 귀한 분이시고, 기쁜 자에게도 귀한 분이십니다. 산에서도 귀하시고, 광야에서도 귀하시고 건강할

---

[10] Ibid., 18.

때나 병들어서도 귀하시고, 실패해서도 성공해서도 귀한 분이십니다. 예수는 우리의 부요함이시며 우리의 빛이시며 우리의 평안이시며 우리의 포도나무가 되셔서 항상 열매를 맺게 하십니다. 그는 우리의 좋은 친구시며 목자이시며 우리의 소망과 생명이십니다. 사람에게 가장 큰 행복은 우리 주님이 귀한 줄 알고 주님을 사랑하는 것입니다. 주님을 사랑하였던 때가 평생에 가장 행복한 때입니다. 주 예수보다 귀한 것은 없습니다.[11]

은파에게도 오직 예수님만이 가장 귀한 분이시다. 그 이유는 예수님만 옆에 계시면 인생의 모든 문제가 해결되고 예수님만이 자신에게 참 행복을 주시기 때문이다. 예수께서 해결하지 못하실 문제가 이 세상에는 아무것도 없다.

은파는 다음과 같이 예수는 영원히 우리에게 귀한 분이심을 강조하며 다음과 같이 이 설교를 마친다.

주 예수만이 우리의 구원이시오, 우리의 힘이시오, 능력이십니다. 오직 한 분 예수님과 함께해야 우리가 광야를 통과할 수 있습니다. 사망의 음침한 골짜기를 넘어갈 수 있습니다. 예수님과 함께할 때 요단을 건너 저 천국까지 갈 수 있습니다. 있는 자나 없는 자나 다 마찬가지입니다. 주 예수밖에 없

---

[11] Ibid., 18.

습니다. 할렐루야!

　은파는 예수님만이 우리의 길을 인도하시며 지키시는 목자이시며 구원이시오 능력이라고 고백한다. 예수 그리스도는 가장 힘들고 어려울 때 우리에게 오셔서 도와주시고 지켜 주시는 목자이시기 때문에 우리에게 가장 귀하신 분이다. 그리고 우리를 이 땅에서 요단을 건너 하나님의 나라까지 인도해 주시는 분이기 때문에 예수님만이 우리의 오직 주님인 것이다.
　은파는 예수 그리스도를 오직 주님으로 모시고 섬기며 평생을 다해 충성하고 있다. 왜냐하면 그분은 목자요 인도자요 구원자이시기 때문이다. 은파는 예수님이 우리를 위해서 어떤 과정을 통해 우리의 구원자가 되셨는지를 설명한다.
　그것은 십자가 사건이다. 예수님을 나의 주님으로 모시면서 예수님의 고난과 십자가(죽음)와 부활을 모르면 안 된다는 것이 은파의 주장이다. 그래서 은파는 이 부분의 설교를 매우 정성스럽게 준비하고 전한 것을 볼 수 있다. 다음에는 은파가 전한 예수님과 십자가에 대해 살펴볼 것이다.

4. 자랑해야 할 주님

　예수님은 우리를 위해 고난을 당하시고 십자가 위에서 죽으셨다. 그리고 부활하셨다. 예수님의 고난과 십자가는 예수님의 생

제6장 나의 주님 가장 귀하신 주님

애에서 매우 중요한 사건이다. 이 사건을 은파는 어떻게 이해하고 가르쳤는지 살펴보고자 한다. 먼저 주님의 고난이 은파에게서 왜 가장 중요한 것인지 살펴 볼 것이다. 은파는 그의 설교에서 십자가에 대해서 다음과 같이 증언한다.

> 십자가 보다 귀한 것은 없습니다. 갈라디아서 6:14에 보면 "그러나 내게는 우리 주 예수 십자가 외에 결코 자랑할 것이 없으니…"라고 말씀하고 있습니다. 사도 바울은 자랑할 것이 많은 사람이었습니다. 그러나 십자가의 은혜를 받고 나서는 오직 십자가만 자랑하겠다고 고백했습니다.[12]

은파는 사도 바울의 십자가밖에는 자랑할 것이 없다는 말씀을 인용하면서 "십자가보다 귀한 것은 없다"라고 고백하고 있다.
왜 그런가?
은파는 십자가의 고난의 중요성에 대해서 다음과 같이 설교한다.

> 십자가는 온 인류를 위해 주신 하나님의 선물입니다. 예수께서 채찍에 맞으시고 십자가에서 피 흘리시므로 온 인류가 죄 사함을 받았습니다. 십자가의 보혈로 우리 인류를 모든 고통에서 건져 주시고 죽음에서 건져 주시고 마귀에게서 건져 주신 것입니다. 십자가 하나로 인하여 십자가에 못 박히시고 다

---

[12] 김삼환, 『넘치는 감사』(서울: 실로암, 2010), 13.

시 살아나신 부활로 인하여 우리는 하나님의 은혜를 받게 되었습니다.[13]

은파는 위의 말씀에서 십자가는 하나님의 선물이라고 표현한다. 십자가는 하나님의 선물이기 때문에 귀하다. 그리고 그 선물에는 예수님이 우리를 위해 맞으신 채찍이 있고 흘리신 피가 있다. 이 십자가를 통해 우리는 죄와 죽음과 마귀로부터 자유를 얻었다. 이러한 이유 때문에 십자가는 귀한 것이고 이것은 어느 누구도 해결할 수 없는 인류의 문제를 해결하여 주신 사건이다. 그러므로 이 십자가는 귀한 것이고 그리고 하나님이 우리 인간에게 주신 가장 귀한 선물이다.

은파는 예수님이 십자가에서 죽으셨기에 우리가 교회에 나오게 되었다고 가르치고 있다. 십자가의 은혜로 예수를 믿고 하나님의 자녀가 된 성도들은 교회에 나오게 된다. 은파는 이 사실을 다음과 같이 증언한다.

> 예수께서는 우리를 위해 십자가에 못 박히셨습니다. 예수님께서 우리를 위하여 십자가에 죽으시므로 오늘 우리가 교회에 나올 수 있는 것입니다. 우리는 십자가에서 위로를 받으며 모든 문제를 해결할 수 있습니다. 십자가에서 주님을 만나고 그 안에서 은혜를 받습니다.[14]

---

[13] Ibid., 13.
[14] Ibid., 12.

제6장 나의 주님 가장 귀하신 주님

그러나 은파는 십자가를 통해서 우리가 교회에 나온 은혜를 설명하면서 십자가를 통해 위로를 받고, 문제를 해결 받으며, 주님을 만난다는 사실도 언급하고 있다. 그리고 이 십자가가 얼마나 고통스러운 것인지에 대해서도 절대 잊지 않는다. 그리고 십자가의 가치가 여기에 있음을 다음과 같이 강조한다.

> 주님께서는 우리를 위해 이 땅에 오셨습니다. 우리를 위해 십자가를 지시고 십자가에서 돌아가셨습니다. 우리를 대신하여 무거운 죄 짐을 짊어지셨습니다. 우리를 대신하여 저주를 받으셨습니다. 우리를 대신하여 눈물을 흘리심으로 우리가 웃을 수 있게 되었습니다. 그가 십자가 위에서 목마르다 하심으로 우리가 목마르지 않게 되었습니다. 엘리 엘리 라마 사박다니(나의 하나님 나의 하나님 어찌하여 나를 버리셨나이까) 하시므로 우리가 구원을 얻게 되었습니다. "내 영혼을 아버지 손에 부탁하나이다"라고 외치며 돌아가시므로 우리가 살게 된 것입니다. 예수 그리스도께서 이 엄청난 고난을 당하셨기에 오늘 우리가 놀라운 은혜를 받게 된 것입니다. 어린양 예수께서 십자가에서 고난을 당하시므로 우리가 금생과 내생에서 영원한 은총을 받게 된 것입니다.[15]

은파는 십자가에 대한 서술에서 주님의 십자가는 모두 우리

---

[15] Ibid., 44-45.

를 위한 것이고 나를 대신한 것으로 이해했다. 우리를 위해 이 땅에 오셨고 나를 대신해서 십자가를 지셨고 죽으셨다. 나를 대신해서 죄 짐을 짊어지셨고, 저주를 받으셨고, 눈물을 흘리셨고, 버리심을 당하셨고, 우리를 대신하여 영혼을 아버지 손에 부탁하셨다. 이 모든 엄청난 고난은 다 우리를 위한 것이다. 예수님이 이렇게 십자가에서 고난을 받으셨기에 우리는 구원을 받았다. 은파는 이 십자가의 고난을 "엄청난 고난"이라고 표현하고 있다.

은파는 십자가를 통해서 우리가 하나님 앞에 나가는 길이 열렸다는 사실을 다음과 같이 가르치고 있다.

> 우리가 어떻게 하나님 앞에 나갈 수 있습니까? 십자가가 있기 때문입니다. 십자가로 말미암아 하나님 앞에 나아가게 되었습니다. 오늘 우리는 하나님 앞에 나왔습니다. 우리의 공로가 아닌 예수님의 공로로 하나님 앞에 나오게 된 것입니다. 우리가 교회에 나오는 것은 십자가의 길, 하나님 앞에 나아가는 길이기 때문입니다.[16]

은파는 여기서 우리가 하나님 앞에 나가는 것은 십자가를 통해서임을 가르친다. 교회에 나오는 것에서부터 그리고 교회에 와서 예배를 드리며 하나님의 축복과 사랑을 받는 모든 것이 다 십자가를 통해서이다. 은파는 이것에 대해 다음과 같이 말하고 있다.

---

[16] Ibid., 49-50.

제6장 나의 주님 가장 귀하신 주님

왜 그렇습니까? 하나님의 아들이 죽으심으로 우리에게 열어 주신 엄청난 축복의 길을 감사하며 하나님 앞에 나아가는 것입니다.[17]

은파는 우리가 하나님 앞에 나가는 길은 하나님의 아들이 죽으심 때문이라고 말하고 있다. 이렇게 하나님 앞에 나아가는 성도의 삶은 모든 문제가 해결되기 때문에 평안과 승리의 삶을 살 수밖에 없으며 모든 길이 열리게 된다고 다음과 같이 설교한다.

십자가 하나로 모든 문제가 해결되었습니다. 온갖 죄악과 저주로 인하여 하나님 앞에도 설 수 없고 세상에서도 승리할 수 없었던 모든 장애물이 예수 그리스도의 보혈로 다 제거된 것입니다. 우리의 가는 길이 이제 십자가와 함께 열릴 줄 믿습니다. 행복의 길이 열리고 건강의 길이 열리고 축복의 길이 열릴 줄 믿습니다. 예수님의 십자가가 가는 길은 십자가의 모습처럼 동서남북의 길이 열립니다. 십자가가 우리의 가는 길을 열어 주실 줄 믿습니다.[18]

은파가 볼 때, 십자가의 이 능력은 엄청난 것이다. 어떤 능력이나 권세로도 할 수 없는 일을 이루셨다. 십자가의 능력으로 우리가 하나님 앞에 설 수 있는 길이 열렸고, 승리할 수 있고 행복해

---

[17] Ibid., 50.
[18] Ibid., 50-51.

질 수 있는 능력을 받았다. 우리의 가는 길이 어떤 길이든 우리가 가는 길을 막을 수는 없다.

은파는 십자가의 은혜를 받은 성도들은 이 십자가를 증거하고 자랑하는 사명을 가져야 한다고 다음과 같이 권면하고 있다.

> 이제 우리는 십자가를 자랑해야 합니다. 영어로 보스트(boast)는 '자랑하다,' '뽐내다'의 뜻입니다. 우리는 십자가를 영광스럽게 생각해야 합니다. 헬라어로 '카우카오마이'($\kappa\alpha\upsilon\chi\acute{\alpha}o\mu\alpha\iota$)는 "십자가로 인하여 기뻐한다"는 뜻입니다. 성도는 십자가를 자랑하며 살아갑니다. 십자가를 부끄러워하지 않습니다.[19]

은파는 성도의 사명은 십자가를 자랑하는 것이라고 말한다. 그러므로 그는 십자가를 부끄러워하는 성도가 되지 않기를 부탁한다.

> 하나님께서 마음껏 축복하실 수 있도록 십자가를 증거하며 예수 그리스도를 자랑하고 높이는 성도가 되시기를 바랍니다. 우리를 위하여 하나님의 아들이 생명까지 버렸는데 부끄러울 것이 무엇이 있습니까? 십자가는 사람을 죽이는 틀이 아닙니까? 그런데도 사도들은 예수님을 높였습니다. 우리를 구원하신 주님의 십자가, 생명의 십자가를 증거할 때에 그대로 되었

---

[19] Ibid., 55.

습니다. 사람을 죽이는 형틀이 온 인류에게 구원의 기쁜 소식이 될 줄 누가 알았겠습니까? 주님을 기쁨으로 증거하는 성도가 되시기를 바랍니다.[20]

은파는 십자가의 중요성을 설명하고 십자가를 자랑해야 한다고 권면하고 있다. 은파는 바울의 십자가 외에는 자랑할 것이 없다는 고백을 통해서 십자가의 고귀성과 십자가를 전해야 할 사명을 자신은 물론 성도들에게 고취시키고 있다. 또한 은파는 십자가를 증거하고 자랑하고 높이는 성도는 하나님께서 마음껏 축복하신다고 증언한다. 그러므로 십자가를 부끄러워하지 않는 성도가 되기를 부탁한다.

예수님의 고난은 십자가의 죽음에서 끝나지 않는다. 영광스러운 부활이 있다. 부활은 우리에게 새로운 영생의 세계가 있음을 보여주고 인간은 예수님처럼 부활 할 수 있다는 소망을 보여준다. 그러므로 우리는 자연스럽게 영생의 주님에 대한 관심을 갖게 된다.

5. 오직 주님의 부활

예수님은 고난받으시고 죽으셨다. 예수님의 고난과 죽음을 상징하는 것은 십자가이다. 예수님의 생애는 십자가에서 끝나지 않

---

[20] Ibid., 57.

는다. 그에게는 영광의 부활이 있다. 기독교는 예수님의 전 생애가 다 중요하다. 어느 한 부분도 소홀히 할 수 없다.

동정녀 몸에서 탄생하신 탄생도 중요하고 제사장과 서기관들에게 잡혀서 빌라도에게 고난을 당하신 것도 중요하고 십자가위에서 못 박혀 돌아가신 것도 중요하다. 그리고 죽은 지 사흘 만에 부활하신 사건도 중요하다. 그리고 승천하시고 다시 오실 재림도 중요하다.

그러므로 여기서 은파는 예수님의 부활을 어떻게 믿고 어떻게 증언했는지 살펴보고자 한다.

부활에 대한 은파의 여러 자료를 살펴보면 다음 네 개의 항목이 항상 주된 내용으로 등장하고 있음을 알게 된다.

첫째, 부활은 인류의 죽음 문제를 해결하는 사망에 대한 승리 사건이다.

둘째, 부활은 죽은 인간을 살려 영생을 주시기 위한 사건이다.

셋째, 부활은 인류의 절망을 희망으로 전환한 사건이다.

넷째, 부활은 인간에게 새로운 삶을 시작하게 하는 소망이다.

그러므로 이제 위의 네 가지 항목을 중심으로 오직 주님의 부활을 살펴볼 것이다.

1) 부활은 사망에 대한 승리이다.

은파는 부활 주일 설교를 다음과 같이 시작하고 있다. 이런 설교는 성도들에게 부활의 확신과 사망에 대한 승리의 확신을 갖게 한다.

예수님께서 다시 살아나셨습니다. 이보다 더 기쁜 날이 없습니다. 예수께서 사망 권세를 이기시고 부활하셨기 때문입니다. 오늘은 교회의 생일입니다. 성도의 생일입니다. 성도의 기쁨의 뿌리는 바로 여기에 있습니다. 영원한 기쁨, 영원한 생명을 주신 주님, 사망 권세를 이기시고 부활하신 주님을 세세토록 찬양하며 영광 돌려 드립니다. 오늘은 주님께서 승리하신 날입니다. 모든 어두움의 세력, 저주의 세력을 물리치고 승리하신 축복의 날이요 구원의 날이요 승리의 날입니다. 사망의 문이 우리를 가로막고 있었지만 예수 그리스도께서 무덤 문을 열고 나오심으로 우리 모두 생명의 길로 나오게 되었습니다.[21]

　은파는 위의 설교에서 "사망 권세를 이기시고 부활하신 주님을 찬양하며 영광을 돌려드린다"라고 했다. 그리고 부활 주일은 모든 어두움의 세력, 저주의 세력을 물리치고 승리하신 축복의 날이요 구원의 날"이라고 선포하고 있다. 또한, 이날은 교회의 생일이요 성도의 생일이라고 의미를 부여하고 있다. 예수님의 부활로 우리가 모두 생명의 길로 나오게 되었다고 설명한다. 그리고 은파는 어떻게 사망이 인간을 지배하게 되었으며 예수님이 부활하신 이 사건이 왜 중요한지에 대해서 다음과 같이 설명한다.

---

[21] Ibid., 98.

로마서 5:17에 보면 "한 사람의 범죄를 인하여 사망이 그 한 사람으로 말미암아 왕 노릇하였은 즉…"이라고 말씀하고 있습니다. 죄로 인하여 사망이 우리를 지배하게 되었다는 것입니다. 사망이 왕 노릇하게 된 것입니다. 그러나 주님께서 우리를 대신하여 십자가에 못 박혀 죽으심으로 우리는 죄의 용서함을 받게 되었습니다. 예수님께서 사망 권세와 싸워 이기심으로 우리를 지배하던 사망 권세가 물러가게 되었습니다. 우리는 하나님의 자녀로서 누려야 할 모든 축복을 회복하게 된 것입니다.[22]

은파는 위의 설교에서 인간의 죄로 인하여 사망이 왕 노릇 하고 있었지만 예수께서 오셔서 사망 권세를 이기시고 부활로 승리하시므로, 우리는 하나님의 자녀가 되어 영생의 길이 열리게 되었다고 말하고 있다. 은파는 여기서 전 인류를 위한 복음의 핵심을 전하고 있다. 그리고 더 구체적으로 다음과 같이 설명한다.

사람은 사망을 벗어날 수 없습니다. 우리가 사망에서 벗어나는 길은 오직 하나님의 아들 예수 그리스도밖에 없습니다. 메시아밖에 없습니다. 어떤 종교든지 다 사망의 지배 아래 있으며 결국은 죽습니다. 아무리 좋은 일을 많이 해도 죽습니다. 죽음에서 건져낼 자가 없습니다. 우리 주 예수께서 부활하셨

---

[22] Ibid., 99.

습니다. 그로 인해 우리 인간이 잃었던 생명을 주님께서 다시 되돌려 주셨습니다.[23]

은파는 우리가 예수님의 부활로 사망에서 벗어날 수 있게 되었다고 강조하고 있다. 이 세상의 모든 종교가 다 사망의 지배 아래 있지만, 우리 주님의 부활로 잃었던 생명을 다시 돌려받았다고 말씀하고 있다. 은파는 예수님의 부활은 죄로 인하여 찾아온 인간의 죄와 죽음의 문제를 동시에 해결한 사건이라고 주장한다.

2) 부활은 영생을 주시기 위한 것이다.

은파는 "예수께서 왜 부활하셨습니까?"라는 이 질문을 하면서 다음과 같이 대답한다.

> 예수께서는 우리를 위하여 죽으셨으며 우리에게 영원한 생명을 주시려고 부활하셨습니다.[24]

예수님은 죄로 죽은 인간을 살리시고 새 생명을 주셨다는 것이다. 은파는 새 생명을 주실 수 있는 예수 그리스도의 신분에 대해서는 "구세주," "온 우주 만물을 다스리는 만왕의 왕" 그리고 "통치하시는 분"으로 묘사했다. 그리고 우리 인간은 과거에는 죄와 마귀와 사망이 우리를 지배했으나 이제는 하나님의 아들이 지

---

[23] Ibid., 206.
[24] Ibid., 102.

배하며, 생명이 지배하는 하나님 자녀의 삶을 살게 되었다고 한다. 즉, 죽은 생명이 예수 그리스도의 부활로 새 생명을 얻고 생명이신 예수 그리스도가 지배하는 삶을 살게 되었다는 것이다. 은파는 이러한 자신의 주장을 네 개의 성경 구절로 증언한다.

첫째, 고린도전서 5:17 "그런즉 누구든지 그리스도 안에 있으면 새로운 피조물이라 이전 것은 지나갔으니 보라 새것이 되었도다"이다.

이 말씀은 예수 그리스도의 부활로 우리는 새로운 피조물, 새 생명의 소유자가 되었다는 뜻이다.

둘째, 요한복음 3:16 "이는 저를 믿는 자마다 멸망하지 않고 영생을 얻게 하려 하심이라"이다.

우리는 부활하신 예수 그리스도를 믿으므로 영생을 소유하는 새 생명을 소유하게 되었다.

셋째, 요한복음 5:24 "내가 진실로 진실로 너희에게 이르노니 내 말을 듣고 또 나 보내신 이를 믿는 자는 영생을 얻었고 심판에 이르지 아니하나니 사망에서 생명으로 옮겼느니라"이다.

이 말씀은 부활하신 예수 그리스도를 믿는 자는 영원히 사는 생명을 얻었다는 사실을 증명해 주시고 있는 말씀이라고 할 수 있다. 이런 말씀들이 은파에게는 부활하신 예수 그리스도를 통해서 우리가 사망으로부터 영원한 생명을 얻는 것을 증거 해 주고 있는 말씀으로 믿고 있다고 하겠다.

넷째, 로마서 8:1, 2 "그러므로 이제 그리스도 예수 안에 있는 자에게는 결코 정죄함이 없나니 이는 그리스도 예수 안에 있는 생명의 성령의 법이 죄와 사망의 법에서 나를 해방하였음이라"이다.

이 말씀은 예수 그리스도의 부활로 얻은 새 생명을 소유한 사람은 부활하신 주님을 통해서 죄와 사망에서 자유하게 되었음을 뜻하고 있다. 그러므로 예수 그리스도 안에 있는 자에게는 다시는 정죄하는 자도 없고 성령의 인도하심이 죄와 사망 법에서 자유케 하신다는 것이다. 부활하신 주님은 승천하시면서 성령을 보내주셨고 성령은 새 생명을 소유한 자를 다스리고 통치한다는 것을 말하고 있다.[25]

3) 예수 그리스도의 부활은 인간에게 희망을 준다.

은파는 사람이 죄를 지은 것은 사탄의 유혹으로 말미암아 된 것이요 사람이 죽은 것은 죄 때문에 온 것이라고 가르친다. 그러므로 은파는 사탄과 죄와 죽음은 항상 같이 다니는 친구라고 말한다. 인간은 사탄과 죄와 죽음으로 인하여 좌절하고 희망을 잃었다. 은파는 인간은 사탄과 죽음과 죄를 이길 힘이 없다는 사실을 인정해야 한다고 다음과 같이 주장한다.

> 인간이 이길 수 없는 가장 큰 힘은 죄요 사망이요 마귀입니다. 이것은 하나님의 삼위일체와 구분하여 사탄의 삼위일체라고 할 수 있습니다. 죄가 있는 곳에 마귀가 있습니다. 마귀가 있는 곳에 사망이 있습니다. 이 세 가지는 항상 같이 다닙

---

[25] Ibid., 103.

니다. 문어의 다리와 머리가 같이 붙어 다니는 것과 같습니다. 사탄은 항상 우리에게 죄를 짓게 합니다. 죄를 지으면 망합니다. 이 세상에는 죄의 능력을 이길 자가 없습니다. 아무런 방법이 없습니다.[26]

그리고 성경의 많은 인물들도 이 문제를 해결하지 못하여 기도하는 것을 볼 수 있다. 시편 51:1에 보면 "내 죄과를 도말하소서"라고 말씀하고 있으며 시편 51:7에는 "우슬초로 나를 정결하게 하소서," 그리고 시편 51:9에는 "주의 얼굴을 내 죄에서 돌이키시고 내 모든 죄악을 도말하소서"라고 간구한다. 사람의 죄 문제는 사람이 해결할 수 없다. 오직 하나님만이 하실 수 있다. 왜냐하면 사람이 죄를 지은 것은 하나님께 지은 것이기 때문이다. 이사야는 하나님이 죄를 씻겨주시는 사실을 다음과 같이 선포한다.

> 너희 죄가 주홍 같을지라도 눈과 같이 희어질 것이요 진홍같이 붉을지라도 양털같이 되리라(사 1:18).[27]

그러므로 은파는 이 말씀을 근거하여 다음과 같이 담대히 선포한다.

누구든지 주님을 믿으면 멸망하지 않습니다. 주님은 죄와 사

---

[26] Ibid., 102.
[27] Ibid., 104-106.

망과 마귀로부터 우리를 건져 주십니다. 다른 것은 전혀 염려할 것이 없습니다. 주님을 믿는 믿음이 우리를 모든 저주에서 건져 주십니다. 성도는 이 사실을 믿어야 합니다. 로마서 10:10에 보면 "사람이 마음으로 믿어 의에 이르고 입으로 시인하여 구원에 이르느니라"라고 말씀하고 있습니다. 믿는 사람은 영생에 이르게 됩니다. 부활의 주님이 함께하시기 때문입니다. 그러므로 복음인 것입니다.[28]

은파는 부활하신 주님이 죄와 사망과 마귀로부터 우리를 건져 주실 것을 확실하게 말씀하고 있고 그렇기 때문에 예수님의 부활은 인간에게 복음이라고 말씀하고 있다. 그리고 이 복음을 믿는 사람들은 영생에 이르게 된다고 말한다. 은파는 좌절 가운데 있었던 사람들이 부활하신 예수님을 만나 희망과 기쁨을 회복한 사건에 대해서 다음과 같이 말한다.

여러분 성경을 읽으면 부활하신 주님을 만날 수 있습니다. 왜 교회에 나옵니까? 주님을 만나러 나옵니다. 어떤 분은 질병 속에서 치료해 주신 주님을 만납니다. 엠마오의 제자들처럼 낙심과 좌절 속에서 주님을 만나는 사람들도 있습니다. 기도하고 봉사하다가 주님을 만납니다. 꿈속에서도 주님을 만납니다.[29]

---

[28] Ibid., 106.
[29] Ibid., 108-019.

은파의 오직 주님 예수 그리스도는 부활하신 주님이다. 부활하신 주님을 우리는 지금도 만날 수 있다. 은파는 성경을 읽으면서도 주님을 만날 수 있고, 교회에서 예배를 드리면서도 만날 수 있고, 질병 속에서 치료자로 오신 주님으로 만날 수 있고, 낙심과 좌절 속에서 엠마오로 가는 도상에서 부활하신 주님을 만난 제자들처럼 주님을 만날 수 있다고 말한다. 기도하며 봉사 중에도 만날 수 있다고 강조한다. 왜냐하면, 주님은 부활하셨기 때문이다.

4) 예수님의 부활은 새로운 삶의 시작이다

은파의 설교는 거의 빠짐없이 예수를 믿는 성도들이 이 세상에서 어떻게 살아야 할지를 제시해 준다. 예수님의 부활을 믿는 성도들에게도 부활 신앙을 가진 자의 삶이 있음을 제시해 준다. 그래서 은파는 부활하신 주님을 만난 사람은 이제 주님과 함께 살며 자신의 삶이 변해야 한다고 권면하면서 다음과 같이 일곱 가지 삶의 지침을 제시한다.

(1) 주님과 함께 살아야 한다

은파는 우리의 과거의 삶은 마귀의 지배를 받았으며 그 결과 우리의 모든 언어와 생활 습관은 매우 어두웠지만 부활하신 예수 그리스도를 통해서 과거의 어둡고 나쁜 생활을 버려야 하다고 다음과 같이 권하고 있다.

예전의 생활은 어두움이 지배하던 생활이었습니다. 우리의 언어도 우리의 표정도 죄와 어두움이 지배했습니다. 마귀가 지배했습니다. 마귀의 유혹을 따라 살았습니다. 좋은 가정에서도 감사하지 못하고 불평 불만하며 살았습니다. 이제 우리는 모든 잘못된 삶의 무덤에서 나와 부활하신 주님과 함께 길을 가야 합니다. 주님과 함께 살아가야 할 줄 믿습니다. 우리는 구원을 얻어야 할 뿐만 아니라 사탄에 의해 우리 안에 잠재되어있는 나쁜 것들을 버려야 합니다.[30]

은파는 여기서 우리는 부활하신 주님과 함께 길을 가야 한다. 주님과 함께 살아야 한다. 사탄의 지배에서 벗어나 나쁜 것들을 버려야 한다고 권면하고 있다. 예수님이 부활하심으로써 사탄의 권세를 이기셨다. 그러므로 우리는 더이상 사탄의 종이 될 수 없다. 예수님과 함께 살고 예수님과 걸으면 우리는 부활하신 주님과 동행하는 것이다.

(2) 죄악의 유혹에서 벗어나야 한다

은파는 부활하신 주님을 만나면 주님과 함께 걸으면서 죄의 유혹에서 벗어나야 한다고 권면한다. 우리 안에 죄와 마귀가 아직 남아 있는 증상은 "원망하고 불평하고 미워하는 것"이라고 주장한다. 원망과 불평과 미움은 죄의 근본이다. 그러므로 주님과 동행하면서 죄를 짓는 삶을 떠난 새로운 삶을 살아야 한다.

---

[30] Ibid., 110.

(3) 회개하며 살아야 한다

은파는 부활을 믿는 성도는 가정에 위기와 질병과 환난이 올 때 자신의 죄를 찾아 회개하라고 권면한다. 그리고 "주님 제가 잘못했습니다. 용서해 주세요!"라고 기도하면 문제가 풀린다고 설교한다. 그러므로 하나님 앞에 죄를 회개하고 고백할 때 놀라운 일이 일어난다고 가르친다.

(4) 소망 중에 살아야 한다

은파는 부활하신 예수를 믿는 사람은 부활의 소망을 가지고 살도록 부탁한다. 절망하지 않기를 간절히 부탁한다. 내가 어려움을 느낄 때는 오히려 나보다 더 어려운 사람을 찾아가 선한 손길을 베풀라고 권면한다.

(5) 위로하며 살아라

은파는 부활하신 주님과 사는 사람은 소망 중에 사는 사람이다. 이런 사람은 약한 자, 병든 자, 시험 든 자, 상처 입은 자를 찾아가서 위로해 주고, 사랑해 주고 만날 때 이 세상 어디에서도 얻지 못하는 행복을 얻게 된다고 권면한다.

(6) 전도하라

은파는 부활하신 주님과 함께 사는 이 기쁨을 혼자만 가지고 살면 안 된다고 말한다. 은파는 아직도 어두움과 사망의 권세와 악한 세력이 덮고 있는 우리의 이웃과 민족을 주님께로 인도해야 한다고 강조한다. 한마디로 전도의 삶을 살기를 가르치고 있다.

(7) 교회 중심의 삶을 살아야 한다

은파는 부활하신 주님을 만나고 주님과 함께 살지만, 사탄은 계속 우리를 공격하고 유혹하므로 우리는 항상 교회 중심, 교회 안에 머물러 있어야 함을 권하고 있다. 교회 중심으로 교회 안에서 주님과 함께 살 때, 인생을 행복하게 살 수 있다고 설교한다.[31] 은파는 다음과 같이 부활에 대한 설교의 결론을 내린다.

> 기독교는 생명의 종교입니다. 죽음은 끝이 아닙니다. 십자가가 끝이 아닙니다. 어떤 어두움과 절망과 위기와 가난과 실패가 있을지라도 우리는 부활할 것을 믿어야 합니다. 일어나고 살아나고 잘 될 것을 믿어야 합니다. 실패만 보면 안 됩니다. 내 주변의 환경만 보면 안 됩니다. 반드시 좋은 날이 옵니다.
> 왜 그렇습니까?
> 우리는 부활을 믿기 때문입니다.[32]

은파의 오직 주님은 죽음에서 부활하신 살아 계신 하나님이다. 이 하나님은 우리의 모든 삶을 잘되도록 부활하게 해 주시는 새 생명의 주님이시다. 새로운 환경을 마련해 주시고 반드시 승리하게 해 주시는 살아 계신 주님이시다.

---

[31] Ibid., 110-116.
[32] Ibid., 128.

은파의 오직 주님은 가장 귀하신 주님이다. 가장 귀하신 주님은 모든 인류에게도 가장 귀하신 주님이시고 가치가 가장 크신 분이다. 예수 그리스도는 세상 죄를 지고 가신 하나님의 어린양이다. 모든 인류의 죄를 구속하시고 사탄과 사망을 이기시고 부활하신 주님이시다. 오직 주님은 그의 고난과 죽음과 부활을 통해 우리 인간에게 새로운 소망과 행복을 주셨다. 은파에게는 주 예수 그리스도 외에는 다른 귀한 것이 없다.

그러면 은파는 평생을 섬겨온 오직 주님 예수 그리스도를 위해 무엇을 어떻게 충성했는지에 대해서 다음 장에서 살펴보고자 한다. 그의 충성의 결과는 그가 얼마나 오직 주님을 사랑하고 자랑했는지를 그의 주님께 그리고 온 세상에 아낌없이 보여 준다.

제7장

나의 주님 나의 주인

    은파의 오직 주님은 천지를 창조하신 만물의 하나님이시다. 오직 주님은 천지의 모든 것을 주관하시고 관리하시고 통치하신다. 은파의 오직 주님은 교회를 세우신 교회의 하나님이시다. 주님은 교회의 주인이시고 교회를 관리하시고 경영하시는 분이다. 오직 주님은 교회를 위해 죽기까지 자신을 희생하시고 교회를 섬기신 주님이시다. 은파의 오직 주님은 나의 하나님이시다. 나의 하나님은 치료의 하나님이시고 축복을 해 주시는 축복의 하나님이시고 은혜를 주시는 은혜의 주님이시고, 부르시고, 사명을 주시고, 소망을 주시고, 소망 자체가 되시는 하나님이이시다. 은파의 오직 주님, 예수 그리스도의 영광은 하나님에 대한 순종과 지상의 삶속에서 부딪치는 인내와 고난 그리고 그런 힘든 삶에서도 겸손히 자신의 사명을 승리로 감당하셨던 그 결과로 주어진 것이었다.
    은파의 오직 주님은 하나님의 사랑 자체이시고, 하나님의 사랑을 보여 주신 분이다. 하나님은 사랑이시다(요한1서 4:7,8) 오직 주님 예수그리스도는 우리와 대화하시고 동행하시며, 평강을 주시며, 책임져 주시며 보호해 주시는 분이다. 예수 그리스도는 자신의 죽음과 부활을 통해서 온 인류의 구원자이심을 입중하셨다.

그러므로 은파에 의하면 예수 그리스도만이 인간의 경배와 예배를 받으실 수 있고, 인간은 삼위 일체되신 오직 주님께만 예배를 드리고 경배해야 한다. 그리고 구원받은 성도는 오직 주님께만 충성해야 한다. 은파도 그의 목회에서 오직 예수 그리스도께만 충성했다. 그러므로 여기서는 은파의 목회사역에서 그가 어느 분야에 어떻게 충성했는지 살펴보고자 한다.

은파의 오직 주님에 대한 충성스런 사역은 아래의 다섯 항목으로 요약할 수 있다. 첫째는 주님의 뜻을 이루는 충성, 둘째는 주님께 영광을 올려 드리는 충성, 셋째는 복음만을 전하는 충성 넷째는 찬양을 드리는 충성이다. 다섯째는 기도를 훈련시키는 충성이다. 그러므로 다음에서는 위의 주제로 연구하게 될 것이다.

1. 오직 주님의 뜻을 이루는 충성

은파는 그의 목회를 하나님의 뜻을 이루어 가는 것으로 보았다. 그래서 그는 교회의 구역장들을 교육하면서 구역조직의 장들이 하나님의 뜻을 따라야 한다는 것을 다음과 같이 가르치고 있다.

> 여러분은 주님의 뜻을 따라 충성하는 구역장과 권찰이 되시기 바랍니다. 권찰은 구역장의 뜻을 따라야 합니다. 자기 마음대로 심방을 하거나 교회와 상관없는 모임을 가지면 안 됩니다. 구역장을 도와서 구역원을 돌보는 것이 권찰의 역할입니다. 그리고 구역장은 주의 종의 뜻을 따라야 하고 주의 종은 하나님의 뜻을 따라야 합니다.[1]

은파는 구역장 교육을 통해서 권찰로부터 목사에 이르기까지 하나님의 뜻을 따라야 함을 강조하고 있다.

"주의 종은 하나님의 뜻을 따라야 한다."

그리고 그가 충성에 대해 가르칠 때는 예수님이 하나님의 뜻을 이루시기 위해 기도하시는 그 장면이 충성의 가장 중요한 본이 됨을 가르치고 있다.

---

[1] 김삼환, 『구역장 교육 I』(서울: 도서출판 오직 주님, 1998). 138.

십자가를 앞에 두고 "아버지여 만일 아버지의 뜻이어든 이 잔을 내게서 옮기시옵소서 그러나 내 원대로 마옵시고 아버지의 원대로 되기를 원하나이다"(눅 22:42)라고 기도하신 예수님의 자세가 바로 충성입니다. 예수님은 하나님의 뜻대로 십자가의 고통을 받아들이셨습니다. 모세도 하나님의 뜻대로 끝까지 충성했습니다.[2]

은파는 모세도 예수님도 하나님이 뜻을 이루기 위해 충성했다는 사실을 상기시키고 있다. 그러므로 은파는 우리 교회도 자신도 주님의 뜻을 이루는 것을 최우선으로 두어야 함을 말씀하고 있다. 은파는 하나님이 요구하시는 것은 충성이며 충성은 내 뜻대로 하는 것이 아니라 주님의 뜻대로 하는 것임을 상기시킨다. 그리고 은파는 하나님의 뜻을 이루기 위해 우리가 충성할 때 살고, 성장하고, 복을 받는다고 가르친다.[3]

그리고 은파는 성도들에게 삶의 목적이 하나님의 뜻을 이루어 드리는 일과 영광을 돌려 드리는 일에 초점을 맞추어야 한다고 다음과 같이 설교한다.

우리 삶의 목적은 하나님의 영광에 있습니다. 내가 잘되려고 사는 것이 아닙니다. 내가 행복하려고 결혼하면 불행해집니다. 내가 잘 살려고 사업하면 실패합니다. 내 뜻대로 사는 것

---

2 Ibid.
3 Ibid., 138-142.

이 아니라 아버지의 뜻이 이루어지도록 살아야 합니다.⁴

은파는 여기서 분명하게 가르치고 있다. 우리 삶의 목적은 하나님의 영광에 있어야 하고, 아버지의 뜻이 이루어져야 한다는 것이다. 그런데 문제는 우리 인간들이 어떻게 하나님의 뜻을 아느냐 하는 것이다. 은파는 하나님의 뜻을 어떻게 알 수 있느냐의 문제를 심각하게 고민하여 한 설교가 있다.

설교 제목은 "하나님의 뜻은 어디에 있습니까?"이다. 은파는 이 설교에서 하나님께는 뜻이 있는 데 우리는 하나님의 뜻을 알고 살아야 하고 하나님의 뜻을 이루며 살아야 축복된 삶을 살 수 있다고 강조한다.⁵

그리고 은파는 "하나님의 뜻은 높은 곳에 있고 하나님의 뜻은 거룩하며 하나님만이 그 뜻을 계획하시고 이루시며 하나님의 뜻에 조언할 자도 없고 혼자 결정하시고 혼자 일을 이루시는 분"⁶이라고 설교한다. 그런데 이 하나님의 뜻을 찾고 알고 이 뜻대로 살아야 하는 데 이 뜻을 찾고 이해한다는 것이 쉽지 않다는 것이다. 은파는 하나님은 자신의 일을 숨기지 않고 일하시는 분이기 때문에 우리는 하나님의 뜻을 알 수 있다면서 하나님의 뜻을 아는 방법 세 가지를 제시한다.

---

4 김삼환,『새벽을 깨워야 새벽이 옵니다』(서울: 도서출판 실로암, 2013), 146.
5 김삼환,『꿀을 먹으라(하)』(서울: 실로암, 1997), 80-85.
6 김삼환,『꿀을 먹으라(하)』, 81.

첫째, 기도하는 것이다.

은파는 예수님이 십자가를 앞에 두고 기도하실 때 하나님의 뜻을 알기 위해 기도하셨다는 것이다(눅 22:42). 그러므로 우리도 하나님의 뜻을 알기 위해서는 기도해야 한다는 것이다(렘 33:3).

둘째, 성경대로 산다.

하나님의 뜻은 성경에 기록되어 있으므로 성경 말씀대로 사는 것이 하나님의 뜻대로 사는 것이라고 가르치고 있다. 예수님은 십자가의 길을 가는 것은 선지자들의 글을 이루는 것이라고 말씀하셨다(마 26:56). 주님은 성경의 예언 된 말씀을 성취해 가시면서 지상 생활을 하셨다. 그러므로 주님의 지상 생활은 하나님의 뜻이 하나님의 말씀인 성경에 있다는 것을 가르쳐 주셨다.

셋째, 성령의 인도를 통해서 하나님의 뜻을 알 수 있다.

은파는 성령의 사역 중에는 하나님의 뜻을 우리에게 전해 주시고 하나님의 뜻을 가르쳐 주시는 분이라고 가르치고 있다.[7] 이렇게 하나님의 뜻을 알고 하나님의 뜻을 이루어 드리는 삶이 예수 그리스도를 오직 주님으로 고백하는 자의 온전한 삶이라는 것이다.

이것은 우리 인생 전체의 주인이신 오직 주님을 위해 충성하는 자의 당연한 의무이고 사명이라고 할 수 있다. 이런 면에서 다음에는 충성의 목적과 대상이 되는 주님께 영광을 드리는 충성에 대해서 논하고자 한다.

---

7 Ibid., 78-86.

2. 오직 주님께 영광을 드리는 충성

은파는 예수 그리스도를 나의 오직 주님으로 고백하고 하나님의 뜻을 이루어 드리는 것을 위해 최선을 다했다. 그리고 이것을 성도들에게 가르쳤다. 그리고 그는 이러한 수고는 하나님께 영광을 돌려 드리는 일이라는 것을 확신했다. 그는 자신의 목회 전 사역은 하나님의 은혜이며 그러므로 마땅히 하나님께 영광을 돌려드려야 한다는 것을 다음과 같이 강조한다.

> 우리는 이 모든 것이 하나님으로부터 주어진 은혜라고 봅니다. 위치가 좋은 것도 하나님의 은혜요, 아파트가 병풍처럼 둘러쳐져 있는 것도 하나님의 은혜요 때를 잘 잡은 것도 하나님의 은혜입니다. 동일한 조건으로 성장하지 못하는 교회가 있는 것을 보면 조건이 중요한 것이 아닙니다. 성장하게 하시는 하나님의 은혜가 모든 조건의 배후에서 섭리하셨기 때문인 것을 믿습니다. 교회가 하는 일은 주님을 영화롭게 하고 기쁘시게 하는 일입니다. 하나님께서는 당신을 영화롭게, 기쁘시게 하려는 목적으로 당신의 형상대로 사람을 지으셨습니다.[8]

은파는 여기서 교회의 좋은 장소를 주신 것이 하나님의 은혜이며 교회를 성장시켜 주시는 것도 하나님의 은혜임을 말씀하고

---

[8] 김삼환, 『주님을 사랑해야 사랑합니다』(서울: 실로암, 2009), 108-109.

있다. 그리고 이것은 주님을 영화롭게 해 드리고 기쁘시게 해 드리기 위한 것이다. 그리고 교회는 물론이고 하나님이 사람을 창조하시는 목적도 하나님을 영화롭게, 기쁘시게 하려는 목적으로 하나님의 형상대로 지으셨다.

그러므로 교회나 사람이나 모든 일을 할 때 하나님의 영광을 위한 것이어야 한다는 것이 그의 주장이다. 은파는 하나님이 기뻐하시는 일을 할 때 하나님께 영광을 돌려 드리는 일이라고 믿었다. 그리고 이것이 가장 가치 있는 일이라고 믿었다.

> 어떤 삶이 가치 있는 삶입니까? 하나님을 기쁘시게 하는 삶입니다. 가장 훌륭하게 사는 길, 가장 복되게 사는 길은 무엇입니까? 하나님을 영화롭게 하고 하나님을 기쁘시게 해 드리는 것입니다. 그것은 바로 예수님을 잘 믿고 성령 충만하여 이웃에게 헌신 봉사하는 삶입니다.[9]

그리고 그는 하나님께 영광을 드리고 하나님을 영화롭게 하는 일은 "예수님을 잘 믿고 성령 충만하여 이웃에게 헌신 봉사하는 삶"이라고 말하고 있다.

그러면 은파는 오직 주님께 영광을 올려 드리기 위한 그의 충성이 이웃에게 헌신 봉사하는 삶이라면 그의 이러한 사상이 어떻게 그의 목회에 나타났는가?

---

[9] 김삼환, 『주님을 사랑해야 행복합니다』(서울: 실로암, 2009), 110.

그는 명성교회를 개척하고 21년이 지난 후의 그의 설교 중에 다음과 같은 내용이 있다. 개척하고 석 달 후인 그해 10월부터 이웃을 돕기 시작했고, 20년이 지난 지금은 800~1,000여 교회를 돕고 있다고 했다. 1983년부터는 장학관을 세워 농어촌 교회 교역자 자녀들을 데려다가 무료로 공부를 시키기 시작했다[10]며 교회의 사명에 대해 다음과 같이 말하고 있다.

> 교회는 나누는 곳입니다. 안으로 들어오는 자를 위로해 주고 밖에 있는 자를 찾아가서 도와주는 곳입니다. 교회는 그리스도의 삶을 실천하는 곳입니다. 우는 자와 함께 울어 주며 병든 자를 도와주고 위로해 주는 것이 교회의 사명입니다.[11]

은파는 교회의 사명은 나누는 곳이고, 도와주는 곳이고, 그리스도의 삶을 실천하는 곳이며 우는 자와 병든 자를 도와주는 곳이라고 말하고 있다.

그러면 그가 섬기는 명성교회는 어떻게 나누고 도와주었는가?

현재 명성교회의 섬김과 봉사의 현황은 선교사는 파송 선교사, 현지인 선교사, 견습 전문인 선교사, 협력 선교사를 합하여 67개국에 277가정 그리고 502명의 선교사로 되어 있다.[12] 그 외에도 개척선교, 의료선교, 교정선교, 교도소선교 등, 낮은 곳에 사는 자

---

[10] Ibid., 111.
[11] Ibid., 112-113.
[12] 2017년 명성교회 정책회의 자료, 211

들을 위한 선교를 하고 있다.

그리고 장학관 사역은 지금은 전국적으로 7개의 장학관에서 그동안 5천여 명의 학생들이 배출되어 사회 각처에서 기독인으로서 그들의 맡은 사명을 잘 감당하고 있다. 그 외에도 복지사역, 장애인사역, 농아사역, 교육사역 등, 도움이 필요한 곳은 어디든지 달려가고 있다. 이러한 사역의 목적은 모두 하나님께 영광을 돌려 드리는 데 그 목적이 있다.

다음으로 은파는 성도들에게 하나님을 영화롭게 해 드리고 하나님을 기쁘시게 해 드리는 것은 주님 앞에 나와 예배드리는 것이라고 가르친다.

> 하나님께서 기뻐하시는 일이 무엇입니까? 주님 앞에 나오는 일입니다. 교회에 나와 예배를 드리는 일입니다. 하나님 앞에 나와 예배드리고 기도하는 일을 참으로 기뻐하십니다. 하나님께서는 예배받으시기를 원하시며 기뻐하십니다. 성소에서 우리와 만나는 것을 좋아하십니다. 하나님께서 기뻐하시는 일은 하나님의 자녀들이 하나님의 집에 나오는 것입니다.[13]

은파는 하나님께 예배를 드리는 것이 하나님께 영광을 드리는 일로 보았다. 그리고 성도들이 하나님께 영광을 돌려 드리는 삶으로 교회와 가정에서의 화목과 온유하고 겸손한 삶을 예로 들었

---

[13] 김삼환, 『주님을 사랑해야 합니다』, 114.

다.¹⁴ 은파에게 주 예수 그리스도를 주님으로 모시고 사는 삶은 하나님께 영광을 돌려 드려야 하며 하나님이 기뻐하시는 삶을 사는 것이다. 그러므로 은파는 성도들에게 다음과 같이 권면한다.

> 교인은 하나님만 높이고 하나님만 영화롭게 하고 나 자신을 나타내지 말아야 합니다. 할렐루야! 하나님께서 내게 주신 엄청난 은혜를 감사하면서 어떤 면으로나 주님을 영화롭게 하는 생애가 되어야 할 줄로 믿습니다. 우리가 하나님의 자녀로 태어나서 하나님을 영화롭게도 못하고 하나님의 거룩한 뜻을 증거하지도 못하고 이 땅을 떠난다면 얼마나 안타까운 일이겠습니까? 생명이 다하기 전에 하나님을 영화롭게 하는 복된 생애가 되시기를 바랍니다.¹⁵

은파는 여기서 주님의 나라에 가기 전에 하나님께 모든 은혜를 감사드리며 주님을 영화롭게 하여 하나님께 영광 돌려 드리는 삶을 살기를 간절히 권면하고 있다.

3. 오직 주님의 복음만을 전하는 충성

은파는 주님의 뜻을 이루기 위한 충성에 이어 우리 하나님께

14　김삼환, 『주님을 사랑해야 행복합니다』, 118-120.
15　김삼환, 『꿀을 먹으라(하)』, 303.

영광을 돌려 드리는 일에 최선을 다해야 한다고 역설했다. 이제 그는 좋은 주인이 원하시는 일을 해야 한다고 주장한다. 그리고 은파는 자신의 주인이 원하시는 것은 복음을 전하는 일이라는 것을 믿고 있었다.

은파는 예수 그리스도를 자신의 전 생애의 모든 영역에서 주인이시고 주님이라고 고백했다. 현대의 다원주의는 인간의 죄 문제와 밀접한 관련이 있는 죄의 용서와 구원까지도 기독교만 있는 것이 아니라고 주장한다. 이러한 때에, 은파는 주님께 충성하는 중요한 사역 중에 하나가 주님의 복음을 바르게 그리고 우선으로 전하는 것이 충성이라고 이해하고 있다. 은파는 국제 컨퍼런스의 강좌에서 다음과 같이 강의했다.

> 목회자는 축복의 말만 해야 합니다. 저주의 말을 하면 안 됩니다. 복음은 복된 소리, 기적의 소리입니다. 우리는 복음을 전해야 합니다. 우리는 과학이나 지식을 전하는 것이 아닙니다. 여러 가지를 전하는 것이 아닙니다. 예수 그리스도를 우선하고 복음을 우선하는 것입니다.[16]

은파는 여기서 목회자는 설교할 때 축복의 말씀, 복음의 복된 소리, 기적의 소리를 해야 한다. 그러나 복음이신 예수 그리스도를 우선으로 전해야 한다고 말하고 있다. 그리고 복음에 대한 핵

---

[16] 김삼환, 『새벽을 깨워야 새벽이 옵니다』, 221.

심 진리에 대해서는 다음과 같이 말한다.

> 예수님이 왜 오셨습니까? 우리의 죄를 씻기 위하여 오셨습니다. 죄를 사하기 위해서 오셨습니다. 무서운 파괴력으로 산산조각이 나게 하는 죄의 뇌관을 빼내기 위해서 주님은 오셨습니다. 죄를 법적으로 정리하기 위하여 오셨습니다. 그렇습니다. 예수님 앞에서는 검은 죄도 붉은 죄도 양털같이 됩니다. 무거운 죄도 눈 녹듯이 사라집니다. 예수님을 믿으면 더러운 죄도 깨끗하게 씻기는 것입니다. 아무리 흉악한 죄라도 예수님의 손에서는 사라지게 되는 것입니다. 어떠한 죄라도 하나님 앞에서는 완전한 사면 복권이 되는 줄 믿습니다.[17]

은파는 오직 주님, 예수 그리스도께서 이 세상에 오신 이유는 우리의 죄를 사하기 위해서 오셨다고 강조한다. 죄란 사회성이 있기 때문에 법적 구속력이 있다. 그러므로 예수님은 이 세상에 오셔서 죄를 법적으로 정리하셨다고 주장하고 있다. 그래서 예수님은 우리를 하나님 앞에서 완전 사면시켜 주셨다. 이것은 큰 기쁜 소식이다. 그러므로 이 소식을 최우선으로 전해야 한다는 것이다.

왜 최우선으로 전해야 하는가?

여기에 대해서 은파는 인간의 모든 문제는 하나님을 떠나 죄를 짓고 하나님께 버림받음으로 시작되었기 때문에 하나님께로

---

[17] 김삼환, 『꿀을 먹이라(하)』, 180.

돌아가야 우리 인간의 삶의 문제가 치료되고 회복되고 은혜와 축복이 넘친다는 큰 기쁨의 소식이기 때문에, 이 소식을 최우선으로 급히 전해야 한다고 강조한다.[18]

그러면 이 소식을 받은 사람들은 어떤 태도를 취해야 하는가? 은파는 말씀대로 믿어야 한다고 다음과 같이 설교한다.

> 하나님께서도 우리 인류를 향하여 마지막으로 사랑하는 아들을 보내면서 믿으라고 말씀하십니다. 그 아들을 의지하라고 말씀하십니다. 그 아들을 우리에게 보내시는 하나님의 사랑입니다. 요한복음 3:16에 보면 "하나님이 세상을 이처럼 사랑하사 독생자를 주셨으니 이는 저를 믿는 자마다 멸망치 않고 영생을 얻게 하려 하심이라"고 말씀하고 있습니다. 얼마나 사랑하시면 독생자를 주셨겠습니까? 더 이상의 길은 없습니다. 아들을 보내시면서 그 아들을 믿으면 산다고 말씀하십니다. 아들은 하나님께로부터 인간의 모든 문제를 해결할 수 있는 능력을 받아 이 땅에 오신 분입니다. 그 아들이 바로 예수 그리스도이십니다. 예수 그리스도께서는 가장 크고 어려운 구원의 문제를 해결해 주시고 인류에게 필요한 모든 좋은 것들을 공급해 주십니다.[19]

은파는 계속 하나님이 보내 주신 예수 그리스도를 믿어야 한

---

18 김삼환, 『갈급합니다』(서울: 실로암, 2009), 75.
19 Ibid., 76-77.

다고 강조한다. 그러면서 믿는다는 것은 입으로 시인하는 것이라고 다음과 같이 정의한다.

> 예수 그리스도를 맞이하는 것(믿는 길)이 무엇입니까?
> 입으로 시인하는 것입니다. 주님을 믿는다고 입으로 고백하기만 하면 구원도 얻고, 죄 사함도 받고, 영생도 얻습니다.[20]

은파는 이렇게 복음의 소식을 듣고 영접하고 믿어서 구원을 받은 사람은 그리스도의 복음을 증거하는 사람이 된다고 다음과 같이 설교한다.

> 우리는 입으로 구원을 받을 뿐만 아니라 입으로 그리스도를 증거합니다. 입으로 시인을 하면 그 믿음이 내 안에 거하고 그 구원이 내 안에 역사하게 됩니다. 하나님의 은혜가 입을 통하여 내 안에 임하게 되면 그 생명이 내 안에 임하게 됩니다. 입으로 하나님께서 주신 은혜를 증거해야 합니다. 선교사들도 우리나라에 입을 가지고 들어왔습니다. 복음을 가지고 들어왔습니다.[21]

복음을 입으로 시인하면 그 믿음이 내 안에 거하여 구원을 이루고 그 구원의 은혜를 증거하며 전하게 된다고 말하고 있다. 은

---

[20] Ibid., 79.
[21] Ibid., 85.

파는 복음을 전하고 복음을 받은 사람들이 구원을 얻도록 한 후에는 반드시 구원받은 그 복음을 그들이 전하도록 가르치고 그렇게 하도록 하고 있는 것을 볼 수 있다.

> 하나님의 나라는 복음입니다. 우리는 이 복음의 씨앗을 전해야 합니다. 이 땅에 뿌려야 합니다. 성경에는 땅끝까지 뿌려야 한다고 말씀하고 있습니다. 아시아에도 뿌리고, 유럽에도 뿌리고, 아프리카에도 뿌리고, 전 세계에 뿌려야 할 사명이 우리 믿는 자들에게 있습니다. 예수 그리스도께서 나의 구주가 되셨으면 다른 사람들에게도 구주가 되시도록, 내가 천국에 들어가게 되었으면 다른 사람들도 천국에 들어갈 수 있도록, 내가 은혜를 받았으면 다른 사람들도 은혜를 받을 수 있도록 사명을 감당해야 합니다.[22]

은파는 성경의 말씀대로 복음을 받고 구원받은 사람들이 복음의 씨앗을 땅끝까지 전 세계에 뿌려야 한다고 가르치고 있다. 이것은 오직 주님이라고 고백한 자의 사명일 뿐만 아니라 그렇게 믿는 다른 사람도 자신과 같은 사명을 가져야 한다는 것이 은파의 오직 주님 신앙이다.

---

[22] Ibid., 87-88.

4. 오직 주님만을 찬양하는 충성

은파는 오직 주님 예수 그리스도를 발견하고 그는 자신의 생명을 주님께 드리는 충성으로 주님을 섬기되 머슴으로 살아가고 있다. 그는 주님의 뜻을 이루는 일념으로 충성하고, 주님께 영광을 돌려 드리는 일념으로 충성을 하고, 주님이 이 세상에 오셔서 자신의 생명을 드려 이루신 복음을 전하는 데 그의 생명을 바치고 있다.

은파는 주님이 가장 기뻐하시고 자신이 드릴 수 있는 최고의 제물을 드리기를 원한다. 그것은 찬양을 드리는 일이다. 그리고 그의 목회 중에 중요한 사역 중에 하나는 찬양이다. 그러므로 여기서는 주님께 드리는 그의 찬양에 관한 사상과 목회에 대해서 살펴보고자 한다.

은파의 찬양에 대한 관련 자료를 살펴보면 그의 찬양사역을 다음과 같이 정리할 수 있다.

첫째, 주님께 찬양은 누가 드릴 수 있는가?
둘째, 주님은 정말 찬양을 원하시는가?
셋째, 찬양은 언제 어디서 드릴 수 있는가?
넷째, 찬양의 영향 혹은 결과는 무엇인가?

다음은 위의 내용을 중심으로 은파가 오직 주님께 드리는 은파의 찬양사역에 대한 살펴보고자 한다.

1) 주님께 찬양은 누가 드릴 수 있는가?

먼저 은파는 찬송을 다음과 같이 정의한다.

> 찬송은 우리 주 예수 그리스도를 만난 자가, 우리 주 예수 그리스도로 말미암아 은혜를 받은 자가, 그리고 구원을 얻은 자가 감사해서 하나님 앞에 드리는 것입니다.[23]

그리고 은파는 "찬양은 하나님께 영광을 돌리고 전적으로 하나님만을 위하여 드리는 것"이라고 정의한다. 은파는 찬양을 위와 같이 정의하므로 세상의 노래와 완전히 구별하고 있음을 알 수 있다. 그는 주님께 찬양을 드릴 수 있는 자는 주님을 만난 자, 은혜를 받은 자, 그리고 구원을 얻는 자로 위의 정의에 명시되었다. 그리고 찬양은 이런 구원을 받은 자가 감사하는 마음으로 주님께만 드리는 것이라는 것을 또한 분명히 하고 있다.

주님께 찬양은 누가 드릴 수 있는가?

이런 질문을 하는 성도를 염두에 둔 채, 은파는 찬양에 대한 정의를 하기 위해 다음과 같이 구체적인 내용의 설교를 한다.

> 하나님의 은혜와 능력을 경험한 자는 찬송하게 되어 있습니다. 위대하신 하나님을 찬송하지 않을 수 없습니다. 성경에 나오는 찬송의 역사를 보더라도 대부분 기적이 일어 난후에

---

[23] 김삼환,『바로 바라보라』(서울: 오직 주님, 1993), 346.

찬송했음을 알 수 있습니다. 홍해를 건널 때, 홍해가 갈라지는 그 장면을 볼 때, 찬송이 나오지 않을 수 없었습니다. 히스기야가 병 고침을 받았을 때 찬송하지 않을 수 없었습니다. 한나가 아들을 낳지 못해 온갖 모욕을 당하다가 기도의 응답으로 아들을 낳았을 때도 찬송이 나왔습니다. 내 힘으로 아들을 낳은 사람은 찬송하지 못합니다. 내 힘으로 돈을 번 사람은 찬송하지 못합니다. 내 힘으로 출세를 얻은 사람은 찬송하지 못합니다. 되는 일이 없어 죽을 수 밖에 없을 때 하나님의 은혜와 능력으로 구원 받은 사람만이 찬송하는 줄로 믿습니다. 그래서 찬송이 귀한 것입니다. 하나님을 만나지 아니하면 하나님의 자녀가 되지 아니하면 찬송할 수 없습니다. 새로운 심령만이 찬송할 수 있습니다. 죄 사함을 받는 거룩한 하나님의 백성만이 하나님의 위대하심을 찬양할 수 있습니다.[24]

위의 내용의 핵심은 하나님의 자녀로서 하나님께서 나를 위해 행하신 그 일을 경험하면 누구나 찬양을 드리지 않을 수 없다는 것이다. 홍해를 건넜던 이스라엘 백성, 병 고침을 받은 히스기야, 아들을 낳은 한나 등이 모두 하나님이 도우시는 기적을 체험하면서 넘치는 기쁨으로 찬양했다.

그러므로 성도는 이러한 경험에서 나오는 찬양으로 영광을 돌려 드려야 한다. 은파는 다윗이 여호와를 나의 반석이라고 고백하

---

[24] 김삼환,『복 받은 백성의 노래』(서울: 실로암, 2015), 133-134.

면서 찬양하는 말씀을 소개한다.

> 시편 144:1에서 "나의 반석이신 여호와를 찬송하리로다"라고 말씀합니다. 다윗은 사울 왕에게 쫓길 때 반석에 몸을 피하여 살았고, 이스라엘 백성이 광야를 지날 때 반석에서 나오는 물을 마시며 목마름을 해결했습니다. 반석은 이스라엘을 살리는 생명의 상징입니다. 그러므로 찬송은 하나님을 믿고 의지하며 하나님께서 주시는 생수를 마시고 반석되시는 하나님께로 피하는 자만이 찬송할 수 있습니다.[25]

우리 성도들이 체험한 가장 큰 은혜의 경험은 주님의 은혜로 죄 사함을 받고 구원을 얻고 하나님이 자녀가 된 경험이다. 은파는 이러한 경험을 가진 자는 마땅히 찬양을 드려야 한다고 권면한다.

> 구원받은 하나님의 자녀는 모든 어두움에서 해방되었기 때문에 절로 찬양이 나옵니다. 주님을 모시고 성령으로 거듭나야만, 죄 사함을 받아야만 찬양이 나오는 줄로 믿습니다.[26]

그러므로 찬양은 은파에 의하면 예수를 믿고 하나님의 자녀가 된 백성들이 은혜받고 축복받고 감사해서 주님께만 드리는 것이다.

---

[25] Ibid., 235-236.
[26] Ibid., 132.

2) 주님은 찬양의 제사를 원하신다.

하나님은 우리의 찬양을 기쁘게 받으신다. 그리고 찬양을 드리기를 원하시고 우리를 예수님을 믿게 하시고 구원시켜 주셨다. 은파는 이 사실을 다음과 같이 설교한다.

> 하나님은 우리의 찬양을 가장 기뻐하십니다. 성도의 축복은 감사와 찬양으로 하나님께 영광 돌리는 데 있습니다. 교회에 나와 예배드리고 기도하고 봉사하는 모든 일이 하나님께 영광이 되지만 가장 큰 영광은 하나님을 찬양하는 것입니다. 찬양은 입으로 하지만 그 마음속에는 신령과 진정이 가득해야 합니다. 신령한 마음 없이 입술로만 찬양하는 것은 외식에 불과합니다.
>
> 먼저 마음속 깊이 하나님을 믿고 고백하고 기쁨과 감사하므로 찬양을 드려야 합니다. 하나님을 영화롭게 하는 삶이 최고의 삶입니다. 에베소서 1:5-6을 보면 "그 기쁘신 뜻대로 우리를 예정하사 예수 그리스도로 말미암아 자기의 아들들이 되게 하셨으니 이는 그가 사랑하시는 자 안에서 우리에게 거저 주시는 그의 은혜의 영광을 찬송하게 하려는 것이라"고 말씀하고 있습니다.[27]

위의 설교를 분석하면 하나님은 우리의 찬양을 가장 기뻐하신

---

[27] Ibid., 204, 205.

다. 물론 하나님은 다른 우리의 섬김과 봉사도 기뻐하신다. 그러나 찬양을 더 기뻐하신다. 그리고 이 찬양은 마음속 깊이 하나님을 믿고 고백하고 기쁨과 감사하므로 찬양을 드려야 한다. 그리고 이러한 삶은 하나님께 영광을 드리는 삶인데, 영광중에 가장 귀한 영광은 찬양을 드리는 것이다.

그리고 은파는 시편 96:1-13을 통해서 우리는 언제나 하나님의 이름을 송축하고 만방에 선포해야 한다고 가르친다. 여호와의 이름에 합당한 영광을 돌리는 것은 찬양임을 가르치고 있다. 그리고 우리는 하나님께 찬양을 드릴 때 하나님을 최고로 높여서 극진히 찬양하고 경배해야 한다고 강조한다. 그 이유는 우리 주님은 다른 어떤 신과도 비교할 수 없을 만큼 참신이시고 전능하신 하나님이시기 때문이다.[28] 그리고 은파는 우리가 드려야 할 찬양은 하나님이 주신다고 가르친다.

> 찬송은 주님께서 주십니다. 모든 환난과 풍랑을 이겨내고 승리해야만, 놀라우신 하나님을 경험해야만 찬송이 나오는 것입니다. 하나님의 놀라우신 사랑을 경험한 새 생명은 늘 찬송하게 되어 있습니다. 하나님께서는 세상 노래는 절대로 듣지 아니하십니다. 그러나 내 영혼의 노래는 기쁘게 받으십니다. 하나님은 우리의 찬송을 기뻐하십니다.
> 이사야 43:21에 보면 "이 백성은 내가 나를 위하여 지었나니

---

[28] Ibid., 182.

나를 찬송하게 하려 함이니라"고 말씀하고 있습니다. 찬송은 하나님 앞에 어떤 제물보다도 좋은 제물입니다. 구약에서는 번제, 소제, 속건제, 화목제로 하나님께 제사를 지냈지만, 신약의 제사는 찬미의 제사입니다. 히브리서 13:15에 보면 "그러므로 우리는 예수로 말미암아 항상 찬송의 제사를 하나님께 드리자 이는 그 이름을 증언하는 입술의 열매니라"라고 말씀하고 있습니다. [29]

은파는 찬양은 주님이 주시며 이러한 찬양은 주님이 가장 기뻐하시는 제사이며 제물이라고 가르친다. 그리고 은파는 이사야 43:21을 통하여 하나님이 자기의 백성을 지으신 목적은 하나님을 찬미하기 위해서이며 이 찬송의 제사는 예수 그리스도를 증언하는 입술의 열매라고 가르친다. 은파의 찬양에 대한 가르침과 사상은 성경에 기초하여 하나님이 찬양을 제물보다 더 소중하게 받으신다는 것을 가르치고 있다고 하겠다.

3) 찬양은 언제 어디서 드릴 수 있는가?

은파는 성경적으로 온 회중이나 개인이 찬양을 드리며 하나님께 큰 영광을 드렸던 때와 장소를 다음과 같이 열거한다.

성경에 나오는 찬송의 역사를 보더라도 대부분 기적이 일어

---

[29] Ibid., 132-133.

난 후에 찬송했음을 알 수 있습니다. 홍해를 건널 때, 그 홍해가 갈라지는 장면을 볼 때 찬송이 나오지 않을 수 없었습니다. 한나가 아들을 낳지 못해 온갖 모욕을 당하다가 아들을 낳았을 때도 찬송이 나왔습니다. 내 힘으로 아들을 낳은 사람은 찬송하지 못합니다. 내 힘으로 돈을 번 사람은 찬송을 못합니다. 내 힘으로 건강을, 내 힘으로 출세를 얻은 사람은 찬송하지 못합니다. 되는 일이 없어 죽을 수밖에 없을 때 하나님의 은혜와 능력으로 구원받은 사람만이 찬송할 줄로 믿습니다. 그래서 찬송이 귀한 것입니다.[30]

은파는 성경에서 찬양을 드렸던 사람들은 자신이 이루어 낼 수 없었던 일을 하나님의 도우심으로 해결함을 받고 하나님의 도우심의 은혜와 사랑에 감격하여 찬송시를 쓰고 찬양을 했다고 주장하고 있다. 홍해를 건넜던 사람들이나 한나가 아들을 낳은 후에 드렸던 찬양들이 이 부류에 속한 찬양이라는 것을 예를 들어 설명하고 있다.

그리고 은파가 강조하는 것은 하나님의 자녀가 되지 아니하면, 하나님을 만나는 경험이 없으면 찬송할 수 없다고 강조한다. 죄 사함을 받고 거룩한 백성이 된 새로운 심령만이 하나님의 위대하심을 찬양할 수 있다는 것이다.[31]

은파는 모든 저주와 슬픔과 불행에서 건짐을 받지 아니하면

---

[30] Ibid., 133-134.
[31] Ibid., 134-136.

찬송할 수 없다고 강조한다. 사람이 저주 아래 놓이면 슬픔과 어두움에 정복당하게 되고 찬송할 수 없다고 한다. 이 말씀의 의미는 사람이 슬픔과 불행 중에서는 찬송할 수 없으나 이런 중에도 하나님을 모시고 있는 자는 "기쁨과 소망을 노래하고 영원하신 하나님의 사랑과 은혜를 찬송한다"[32]는 것이다.

그러므로 하나님이 함께하심을 믿고 하나님의 인도를 믿는 성도는 그가 어디에 있든지 찬양할 수 있어야 함을 가르친다. 그리고 그는 오늘 예배 마치고 집에 돌아가면서도 찬양할 것을 다음과 같이 권한다.

> 오늘 집으로 돌아가기 길에 찬송하시기를 바랍니다. 우리를 흑암에서 건져 주신 하나님께 감사와 찬송을 올려드리기 바랍니다. 감사함으로 기도하고, 감사함으로 찬송하고, 감사하므로 봉사하시기 바랍니다.[33]

한마디로 은파는 찬송은 때와 장소를 가리지 않고 하나님을 믿고 하나님을 의지하는 성도는 찬양할 수 있다는 것이다.

늘 찬송하는 것이 성도의 축복이요. 은혜입니다. 큰 힘입니다. 우리는 어디에 있든지, 무엇을 하든지 늘 찬송해야 합니다. 집에 있을 때나 일할 때나, 밤이나 낮이나 하나님을 찬양

---

[32] Ibid., 199.
[33] Ibid., 200.

해야 합니다. 이것이 하나님이 성도에게 주신 은혜의 선물입
니다.[34]

은파의 찬양은 정해진 것이 아니라 항상 기도하고 항상 찬송해야 하며, 한 손으로는 기도하고, 다른 손으로는 찬송하며 살아야 한다고 가르친다.[35]

그러면 이제 찬양이 우리 성도들의 신앙과 삶에 미치는 영향에 대해서 살펴보고자 한다.

4) 찬양의 영향

은파는 성도들에게 찬양에 대한 다양한 성경적 교훈을 강의하고 설교하면서 찬양이 어떤 면에서 우리 성도들에게 유익한지에 대해서 다음과 같이 설명한다.

우리 인간은 찬양으로 하나님을 영화롭게 하도록 지음받았습니다. 찬양할 때에 참 자유와 평강의 하나님께서 함께하십니다. 찬양하는 자에게는 마귀가 왔다가도 돌아갑니다. 찬송하면 마귀가 물러갑니다. 사도 바울이 빌립보 감옥에서 찬송할 때 옥문이 열리고 쇠사슬이 풀렸습니다. 빛이 비추어졌습니다. 산과 강이 환난과 질병이 우리를 가로막을 지라도 찬송하

---

[34] Ibid., 82.
[35] Ibid., 91.

면 다 넘어갈 수 있습니다. 찬송하면 승리할 수 있습니다.[36]

위에서 찬송의 영향에 대해서 은파는 찬양으로 하나님께 영광을 돌려 드리고 찬양할 때 하나님이 함께하시며, 찬양을 하면 마귀가 왔다가 도망가고, 찬양하면 감옥 문이 열리고, 찬양은 어떤 환난에서도 승리할 수 있도록 돕는다고 설교한다.

찬양은 성도의 모든 삶을 지배하고 승리하게 하고 하나님께 대한 사람의 본분을 감당하게 한다. 또한, 은파는 육적인 전쟁은 총과 칼로 이길 수 있지만, 영적인 전쟁은 하나님께서 주신 무기, 하나님을 기쁘시게 하는 찬양으로 승리할 수 있다고 가르치고 있다.

그리고 그 예로 역대하 20장에 있는 모압과 암몬의 연합군과 여호사밧과의 전투에서 여호사밧이 승리했다. 그 이유는 여호사밧은 말씀대로 찬양하면서 전투를 했기 때문이다. 그러므로 은파는 이런 말씀을 중심으로 인간의 모든 문제는 찬양을 하면 하나님이 함께해 주시고 승리하게 해 주신다는 것을 강조한다.

은파는 시편 103편을 중심으로 여호와 하나님을 찬양하는 자의 영향에 대해서 설교한다.[37] 그 내용을 요약하면 다음과 같다.

첫째, 찬송하며 기도하면 보혈의 능력으로 모든 죄악을 사하여 주신다.

물론 은파가 여기서 강조하는 것은 보혈의 능력이지만 찬양을 드리면서 기도할 때 죄 사함의 은총을 받는다는 것이다.

---

[36] Ibid., 134-135
[37] Ibid., 92-94.

둘째, 하나님께 찬송하며 기도하면 병을 고쳐 주신다.

찬양과 기도는 늘 함께한다. 찬양하며 치료에 대해서 간구할 때 하나님이 치료하여 주신다. 그는 자신의 치료에 대해 다음과 같이 간증한다.

> 저는 젊어서부터 몸이 좋지 않아 전국의 유명한 병원을 다 찾아다녔습니다. 좋다는 약을 다 먹어도 낫지 않았습니다. 그래서 기도하고 찬송했습니다. 기도와 찬송이 귀하고도 어렵다는 것을 그때 경험했습니다. 하나님 앞에 기도하고 찬송하자 깨끗하게 치료해 주시고 집안의 병도 거두어 가셔서 건강한 가정으로 만들어주셨습니다.[38]

은파는 자신과 자신의 가족들에게 있었던 모든 질병을 찬송과 기도로 치유했음을 간증하고 있다.

셋째, 우리가 찬송하며 기도할 때 우리를 파멸에서 구원해 주시고 인자와 긍휼로 관을 쓰워 주신다.

그리고 찬양을 드릴 때 소원을 이루어 주시고 청춘을 독수리같이 해주신다[39]

은파는 이렇게 찬양의 영향을 가르치면서 찬송을 본인이 열심히 불러야 한다는 것을 강조한다.

---

[38] Ibid., 93.
[39] Ibid., 93-194.

사랑하는 여러분!

찬송은 듣기만 해도 은혜가 되지만 찬송을 부르면 더 큰 은혜가 되고, 내 영혼에 기쁨이 샘솟습니다. 찬송하면 하나님을 기쁘시게 하고 본인도 잘 됩니다. 하나님께서는 찬송하는 자를 통하여 끊임없이 영광 받으시고 축복해 주십니다. 찬송하는 가정이 건강한 가정이요 축복의 가정입니다. 늘 찬송하는 복된 가정이 되시기를 축원합니다.[40]

찬송을 부르면 더 큰 은혜를 받고, 내 영혼에 기쁨이 샘솟고, 찬송은 하나님을 기쁘시게 해 드리며, 영광을 드리며 축복받는 일이라고 가르치고 있다. 그리고 은파는 찬송하는 가정이 복되고 건강한 가정이라고 말한다.

5. 하나님의 성도를 훈련시키는 충성

은파는 예수 그리스도를 오직 주님으로 모신 이후 그의 모든 목회는 오직 충성으로 일관했다. 그가 주님께 충성하는 목표는 하나님이 기뻐하시고 하나님께 영광을 돌려 드리는 데 있다. 그는 이 일을 위해 하나님의 뜻을 이루어 드리는 일과 하나님께 영광을 돌려 드리는 예배, 그리고 하나님께 찬양을 드리는 일에 충성하는

---

[40] Ibid., 85.

사역을 해 왔음을 살펴보았다. 그리고 은파는 하나님의 자녀들을 하나님이 기뻐하시는 자녀가 되도록 양육하기 위해 훈련시키고 교육하는 사역을 위해 충성해 왔다.

명성교회 창립 30주년 기념 교육백서에 보면 은파의 교회목회에서 교육에 대한 비전에 대해서 다음과 같이 기록하고 있다.

> 담임목사님은 30년 동안 매년 3월과 9월에 실시되는 특별새벽집회와 추수감사절과 성탄절 그리고 부활절을 통하여 절기마다 영적교육을 하시는 선생님이시다. 쉬지 않고 계속되는 금요구역장권찰교육과 토요남자성경공부와 온가족새벽기도 운동, 베델성경공부, 크로스웨이성경공부 등 이 모든 프로그램이 성도들을 양육하기 위한 프로그램이었다.[41]

위의 내용은 은파가 직접 인도하는 프로그램이다. 이 프로그램들의 목적은 성도들을 영적으로 양육하는 데 목적이 있다고 했다. 그리고 은파는 한국 교회와 지역 교회의 발전을 위한 교육 프로그램을 특화시켜서 운영하며 발전시켰다.

예를 들면 "엔프랜즈, 문화선교학교, 주나드리, 탁아부, 베이비맘스쿨, 갈렙실버대학"[42]등은 타 교인도 참여할 수 있는 영적교육을 위한 학교이다. 교회창립 38년이 지난 지금 교회교육은 양적으로나 영적으로 큰 성장을 이루고 있다. 교회조직으로 봐도 교육

---

41 김삼환,『명성교회 창립 30주년 기념시리즈 3. 교육백서』(서울: 명성교회, 2011), 11.
42 Ibid., 12.

부를 1부와 2부로 나누어서 운영하고 있다. 1부는 초등학교에서 고등학교까지 속해 있다. 이 부서에서 섬기는 교사의 수는 2017년도에 2,142명이며 학생 수는 7,796명으로 나와 있다.[43] 그리고 2부에 속해 있는 갈렙실버대학, 명성다윗아카데미, 영광여중고, 영어예배부, 유학생봉사부, 젊은신혼가정사역부, 그리고 청년대학부 등도 모두 교육과 훈련을 위해 운영되고 있는 교회학교이다.[44] 은파는 그의 설교에서 교회에서의 훈련의 필요성을 다음과 같이 강조한 내용이 있다.

> 신앙의 훈련이 필요합니다. 교회는 믿음의 훈련을 시키는 곳입니다. 예배의 훈련, 성령의 훈련, 말씀의 훈련, 기도의 훈련, 찬송의 훈련, 은혜의 훈련, 봉사의 훈련을 하는 곳이 교회입니다. 여러분 기도의 훈련이 얼마나 되어 있습니까? 어려운 일이 생기면 그 자리에서 바로 하나님 앞에 엎드리십니까? 이런 믿음의 훈련이 되어 있어야만 어려움을 이겨 낼 수 있습니다. 왜 주님께서 우리를 부르셨습니까? 신앙의 훈련을 통하여 하나님의 영광을 크게 드러내시려고 불러 주셨습니다.[45]

은파는 교회를 성도들에게 훈련 시키시는 곳으로 보았다. 훈련을 받아야 어려움을 이길 수 있다고 설득하고 있다. 은파는 성

---

[43] 2017년 명성교회 정책회의, 319-320
[44] Ibid., 329-375
[45] 김삼환, 『아버지 아버지 집』(서울: 도서출판 실로암, 2010), 249

경의 인물들 중에 하나님이 쓰신 인물들은 모두 훈련을 받았다고 다음과 같이 가르친다.

> 훈련받은 성도는 어떤 환난이나 핍박도 이겨냅니다. 이처럼 흔들리지 않는 믿음은 착실하게 쌓은 훈련에서 오는 줄로 믿습니다. 하나님께서는 개인이든지 믿음이든지 택한 자에게 많은 훈련을 시키십니다. 아브라함의 믿음이 한 순간에 생겼습니까? 믿음의 조상 아브라함이 될 수 있도록 하나님께서 아브라함을 25년 동안이나 철저하게 훈련 시키셨습니다. 야곱과 요셉도 긴 믿음의 훈련 기간을 거쳤습니다. 모세도 40년 동안의 훈련을 거쳤고, 사도 바울도 14년 동안의 훈련 기간을 거쳤습니다. 예수님께서도 12제자를 얼마나 철저하게 훈련시키셨습니까?[46]

은파는 위의 설교에서 보여 준 것처럼 고난과 좌절 그리고 승리를 위해서 그리고 하나님의 사역을 수행하기 위해서는 훈련이 반듯이 필요함을 강조하고 있다. 그러므로 이러한 은파의 사상에 근거한 목회사역도 교육과 훈련이 모든 프로그램에 스며들어 있음을 알 수 있다.

명성교회의 다양한 교육기관은 위에서 보는 것처럼 교회교육의 다양성을 보여주고 있다. 이러한 모든 모임이 중요한 것은 교

---

[46] Ibid., 242.

육의 내용이다.

그러면 은파는 교회의 교육내용을 무엇이 되어야 한다고 가르치고 있는가?

이 질문은 은파의 교회교육 전체를 묻는 질문이라고 할 수 있다. 그러므로 다음은 은파의 교회교육의 목적과 내용 그리고 방법에 대해서 살펴보고자 한다.

1) 교회교육의 목적

은파가 목회를 하면서 교육에 많은 관심을 가진 이유를 자신의 교회교육 목적에서 잘 말하고 있다.

> 교육의 목적은 저마다 가진 능력을 계발해서 사회와 국가를 위하여 봉사하도록 하는 데 있습니다. 하나님을 알아야 내가 누구인지 알 수 있습니다. 예수 그리스도를 내 안에 영접할 때 나 자신도 볼 수 있게 되고 세계도 보게 되고 내 할 일에 대해서 눈을 뜨고 사명도 갖게 되는 것입니다. 먼저 하나님을 알아야 합니다.[47]

위의 내용을 분석해보면 은파가 교회학교를 운영할 때 어떤 생각인지 알 수 있다.

첫째, 능력을 계발해야 한다는 것이다.

---

[47] 김삼환,『주님 보다 귀한 것은 없네』(서울: 실로암, 2004), 82-83.

교육은 사람이 하나님께서 각자에게 주신 능력을 계발하는 것으로 이해하고 있음을 알 수 있다. 일반 학교에서 아이들의 능력을 계발하기보다는 시험 위주의 교육에 비하면 매우 색다른 목적을 가지고 있음을 알 수 있다.

둘째, 교육의 목적은 사회와 국가를 위해서 봉사하는 자로 성장시키는 것임을 알 수 있다.

일반 교육에서 좋은 직장에 들어가서 자기만 잘 먹고 잘 사는 사람이 아니라 국가와 사회를 위해서 봉사하고 섬기는 사람으로 키워야 한다는 것을 강조하고 있음을 알 수 있다.

셋째, 자신을 아는 교육을 말하고 있다.

"내가 누구인지를 알 수 있는 교육"을 말하고 있다. 사람이 사람을 알고 자신을 안다는 것은 너무 중요하다. 이 교육은 이웃을 존중하고 사랑하는 가장 중요한 기초교육이다.

넷째, 세계를 아는 교육이다.

은파는 "세계도 보게 되고"에서 교육을 통해서 온 세계와 우주를 아는 교육을 말하고 있다. 하나님이 이 세상을 창조하셨다는 창조론을 아는 자는 이 세계가 어떤 세계인지 안다. 그러나 기독교의 우주관이 없으면 세계를 모른다. 이런 의미에서 교회교육은 세계를 보게 한다.

다섯째, 은파는 사명을 갖게 하는 교육이다.

사람이 사명을 알고 사명을 가지고 살면 곁길로 가지 않는다. 그러므로 우리는 사명이 있는 존재라는 것을 알게 하는 교육은 매우 중요하다.

여섯째, 은파는 하나님을 알게 하는 교육을 말한다.

이 모든 것을 위해서 가장 우선시 되어야 하는 교육은 하나님을 알게 하는 교육이 되어야 함을 주장하고 있다.

이러한 교육목적을 가지고 교회는 어떤 내용을 가지고 교육해야 하는가?

이 질문에 대답하는 마음으로 다음은 은파의 교육내용에 대해서 살펴보고자 한다.

2) 교육의 내용

은파는 먼저 하나님의 말씀을 배우고 훈련을 받아야 한다고 다음과 같이 말하고 있다.

> 체계적으로 말씀의 훈련을 받지 못하고 말씀에 순종하지 않기 때문에 이런 잘못된 유혹을 받고 영적으로 육적으로 타락하게 되는 것입니다. 우리가 인생을 보람 있게, 가치 있게, 흔들리지 않고 살아가려면 하나님의 말씀을 항상 듣고 배우고 순종해야 합니다. 하나님의 말씀을 따라갈 때 온전한 삶을 살아갈 수 있습니다. 우리의 인격도 생애도 온전하게 되려면 하나님의 말씀대로 살아야 합니다. 말씀이 비추는 대로 따라가고 말씀이 지시하는 대로 살아야 합니다.[48]

---

[48] 김삼환, 『주님보다 귀한 것은 없네』, 88.

은파가 교육의 내용에서 말씀을 우선시하는 이유가 있다. 위의 내용을 보면 알 수 있다.

첫째, 말씀은 "인생을 보람 있게 가치 있게 흔들리지 않게 살도록 도와준다"라고 말하고 있다.

사람이 이 세상을 살아가는 데 있어서 보람 있는 삶, 가치 있는 삶, 그리고 흔들리지 않는 삶을 산다는 것이 얼마나 중요한 일인가! 은파는 이러한 삶을 살아가려면 먼저 말씀을 배워야 한다는 것이다.

둘째, 은파는 "인격도 생애도 온전하게 되기 위해서 말씀대로 살아야 한다"라고 주장하고 있다.

이 내용은 하나님의 말씀은 사람의 인격과 생애를 온전하게 해주는 것이 말씀이기 때문에 말씀을 가르치는 교육이 되어야 함을 강조하고 있다.

셋째, 말씀은 잘못된 유혹을 이길 수 있게 한다고 가르치고 있다.

은파는 사람들이 말씀을 모르기 때문에 잘못된 유혹을 받아서 영적, 육적으로 타락한다고 말하고 있다.

넷째, 은파는 말씀의 기능에 대해서 "말씀은 인생의 가는 길을 비추어 주고 지시한다"라고 말하고 있다.

말씀이 사람의 가는 길을 비추어 주고 지시한다는 것이다. 왜냐하면, 우리 인간의 길은 하나님의 말씀 속에 있다는 것이다.

이 세상에 많은 학문이 있지만 어떤 철학, 어떤 종교도 인간의 길에 대해서 확실하게 대답해 주지 못하고 있습니다. 오직

하나님의 말씀만이 범죄로 타락한 우리 인간을 영생의 길로
인도하여 주십니다.⁴⁹

은파는 말씀은 우리 인간을 영생의 길로 인도할 뿐만 아니라 인간의 삶 속에서 구체적으로 바르게 인도하여 준다며 다음과 같이 말한다.

하나님의 말씀은 우리를 향하여 정확하게 비추어서 하나하나
거룩하게 하십니다. 내 도덕과 윤리와 가정과 생활과 언어를
바로 잡아주시고 하나님 앞에 회개하도록 만들어주십니다.⁵⁰

그러므로 말씀을 가르치고 순종하도록 가르쳐야 한다는 것이다. 은파는 이렇게 말씀 순종의 중요성을 강조한 후에 성경에서 하나님의 말씀에 순종하는 것이 얼마나 중요한지에 대해서 다음과 같이 말한다.

하나님의 말씀에 순종해야 합니다. 사무엘상 15:22에 "사무엘
이 가로되 여호와께서 번제와 다른 제사를 그 목소리 순종하
는 것을 좋아하심 같이 좋아하시겠나이까? 순종이 제사보다
낫고 듣는 것이 숫양의 기름보다 나으니"라고 했습니다. 하나
님의 말씀을 잘 듣는 것이 숫양의 기름보다 낫습니다. 하나님

---

49 Ibid., 90.
50 Ibid., 97.

의 목소리를 순종하는 것이 하나님 앞에 사랑받고 축복받는 길입니다.[51]

은파는 여기에서 하나님은 말씀에 순종하는 자를 좋아하시고, 사랑하시고, 축복하신다는 사실을 성도들에게 깨우치고 있다.

3) 교육의 방법

은파는 교회교육의 방법을 매우 중요시하고 있다. 이 방법을 구체적으로 실행하기 위해서 먼저 교회의 모든 조직을 교육화한 조직으로 만들었음을 알 수 있다. 우선 교회학교만 보더라도 일반 교회들이 하는 주일학교 외에도 심화성경공부를 위한 심화교육제자학교와 기독교 문화를 중심으로 한 문화선교학교가 있다.

심화교육 프로그램에는 9개 부서에 60명의 교사와 500명의 학생들이 9명의 교역자들로부터 특별 훈련을 받고 있다. 그리고 기독교문화선교학교는 말씀 찬양 부문, 예술 부분, 인문 과학부문, 영상언론 부문으로 나누어 15개 부서에서 약 2천 명의 학생들이 참여하고 있다.

그리고 특화된 교육 프로그램으로는 유치부를 중심으로는 예맘터가 있다. 예맘터는 유치소년학교 부모님을 대상으로 하는 프로그램이며, 앤프랜즈(어린이사역연구소)는 명성교회 뿐만 아니라 침체된 한국 교회와 세계에 어린이 예배와 사역의 모델을 개발

---

[51] Ibid., 97.

하여 보급하고 있는 프로그램이다. 그리고 청소년 문화를 위해서는 "주나들이"가 있고, 청소년 찬양 집회로는 "스티그마"가 있다. 그리고 교사들을 위해서는 교사대학과 교사세미나를 운영하고 있다.[52]

성인들을 위해서는 가장 대표적이라고 할 수 있는 것은 구역장교육과 사무엘학교가 있다. 그리고 성인들을 위해서는 나이별로 남선교회와 여선교회가 조직되어 있어 섬김과 봉사를 통해 배우고 훈련을 하게 하여 성장하도록 돕고 있다. 이러한 모든 조직의 교육을 위해 훈련의 방법은 매우 간단하지만 강하다. 구체적인 내용을 보면 모이게 하는 교육, 섬기게 하는 교육, 기독교교육 등이 있다.

(1) 모이게 하는 교육

효과적인 교육방법을 위해 명성교회의 모든 모임은 성도들로 항상 가득 차고 넘친다. 이유는 모든 교육은 모이게 하고 모임을 강조하기 때문이다. 은파가 모임을 강조하는 이유는 성경 말씀에 기초하고 있음을 구역장교육에서 강의한 내용을 보면 알 수 있다.

은파는 사도행전에 보면 예수님이 승천하신 후에 120명의 성도들이 마가의 다락방 모여 합심하여 기도할 때 불같은 성령의 역

---

[52] 신경민, "명성교회 교회학교" 2018년 3월 특별새벽집회 해외교회지도자 세미나, (서울: 명성교회선교부, 2018), 88-99. 이 연구는 명성교회 3월 특별새벽집회 기간에 참석한 해외교회 지도자들에게 명성교회를 소개하는 프로그램 중에서 교회학교에 대한 것을 강의한 내용이다.

사가 일어났으며 성령의 능력을 받은 이들이 선교할 수 있고 주님의 복음을 전하는 능력을 받았으므로 우리도 모여야 한다고 강조하고 있다.[53] 그리고 은파는 계속적으로 모임의 중요성에 대해서 다음과 같이 강조한다.

> 성도는 오직 믿음으로 모여야 합니다. 은혜와 말씀을 사모하며 전도하기 위해, 기도하기 위해, 예배하기 위해 모이면 모이는 대로 힘이 됩니다. 교인이 많이 모이는 곳에는 은혜가 더 충만합니다. 우리는 모이는 곳으로 가야 합니다. 하나님의 역사도 모일 때 일어나는 것입니다.[54]

은파는 위의 내용에서 모일 때는 믿음으로 모여야 함을 가르치고 있다. 그러면서 모임의 유익성에 대해서는 모이면 모인 대로 힘이 되고, 많이 모이면 은혜가 더 충만해진다. 그러므로 우리는 모이는 곳으로 가야 한다. 하나님의 역사는 모일 때 일어난다는 등의 설교를 통해 모임의 중요성을 강조한다. 그리고 은파는 교회가 축복받고 부흥하기 위해서는 한 곳에 모여야 한다고 말씀하고 있다. 그리고 그는 강조한다.

> 우리 교회가 특별집회 때마다(모여서) 이 나라와 민족을 위해서 기도하면 하나님의 크신 역사가 일어날 것입니다. 주의 백

---
[53] 김삼환,『명성교회 구역장교육 I』(서울: 도서출판 오직 주님, 1998), 232.
[54] Ibid., 239.

성이 모여서 기도하는 것만이 사는 길입니다.[55]

은파는 위의 내용에서 보듯이 모여서 기도할 때 국가와 민족이 살고 우리의 사는 길은 모여서 기도하는 길이라고 말하면서 모임을 강조하고 있다. 은파는 모이고 참여하는 이러한 과정을 통해서 성도들을 훈련시키고 교육시키고 있음을 볼 수 있다.

교회학교 어린아이들도 모이게 한다. 새벽 예배 때도 가족과 함께 나와서 모임에 참여한다. 그리고 교회학교 담임교사 수칙에 보면 담임교사의 임무 중에 하나는 "주일 성수는 성도의 의무인줄 알고 어떤 일이 있어도 예배에 참여하도록 지도한다"[56]로 되어 있다.

필자가 목회현장에서 보면 은파는 모든 행사에 성도들에게 기회를 주고 참여하게 한다. 예배를 참석하여 드리는 성도도 있지만 준비하는 성도도 있고 목회자와 함께 예배의 사회와 성경봉독과 기도 등을 통해서 교회 전반의 모든 행사를 기획하고 조직하고 경영하는 일을 한다. 이런 일을 통해서 성도들은 교회를 배우고 주님 섬기는 법을 배우고 사람을 사랑하는 방법을 배운다. 이러한 모든 일을 통해서 말씀을 실천하는 학습을 한다고 할 수 있다. 자신의 달란트를 계발하고 발전시키는 일을 하는 기회를 제공한다고 할 수 있다.

---

[55] Ibid., 294.
[56] 2016년 명성교회 교회학교 교육 계획서, 247.

(2) 섬김의 교육이다.

은파의 목회에서 가장 중요한 부분 중 하나는 섬김이다. 그는 종의 자세로 교회를 섬기고 세상을 섬기는 모습을 솔선수범하면서 가르치고 있다. 아마도 교회 전체 예산의 5분 2는 섬김과 관련된 방향으로 사용될 것이다. 이러한 섬김의 소신은 그의 모든 사역에 나타나 있다. 그는 대한예수교장로회 93회기 총회장에 당선되어 임기 중에 노력할 좌표를 보여 주는 표어를 "섬겨야 합니다"로 정했다. 그리고 그는 총회장 수락 인사에서 섬김은 우리의 사명이라고 다음과 같이 피력했다.

> 섬깁시다! 낮아지고, 희생하고, 섬기는 일에 앞장섭시다! 섬김은 주의 종의 사명이요, 주의 몸 된 교회의 사명입니다. 이번 93회 총회 주제는 "섬겨야 합니다"로 정했습니다. 주의 종인 우리가 먼저 섬겨야 합니다. 섬김은 한국 교회를 깊은 침체의 늪에서 건져낼 것이며 새로운 시대로 이끄는 홍해의 기적이 될 줄로 믿습니다.[57]

위의 내용을 보면 은파는 섬김을 주의 종과 교회의 사명으로 정의한다. 그리고 주의 종인 우리가 먼저 섬김의 본을 보이자고 제안하고 있다. 섬김은 한국 교회를 침체의 늪에서 건져낼 것으로 내다봤다. 그리고 은파는 왜 우리가 섬겨야 하는지를 더 강력하게

---

57 김삼환, 『섬겨야 합니다』(서울: 실로암, 2011), 14.

설득하기 위해 예수님이 어떻게 섬김의 삶을 사셨는지 다음과 같이 설교한다.

> 예수님의 삶은 섬김의 삶이었습니다. 제자들의 발을 씻기시며 섬김의 본을 보여 주셨습니다. 왕 중의 왕이신 예수 그리스도께서 죄인 된 우리 인간을 섬기러 오신 것입니다. 마태복음 20:27-28에 보면 "너희 중에 누구든지 으뜸이 되고자 하는 자는 너희 종이 되어야 하리라 인자가 온 것은 섬김을 받으려 함이 아니라 도리어 섬기려 하고 자기 목숨을 많은 사람의 대속물로 주려 함이니라"라고 말씀하셨습니다. 예수께서는 가장 낮은 자보다 더 낮아지셨습니다. 비천한 자들을 섬기셨을 뿐만 아니라 최후에는 십자가에서 생명까지 내어주셨습니다. 이제 힘과 권세로 다스리던 권위의 시대는 끝나고 디아코니아 시대가 열린 것입니다.[58]

은파는 예수님은 섬김의 본을 보여 주셨다고 말씀하고 있다. 지극히 높으신 만왕의 왕이신 예수 그리스도께서 섬기기 위해 가장 낮은 자보다 더 낮은 자가 되어 이 땅에 오셨다고 성경을 중심으로 주장하고 있으며 이 시대의 리더는 섬겨야 함을 강조하고 있다. 그리고 은파는 주님의 사도들도 섬김의 삶을 살았으며 섬김의 삶을 살도록 성도들을 가르쳤음을 다음의 설교를 통해서 알 수 있다.

---

[58] Ibid., 14-15.

초대 교회와 사도들도 주님을 본받아 섬김의 삶을 살았습니다. 사도행전 2:44-45을 보면 "믿는 사람들이 다 함께 모여 있어 모든 물건을 다 서로 통용하고 또 재산과 소유를 팔아 각 사람의 필요를 따라 나눠주고"라고 말씀하고 있습니다. 초대 교회 성도들은 섬김과 나눔의 삶을 살았습니다. 섬김에 대해서는 신약성경에 100회 이상 기록되어 있습니다. 섬김은 교회생활의 중심입니다.[59]

초대 교회 성도들은 섬김과 나눔의 삶을 살았다. 은파는 이러한 삶은 초대 교회를 거쳐 유럽의 모든 교회가 그대로 계승 발전하여, 이러한 교회들이 있는 국가와 민족은 선진국을 이루어 섬김의 정치와 문화를 이루었다고 주장한다. 그리고 은파는 하나님께서 성도들을 축복하신 이유는 섬기고 봉사하라고 주셨다고 가르친다.[60]

은파는 섬기는 삶을 사는 방법에 대해서 그 방향 다섯 가지를 다음과 같이 제시한다.

첫째, 낮은 자가 되어야 한다.

종처럼 머슴처럼 낮아야 한다는 것이다. 예수님이 섬기기 위해서 이 세상에 낮은 자로 오신 것처럼 섬기는 자는 낮은 자가 되어야 함을 말한다.

둘째, 섬기기 위해서는 겸손해야 한다.

---
[59] Ibid., 16.
[60] Ibid.

제7장 나의 주님 나의 주인

주님께서 겸손으로 허리를 동이라고 말씀하셨듯이 겸손은 섬기는 자의 기본자세가 되어야 한다.

셋째, 열심히 종처럼 머슴처럼 섬기는 일에 최선을 다해야 한다.

밤이나 낮이나 더울 때나 추울 때나 섬기기만 해야 한다.

넷째, 섬김은 희생이다.

섬기기 위해서는 희생해야 한다. 예수님이 십자가에서 죽기까지 희생하셨듯이 우리들도 섬기는 삶을 살아야 한다.

다섯째, 은파는 우리가 받은 은혜를 나누어주는 마음을 가져야 한다고 강조한다.

은파는 이러한 그의 섬김의 사상을 통해서 모든 성도들을 섬기는 자가 되도록 섬기는 프로그램을 만들어 섬기는 교육을 하고 섬기는 훈련을 시키는 것을 볼 수 있다. 그러면 은파는 그가 섬기는 교회에서 구체적으로 섬기는 훈련을 어떻게 어디서 하고 있는가를 간단히 살펴보고자 한다.

첫째, 선교 지역 섬기기이다.

은파는 대학생들과 청년들에게 단기선교와 전문인선교 프로그램을 만들어 명성교회가 파송한 선교사가 사역하고 있는 지역 31개국에 파송하여 선교사들의 사역을 도우면서 섬기는 훈련을 시킨다.

둘째, 소망교도소 섬기기이다.

명성교회를 중심으로 운영되고 있는 소망교도소에 매 주일 한 번씩 교도소를 방문하여 교정 프로그램에 자원봉사하도록 돕고 있다. 성도들은 교도소에 수감 중인 성도들을 섬기면서 그들을 위로하며 전도하며 희망을 심어 준다.

셋째, 병원선교 섬기기이다.

매 주일 한 번씩 병원을 방문하여 환자를 위로하고 전도한다. 성도들은 이러한 활동을 통해 섬기는 훈련을 받는다.

넷째, 사랑학교 섬기기이다.

장애인을 섬기는 프로그램이다. 명성교회 사랑학교는 학생 숫자보다 교사와 협력자가 더 많다. 모두 자원봉사자들이다. 사랑학교는 월요일부터 토요일까지 계속되고 지역 주민도 참석할 수 있다.

다섯째, 의료선교 섬기기이다.

명성교회 의료선교위원회는 의사들로 구성된 선교모임이다. 주일에는 의무부에서 교회 환자들을 섬기고 방학 때나 국경일로 인한 휴가철에는 해외 후진국으로 나가서 의료선교를 다니면서 섬김 훈련을 받는다. 그리고 명성교회는 에디오피아의 엠시엠병원, 안동성소병원, 영양병원을 운영하고 있다. 병원운영의 목적은 예수 믿지 않는 환자를 위로하고 선교하고 섬기는 데 있다.

여섯째, 이삭나눔 섬기기이다.

이삭나눔은 식량이 부족한 이웃에게 쌀을 나누어주는 모임이다. 돕고 싶은 사람들로부터 쌀을 기부를 받아 전달해 주기도 하고 교회 예산으로도 한다. 그런데 중요한 것은 가난한 자들을 섬기는 데 있다.

일곱째, 디아스포라 섬기기이다.

명성교회는 탈북민을 비롯해서 외국인들이 많이 나오고 있다.

이들을 잘 섬기기 위해 디아스포라부를 따로 운영하고 있다. 이것은 외국인들이 한국에서 잘 정착하도록 돕고 전도하도록 하는 것을 목적으로 하지만 여러 자원 봉사자들이 섬기며 훈련을 받는다.[61]

명성교회는 이런 종류의 섬김 기관이 많이 있다. 이것은 모두 섬기면서 섬김의 훈련을 시키는 곳이라고 할 수 있다. 은파는 오직 주님을 위해 충성하며 주님이 기뻐하시는 일을 위해 섬김의 철학을 스스로 계발하여 교회의 모든 프로그램에 적용하고 있음을 알 수 있다.

(3) 기도교육이다.

은파의 신앙과 그의 목회에서 기도는 매우 중요하다. 왜냐하면 오직 주님께서 기도를 친히 하셨고 기도를 항상 하도록 가르치셨기 때문이다. 그리고 은파 자신이 기도를 통해서 많은 은혜를 받았고 자신의 신앙과 인격과 사역이 기도를 통해서 크게 성장했기 때문에 어떤 목회자보다도 기도 목회에 최선을 다하고 있다.

그는 기도는 교육을 받아야 하고 훈련받아야 함을 주장하면서 새벽기도를 강조한다. 왜냐하면 새벽기도는 기도를 훈련시키는 가장 좋은 시간이기 때문이다. 은파는 새벽기도에 대해서 다음과 같이 말한다.

새벽기도! 그러나 이는 사실 보통 어려운 훈련이 아닙니다.

---

[61] 이런 섬김에 대한 봉사기관에 대해서는 2017년 명성교회 정책회의를 참고하라.

군대로 치면 유격 훈련입니다. 새벽기도가 우리 성도들에게
는 유격 훈련과도 같아서 새벽기도에 참석했다고 하는 것은
영적 강도가 높은 집중 훈련을 받는 것입니다.[62]

새벽기도는 유격 훈련처럼 힘들고 어려운 것이지만 이것은 강도 높은 훈련을 받는 것과 같다고 말하고 있다. 그리고 은파는 하나님이 우리를 부르시는 목적 가운데 하나가 새벽에 훈련을 시키시는 데 있다고 담대히 말한다.

우리를 부르시는 하나님은 소원이 있으십니다. 하나님께서는
새벽기도를 통해 당신이 훈련받기를 원하십니다. 그 훈련은
기도를 통해서 당신이 하나님이 원하는 사람으로 자라나고
성장하도록 하는 것입니다. 그래서 새벽기도는 기도하게 하
고 말씀도 듣게 하고 그래서 당신으로 하여금 전인적인 하나
님의 일군이 되도록 합니다. 새벽기도는 하나님께서 선하신
목적을 가지고 당신을 교육하는 수단입니다.[63]

그러므로 은파는 새벽기도를 성도들을 훈련 시키는 장으로 보고 있음을 알 수 있다. 하나님은 자신의 백성들을 새벽에 말씀을 들으며 기도하게 하시면서 훈련 시키시고 전인적인 하나님의 일군으로 키우시고 기르신다는 것이다. 은파는 이렇게 성도들을 잘

---

[62] 김삼환, 『새벽 눈물』, 54.
[63] Ibid., 133.

훈련 시켜서 주님이 기뻐하시는 성도가 되기를 바라고 주님이 가시는 길을 가도록 돕는 목회자의 사명을 감당하고 있음을 다음의 강의에서 엿볼 수 있다.

> 주님께서는 제자들에게 그리고 우리들에게 다른 무엇보다도 기도만큼은 철저하게 강조하셨습니다. 그러므로 기도하는 삶은 예수님을 따르는 삶입니다. 그리고 악한 시대에 악과 싸워 이기고 승리할 수 있는 창과 방패입니다. 주님은 언제나 기도를 떠나서 계시지 않습니다. 능히 하실 수 있음에도 항상 기도하셨습니다.[64]

은파는 위의 설교에서 예수님은 우리게 기도하도록 강조하고 있으며 기도하는 삶은 예수님을 따르는 삶이라고 가르치고 있다. 그리고 기도는 악과 싸워 이길 수 있는 창과 방패라고 주장한다. 예수님은 능히 하실 수 있음에도 불구하고 항상 기도하셨다고 말하고 있다.

그러므로 은파는 우리는 얼마나 기도해야 하는지를 깨달아야 함을 가르치고 있다고 하겠다. 은파는 그의 설교에서 왜 우리 성도들에게 본질적으로 기도가 요구되는지를 설명하는 설교의 내용을 요약하면 다음과 같다.

첫째, 인간은 부족하기 때문이다.

---

[64] Ibid., 66.

기도하면 주님께서 우리의 부족함을 채워 주신다.

둘째, 인간은 완전하지 못하기 때문에 기도해야 한다.

우리가 주님께 기도하면 우리의 약점을 보완해 주시고 못난 것을 통하여 하나님께 영광을 돌리는 삶을 살게 해 주신다.

셋째, 인간은 세상을 다 알 수 없기 때문에 기도해야 한다.

나의 가는 길을 다 알 수 없다. 길을 잃기도 하고 넘어지기도 한다. 이때 기도가 필요하다.

넷째, 인간은 죄 때문에 기도해야 한다.

죄는 인간에게 저주와 심판을 받게 한다. 주님께 기도하면 우리의 죄 문제를 해결해 주실 뿐만 아니라 죄를 짓지 않도록 인도해 주신다.

다섯째, 마귀와 싸워 이기기 위해서 기도가 필요하다.

기도 외에는 마귀와 싸워 이길 수 없다.

여섯째, 인간은 내일 일을 알지 못하기 때문에 기도해야 한다.

하나님께 내 인생길을 의지하고 맡기면 하나님께서 선하게 인간의 길을 인도 해 주신다.[65]

그리고 은파는 기도에는 순서가 있음을 다음과 같이 설명한다.

> 기도에는 순서가 있습니다. 하나님의 나라를 위해 기도하고, 세상을 위해 기도하고, 교회와 목사님을 위해 기도하고, 이웃과 세계선교를 위해 기도해야 합니다. 다른 모든 기도를

---

[65] 김삼환,『새벽을 깨워야 새벽이 옵니다』(서울: 실로암, 2013), 47-48.

마친 후 내 자녀와 가정을 위해 기도해야 합니다. 넓게 기도하면 넓게 응답합니다. 교회를 위하여 나라와 민족의 앞날을 위하여 세계 평화를 위하여 눈물로 기도할 때 모든 축복이 내게로 오는 것입니다. 지금은 기도할 때입니다. 하나님 앞에 기도하므로 승리의 삶, 축복의 삶을 사는 성도가 되시기를 축원합니다.[66]

은파는 위의 설교에서 기도의 순서를 하나님을 위하여, 세상을 위하여, 교회와 세계선교를 위하여, 그리고 자녀와 가정을 위해서 눈물로 간절히 기도해야 한다고 가르치고 있다. 그리고 은파는 기도의 응답에 대한 확신을 심어 주기 위해 기도의 좋은 점 12가지를 제시하고 있다.

첫째, 기도하면 승리한다.

인생은 반드시 승리해야 한다. 늘 하나님을 가까이 하고 기도하면 승리할 수 있다.

둘째, 기도는 은혜의 통로이다.

하나님은 기도하는 자에게 막힌 담을 헐고 잘될 수 있도록 모든 축복의 길을 열어 주신다.

셋째, 기도하면 부흥한다.

영적으로 부흥한다. 마음도 영도 안정감을 유지하며 인격이 건강하게 성장한다.

---

[66] Ibid., 49.

넷째, 기도는 가정이 화목해지고 평안해진다.

기도하면 악한 세력이 틈타지 못한다. 그리고 자녀가 잘 되고 형통한 축복이 계속된다.

다섯째, 수많은 기적을 체험하게 된다.

가난한 자에게는 부유함을, 저주받는 자에게는 축복을 가져다 준다. 실패한 인생을 성공한 인생으로 만들어준다. 기도하면 좋은 일이 일어난다. 성경의 많은 기적들은 다 기도의 산물이다.

여섯째, 기도하면 영적으로 정신적으로 부유해진다.

일곱째, 기도하면 하나님의 능력을 경험한다.

여덟째, 기도하면 하나님의 손이 움직인다.

하나님의 손이 움직이기 때문에, 우리는 못할 일이 없다. 기도는 하나님의 부유하신 손, 능력의 손, 치료의 손을 움직일 수 있다.

아홉째, 기도하면 모든 일이 쉽다.

어려운 일도 하나님의 도우심으로 지혜롭게 잘 감당할 수 있다.

열번째, 기도하면 시험을 이길 수 있다.

막힌 담이 열린다.

열한째, 기도하면 나를 이긴다.

다윗도 자기를 이기지 못했던 때가 있었다. 기도하면 나를 이기고 승리할 수 있다.

열두째, 기도하면 평생 잘 된다.

오늘도 잘되고 내일도 잘되고 평생을 잘 되는 축복 가운데 살 수 있다. 그러나 기도하지 않으면 모든 것이 무너진다. 기도하지 않으면 위의 12가지의 기도의 은혜를 받을 수 없다. 은파는 이렇게 끊임없이 계속 반복하면서 기도해야 함을 강조하면서 축복을 누리는 성도가 되기를 축복한다.[67]

이러한 설교와 함께 기도훈련을 시키는 교회 프로그램을 운영하고 있다. 그 몇 가지를 소개하고자 한다. 이러한 프로그램은 오직 주님만을 사랑하고 충성하는 마음에서 나오는 것이다.

첫째, 특새이다.

특새는 특별새벽집회의 약자이다. 일년에 두 번, 봄과 가을에 있다. 특새의 목적 혹은 이상을 은파는 다음과 같이 말하고 있다.

> 새벽기도는 내가 받은 은혜를 가정과 교회와 사회를 위해서 전해 주는 통로가 되어야 합니다. 그러기 위해서 먼저 개인이 하나님의 주권 아래 바로 서야 합니다. 그다음에는 가정을 사랑하고 회복시켜야 합니다. 나아가 교회를 사랑하고 세워야 합니다. 마지막으로는 사회와 문화의 변화를 일으켜 민족과 세계를 일깨워야 합니다. 이것이 우리가 새벽기도 뿐만 아니라 늘 기도해야 할 거룩한 사명입니다.[68]

은파는 성도들을 새벽에 깨워 훈련 시키는 목적이 자신만 축복받아 잘되는 데 있는 것이 아니라 가정을 회복시키고, 사회와 문화를 변화시키고 이어서 국가와 민족을 일깨워야 한다고 말하

---

[67] Ibid., 97-103.
[68] Ibid., 147.

고 있다. 성도들이 이러한 훈련을 받아 성숙하고 바른 정신으로 가정과 사회와 국가를 섬기는 일군으로 키우는 데 목적이 있음을 알 수 있다.

이것은 한 목회자가 성도들을 키우는 목적이라고 할 만큼 원대한 이상이라고 할 수 있다. 은파는 이렇게 시작된 특새는 처음 1980년 9월에는 25명으로 시작해서 2005년 가을에는 5만 명이 참여하고 영상과 인터넷으로 시청자를 합하면 20만 명이 넘는 분들이 특새에 동참하고 있다고 할 수 있다.[69]

둘째, 일천 번제이다.

일천 번제는 새벽기도를 돕는 기도의 종류 중의 하나다. 물론 일천 번제의 기도는 솔로몬으로부터 온 것이다. 솔로몬은 일천 번제물을 드렸지만, 성도들은 자신과 자신의 모든 정성을 천 날을 드리는 것이다.

어떻게 천 날을 하나님께 드리는가?

그것은 하루에 한번씩 예배를 드리는 것이다. 하루에 예배를 드리는 가장 좋은 방법은 새벽예배에 매일 참석하는 것이다. 일천 번제는 성도들이 매일 예배에 참석하도록 격려하는 프로그램이다. 명성교회는 이 프로그램에 등록하여 예배를 드리는 성도가 2017년 3만3천 명 이상이 되고 일천 번제를 달성한 성도들이 수만 명에 이르고 있다. 일천 번제는 헌금을 강조하는 예배가 아니라 자신을 드리는 데 목적을 두는 예배이다. 자신을 드리는 데 목

---

[69] Ibid., 137-138.

적을 두어 기쁘게 새벽 예배를 꾸준히 참석하도록 하는 데 도움이 되는 아주 훌륭한 프로그램이다.[70]

셋째, 토요 새벽을 깨우는 가정예배이다.

토요일 새벽에는 온 가족이 함께 성전에 와서 예배를 드리게 하는 예배이다. 이 시간에는 어린아이들까지 모두 교회에 나오도록 하는 프로그램이다. 새벽에 아이들까지 교회에 나오기 때문에 토요일에는 자리가 매우 비좁다. 2017년 당회 보고서에 의하면 토요일 아침에 모이는 숫자는 평균 15,000명에 이른다.

이 세 가지 중요한 프로그램 외에도 매일 예배 때마다 통성 기도를 통해서 기도의 영성을 강화시켜 주고 스스로 기도하게 하여 기도의 줄을 탄탄하게 하도록 도와준다.

은파는 자신의 섬기고 믿는 오직 주님께 충성하기 위하여 자신이 목회에서 모이게 하는 교육, 섬기는 교육, 기도하는 교육에 최선을 다하므로 주님의 양무리를 푸른 초장으로 잔잔한 물가로 인도하고 있음을 알 수 있다. 이 사역이야말로 주님이 가장 기뻐하시는 사역이라고 할 수 있겠다.

---

[70] 더 자세한 내용은 2017년 명성교회 정책회의 집을 참고하기 바란다. 그리고 방법은 담당 교역자에게 문의하기 바란다. 왜냐하면 여기에 대한 서술이나 논문이 아직 발표되지 않았기 때문이다.

제8장
결론

    은파의 "오직 주님"은 하나님의 아들 예수 그리스도를 믿는 그의 신앙고백이다. 은파의 예수 그리스도는 죄에서 인간을 구속하시는 메시아로서의 오직 주님만이 아니다. 은파의 오직 주님은 인간의 모든 문제를 해결하시는 전능한 하나님이시고 만물을 창조하시는 창조주 하나님이시다. 창조주 하나님은 세상의 모든 왕을 세우시고 폐하시므로 모든 나라를 다스리고 통치하시는 분이다. 그리고 온 세상을 심판하시는 심판의 주님이시다.

    은파의 "오직 주님" 예수 그리스도는 교회의 주님이시고 교회를 이루는 양들의 주님이시고 교회를 관리하시고 희생하시며 섬기시는 주님이시다. 또한 은파의 오직 주님은 나와 멀리 떨어져 있는 신이 아니다. 개인적으로 인격적인 관계 안에서 나의 모든 문제를 해결해 주시는 주님이다. 나의 병을 치료해 주시고, 축복해 주시고 필요한 것을 은혜로 풍성하게 주시고 나의 모든 잘못과 죄를 용서해 주시고 소망을 주시는 주님이시다.

제8장 결론

　은파의 "오직 주님"은 나의 생애 전체에 본이 되어 주시는 영광의 하나님이시다. 주님은 순종의 주님이시고, 인내의 주님이시고 겸손의 주님이시고 고난의 주님이시다. 그리고 주님은 인간으로서 모든 고난과 싸움에서 승리하신 승리의 주님, 부활의 주님이시다.

　무엇보다도 은파의 "오직 주님"은 나를 가장 사랑하시는 분이다. 나를 사랑하시기 때문에 나와 대화를 하시고, 동행하여 주시고 평강을 주시고, 나를 책임져 주시고 보호해 주시는 주님이시다. 은파는 오직 주님의 고난과 죽음과 부활의 승리를 가장 값진 희생으로 믿고 가르치고 부활 정신으로 살도록 가르쳤다.

　은파는 이러한 주님께 자신을 바쳐 충성하기 위해 최선을 다하는 모습을 보여 주는 사역이 그의 목회 현장에서 뚜렷히 드러나고 있다. 은파는 목회 현장에서 하나님의 뜻을 이루어 드리기 위해서 충성했다. 하나님께 영광을 올려 드리기 위해 충성했다.

　은파는 복음만을 전하기 위해서 충성했다. 주님의 이름을 높이고 주님께 찬양을 드리기 위해 충성했다. 그리고 하나님의 백성을 훈련 시키기 위해 최선을 다했다. 훈련의 내용은 교회에 모이는 훈련, 섬김의 훈련 그리고 기도의 훈련이었다. 은파는 이러한 사역을 통해서 자신이 고백한 주 예수 그리스도를 위해 충성을 다한 예수 그리스도의 참 머슴이었음을 보여 주고 있다.

　은파는 "오직 주님"이라는 이 한 메시지를 38년을 하루같이 반복해서 계속 전했다. 그 결과 하나님은 그의 사역을 통해서 세계에서 가장 많은 성도가 모이는 장로교회를 이루고, 주님이 교회에 주시는 사명을 충성을 다해 하나님 나라 확장을 감당하게 하셨다. 주님은 재림하실 때 은파에게 착하고 신실한 종이었다고 칭찬하실 것이다.

『은파 김삼환 목사의 오직 주님: 하나님의 아들 예수 그리스도』에 대한 연구는 시작에 불과하며 앞으로 더 심오한 연구가 계속되어 교회에서 예수그리스도의 복음이 바르게 전파되어 성도들이 바르게 성장하여 하나님께 영광을 돌리는 교회들이 되기를 간절히 기원한다.

참고문헌

김삼환

『갈급합니다』. 서울: 실로암, 2009.
『교회가 살면 다 삽니다』. 서울: 실로암, 2013.
『교회보다 귀한 것은 없네』. 서울: 실로암, 2004.
『구역장 교육 1』. 서울: 오직 주님. 1998.
『구역장 교육 2』. 서울: 실로암, 2000.
『꿀을 먹으라 (하)』. 서울: 실로암, 2002.
『넘치는 감사』. 서울: 실로암, 2010.
『명성교회 구역장 교육 1』. 서울: 오직 주님, 1998.
『명성교회 창립 30주년 기념시리즈 3. 교육백서』. 서울: 명성교회, 2011.
『문을 두드리시는 주님』. 서울: 실로암, 2009.
『바로 바라보라』. 서울: 오직 주님, 1993.
『복받은 백성의 노래』. 서울: 실로암, 2015.
『사랑』. 서울: 실로암, 2009.
『새벽 눈물』. 서울: 교회성장연구소 2006.
『새벽설교 시편』. 서울: 실로암 1998.
『새벽을 깨워야 새벽이 옵니다』. 서울: 실로암, 2013.
『새 시대 새 사명』. 서울: 실로암 2008.
『세상을 이기는 삶』. 서울: 실로암, 2002.
『섬겨야 합니다』. 서울: 삼성문화인쇄, 2010.
『섬겨야 합니다(1-4권)』. 서울: 실로암, 2011.

『아버지 아버지 집』. 서울: 실로암, 2010.
『여호와를 기뻐하라』. 서울: 실로암, 2000.
『예수께로 가라』. 서울: 삼화인쇄주식회사. 1998.
『예수님을 잘 믿는 길』. 서울: 실로암, 2010.
『오! 사도행전』. 서울: 실로암 2005.
『오직 주님만 알아가는 삶』. 서울: 실로암, 2014.
『올라가자, 벧엘로!(하)』. 서울: 실로암 2003.
『주님보다 귀한 것은 없네』. 서울: 실로암, 2004.
『주님을 사랑해야 사랑합니다』. 서울:실로암, 2009.
『주님을 사랑해야 행복합니다』. 서울: 실로암, 2009.
『주님의 옷자락 잡고 (상)』. 서울: 실로암, 2004.
『주님의 옷자락 잡고: 30주년 기념집 제1권』. 2016.
『주님의 옷자락 잡고: 오직 주님(1)』. 서울: 삼화인쇄, 2010.
『주님의 옷자락 잡고: 주일설교10권』. 서울: 실로암, 2006.
『하나님께 목적을 두는 삶』. 서울:실로암, 2011.

박종구. "21세기를 향한 대형 교회의 역할." 「월간 목회」. 1996년 5월.
손 데이비드 석구. 『오직 주님 예수 그리스도의 교회』. 서울: 나눔사, 2015.
손석태. 『목회를 위한 구약신학』. 서울: CLC, 2006.
신경민. "명성교회 교회학교." 2018년 3월 특별새벽집회 해외교회지도자 세미나. 서울: 명성교회 선교부, 2018.
위르겐 몰트만. 『희망의 신학』. 이신건 역. 서울: 대한기독교서회, 2002.
Walter A. Elwell. "Humility." *Dictionaries-Baker's Evangelical Dictionary of Biblical Theology.* Baker, 1996.
The King James Bible Study, Nashville: Thomas NelsonPublish, 1988.
2017년 명성교회 정책회의 자료 211.
2016년 명성교회 교회학교 교육 계획서 247.
http://news.kmib.co.kr/article.asp?arcid=0008110364

손석구 목사 저서 소개

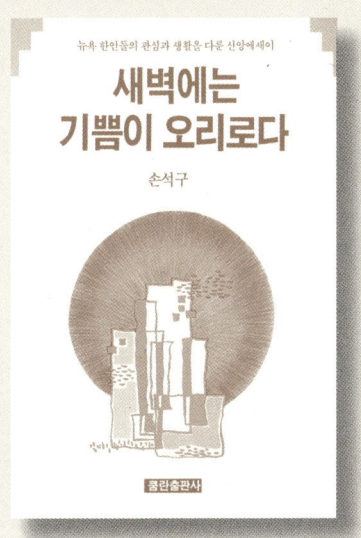

새벽에는 기쁨이 오리로다
손석구 지음 | 신국판 | 268면

본서는 뉴욕이라는 특수한 지리적 환경 속에서 생활하는 그리스도인들의 성경적 길잡이를 제공하려는 목적으로 쓴 에세이로 오늘날 우리의 삶 속에서 동일하게 부딪히는 다양한 문제들에 대한 해답을 명쾌하게 제시하고 있다.

일편단심 오직 주님
손석구 지음 | 신국판 | 278면

본서는 설교집으로 특히 고향을 떠나 미국이라는 타지에서 힘들게 살아가는 한인들을 위로하고 힘을 주기 위한 목적으로 다년간의 설교들을 모은 것이다. 미국뿐만 아니라 한국 사회에서 신앙생활하는 그리스도인들에게 좋은 신앙 지침을 제공한다.

CLC 책소개

한국교회사론
최재건 지음 | 신국판 | 1486면

본서는 19세기 가톨릭교회의 수용부터 해방 후 현대 한국 교회까지 다양한 주제로 한국교회사를 살핀다. 특히 주목할 만한 것은 해방 이전 한국 개신교의 의료선교와 교육선교에 대한 부분인데, 저자는 국내외의 풍부한 사료들을 기반으로 이 주제들을 깊이 있게 다루고 있다.